桑梓之光

——《申报》奉化商人史料集

宁波市奉化区档案馆
宁波甬山控股集团有限公司 编

浙江工商大学 出版社 | 杭州
ZHEJIANG GONGSHANG UNIVERSITY PRESS

图书在版编目（CIP）数据

　　桑梓之光：《申报》奉化商人史料集 / 宁波市奉化
区档案馆，宁波甬山控股集团有限公司编. -- 杭州 ：浙
江工商大学出版社，2024. 12. -- ISBN 978-7-5178
-6438-7

　　Ⅰ. F729

中国国家版本馆 CIP 数据核字第 20241PR477 号

桑梓之光
——《申报》奉化商人史料集

SANGZI ZHI GUANG
——《SHEN BAO》FENGHUA SHANGREN SHILIAO JI

宁波市奉化区档案馆　宁波甬山控股集团有限公司 编

策划编辑	祝希茜
责任编辑	王　英　祝希茜
责任校对	杨　戈
封面设计	望宸文化
责任印制	祝希茜
出版发行	浙江工商大学出版社
	（杭州市教工路 198 号　邮政编码 310012）
	（E-mail：zjgsupress@163.com）
	（网址：http://www.zjgsupress.com）
	电话：0571-88904980，88831806（传真）
排　　版	杭州浙信文化传播有限公司
印　　刷	杭州宏雅印刷有限公司
开　　本	710 mm × 1000 mm　1/16
印　　张	23.25
字　　数	331 千
版 印 次	2024 年 12 月第 1 版　2024 年 12 月第 1 次印刷
书　　号	ISBN 978-7-5178-6438-7
定　　价	88.00 元

编委会

编纂说明

一、本书主要辑录近代中国第一大报——《申报》有关近代奉化商人及相关团体的报道与记载，包括相关广告与启事等，以了解近代奉化商人的言行与生平事迹等，并为进一步研究奠定基础。

二、本书所称的近代奉化主要为现宁波市奉化区行政范围。

三、为便于阅读，本书将相关报道与记载分为"工商活动篇"（主要为近代奉化商人从事工商业活动的报道与记载）、"团体活动篇"（主要为奉化旅沪同乡会和以近代奉化商人为主的各类团体，特别是行业团体的报道与记载）、"社会政治篇"（主要为近代奉化商人参与的各类社会政治活动的报道与记载）、"慈善公益篇"（主要为近代奉化商人参与的各类慈善公益活动的报道与记载）、"其他"等五大部分。

四、全书编排按内容分类后以时间先后为序，每一则报道包括标题、正文，以及该报道发表的时间。

五、为帮助读者理解相关内容，本书会对首次出现的主要奉化商人及相关概念、事件做简单注释。

六、为保持史料的原始性、真实性，对原文中前后不一致之处均不作更改，如"王才运"有时为"王财运"，"王文翰"有时为"王问翰"；至于"记"与"纪"、"账"与"帐"、"赈"与"振"等的混用，也一仍其旧，请读者明辨。明显的错别字则予以更正。

七、对原文中的繁体字、异体字，一般以现行简化字替换。对原文中因字迹模糊而辨识不清的字，则用"□"表示。其他如"×"等符号，则为原文所有。

八、为增强本书的可读性，丰富相关记载内容，本书添加了若干图片与相关报道的影印件。

　　本书的出版得到宁波甬山控股集团有限公司的资助和支持，特此感谢！

编委会
2024 年 5 月

目 录

谟在天津路开办王荣泰洋服店，1902年其子王才运在南京路开办荣昌祥呢绒西服号。他们顺应服装新潮流，讲究款式，注重工艺，精工细作，赢得中外客户的信赖。同时，他们携亲提邻，互相帮衬，尽心培植家乡子弟，优秀者往往自立门户①。到民国初，以制作西服为主的红帮裁缝群体应运而生。特别是20世纪20年代开始，以奉化人为主的红帮裁缝如同雨后春笋一般涌现出来，他们以上海为中心，向海内外拓展，先后创造了中国服装史上的若干"第一"。其中，涌现出一批红帮企业家，成为推动中国服装业近代化的强大力量。据1950年10月不完全统计，奉化人在上海开西服店113家（不含本装店），奉化人成为红帮裁缝的中坚力量。②其中，被称为上海"南京路六大家"的荣昌祥、王兴昌、裕昌祥、汇利、王顺泰、王荣康均由奉化人开办。

当然，奉化人在西服业中的优势地位并不限于上海。经过不断的发展，到20世纪30年代，红帮裁缝的足迹已遍布海内外，特别是在亚洲各地，几乎都有红帮裁缝活跃的身影。如20世纪二三十年代，北京有名气且规模大、实力强的西服店，几乎都由奉化、鄞县（今宁波市鄞州区）人经营。据1934年6月28日发表在《宁波商报》上的《北平西服业多半都是宁波人》一文介绍，北平西服业始于清光绪二十四年（1898），到20世纪30年代，西服店已有200余家，其中加入西服业同业公会的各西服庄经理均为奉化、鄞县两县人士。另据统计，1935年浙江旅平同乡会64名奉化会员中，有48人从事西服业，占75%。如果去除非商界人士，占90%以上（详见表1）。1940年，北平全市入会西服店有22家，其中宁波人经营的有18家。西服业同业公会15名理事中，宁波人占13名，其中会长及4名常务理事全部是宁波人。

---

① 奉化市志编纂委员会编：《奉化市志》，中华书局1994年，第979页。
② 奉化市志编纂委员会编：《奉化市志》，中华书局1994年，第979页。

表 1　1935 年浙江旅平同乡会奉化会员录

姓名	别号	年龄	职业	住址	电话
丁继康		37	生康西服庄	王府井大街	东 1228
丁承乔	谒宝	28	义昌兴西服业	马家庙 17 号	
毛裕生		27	发昌祥西服庄	东单牌楼 121 号	
仇子田	剑声	28	华盛顿钟表行职员	廊房头条	
王正廷	儒堂	53	中国大学校长	东城王大人胡同 2 号	东 3535
王正黼	子文	48	六河沟煤矿公司工程顾问	史家胡同 20 号	东 482
王祖增		43	王安记西服庄	西长安街	西 2487
王恭寅		43	协和医院院长	南池子大苏州胡同	东 3925
王瑞云		42	瑞丰西服庄经理	东安市场	
王林岳		42	义昌兴西服庄	王府井大街	
王维生		29	西服业	王府井大街	
王林宝		28	宏记西服庄	马家庙 17 号	
王水彪		27	鑫昌祥西服庄经理	王府井大街	东 2354
王谟显	慕西	26	清华大学助教	本校学务处 121 号	
王绍范		22	陈泰森西服庄	王府井大街	
王承忠		21	王安记职工	西长安街 25 号	
王大龙		20	福记西服庄	米市大街 120 号	
包纶元		47	鑫昌祥西服庄	王府井大街	
包鸿宾	谒鸿	46	西服业	东单三条 13 号	
江发发		54	雕花业	方巾巷五号	
朱发林		44	同森泰呢号	西单本号	
汪孝弟		51	仁昌西服庄	王府井中原公司后身	
吴赓唐		51	吴赓昌女西服庄	崇内大街	

续　表

姓名	别号	年龄	职业	住址	电话
李泰昌		50	工业	西单北口袋胡同 27 号	
李允诚		44	同益呢庄经理	大阮府胡同	
李康云		43	鑫昌祥西服庄	王府井大街	
李士元		38	大昌西服庄	东安市场	
李恭元		37	义昌兴西服庄	王府井大街	
李中良		32	义昌兴西服庄	王府井大街	
周茂清		39	义昌兴西服庄	王府井大街	
邵福生		46	启文西服庄	王府井大街	
金生发		48	兴昌成衣铺	和平门	
竺家骁	良辅	34	平大工学院机械系教授	武衣库 14 号	
胡庆元		49	华兴西服庄	崇内大街 52 号	
胡明德		46	平绥路局庶务课	西四羊肉胡同	
胡祖福		24	李民新西服庄	官场胡同 22 号	
俞家赓		49	俞赓记西服庄	外交部街	
徐才山		52	工业	南官场胡同 14 号	
徐慈仁		33	工业	南官场胡同 33 号	
徐祯祥		20	顺昌西服业	东单官场胡同 32 号	
孙如发		39	张森记成衣铺	李铁拐斜街升官店	
张宝楚		47	宏记西服庄	米市大街	东 3603
张贤凤		45	恭华皮革号	东堂子胡同 36 号	
张仁尧		45	工业	纱帽胡同 12 号	
张华亭		40	西服业	东单三条 13 号	
张嘉德	全德	25	工务局一科职员	嵩祝寺后身	
张云胜		21	陈森泰西服庄	王府井大街	

姓名	别号	年龄	职业	住址	电话
张嘉仪	全仪	21	中德大药房职员	嵩祝寺	
曹德兴		39	宏记西服庄	米市大街	
陈友才		51	中服业	范子平胡同 22 号	
陈继才		48	西服业	王府井大街	
陈干和		43	西服业	王府井大街	
陈品才		43	陈森泰西服庄	米市大街	
陈财亭		38	陈森泰西服庄	米市大街	东 3597
邬照生		54	工业	李铁拐斜街升官店	
邬国祺		45	李民新西服庄	王府井大街	
邬长庆		44	同森泰西服庄经理	西单南大街	南 1513
叶宝元		30	东星西服庄	米市大街	
董东海		49	西服业	海甸	
董德基	银根	28	德康西服庄经理	西长安街甲 97 号	
赵佐明		39	李民新西服庄	王府井大街	
赵文林		23	西服业	西城西京畿道 5 号	
蒋裕康		29	北平公安局外四区署	钱粮胡同中央宪兵三团部	
应世尧		54	应珊泰木器店经理	西总布胡同	

资料来源：《浙江全省旅平同乡录》，1935 年。

其间，在走南闯北的奉帮裁缝与鄞县等邻邑商人的牵引下，一批批奉化人走出家乡，外出创业。特别是 20 世纪初，一批奉化商人开始在对外贸易（包括买办业）、建筑、家具与文具、花卉、农产品加工、造纸乃至金融等行业开疆拓土，卓有成就。"蛋大王"郑源兴便是其中的佼佼者。

1890 年出生于奉化萧王庙慈林村的郑源兴 13 岁去上海一家小蛋行做学徒，19 岁任朱慎昌蛋行经理，后来集资 2 万元创办承余蛋公司。1920 年，特色与优势的产业打下了坚实的基础，其中的"路径依赖"与奉化一度风光的服装业如出一辙。

坚定文化自信，增强历史自觉。近代奉化商人的创业史及企业家精神无疑是一份值得珍视的宝贵财富。包括奉化商人在内的近代宁波帮是推动中华民族现代文明形成与发展的重要力量，其本身也是中华民族现代文明的重要组成部分。而创新创业、奋发有为又具家国情怀与社会责任意识的宁波帮精神是企业家精神的近代样本，更是铸就当代企业家精神的源头活水。对相关历史传统与文化基因的追寻与传承，不仅是对先驱者的尊崇，而且能激励今人更加积极地投身到中国特色社会主义建设的伟大事业中去。

一、工商活动篇

来函

申报馆主笔先生台鉴：久仰贵报热心商务，竭诚提
倡，钦佩莫名。今我邬君挺生①，慨商界之腐败，慕欧
西之开通，情愿自备资斧，出洋游历各国，考察商情，
以开风气，为商界倡，雯故序次其词以表扬之，务祈登
入来函一门，以资观摩，至为感祷，四明钱汝雯顿首。
（1907 年 4 月 27 日）

邬挺生

法商罗森泰特备现银以待注意购买珠宝

本行向在法京专收奇珍异宝，各国闻名。今又厚集资本，特诚来华，新
近抵申收买中国上等大小真圆珠钻石及高贵之宝石各件，但求物质精美，价
贵不妨。韫椟藏诸待善价以沽者，请早惠临敝账房面议，品价相宜自当即刻
兑银，倘蒙光降无不格外优待。

法商罗森泰洋行敬启

诸君惠临请与鄙人接洽可也

---

① 奉化西坞人，出生于牧师之家，长期担任英美烟草公司买办，并创办多家工商企业，曾任上海总
商会会董、上海烟厂公会主席、奉化旅沪同乡会会长等，人称"烟草大王"。热心公益事业，其间
对上海与家乡各项公益事业多有捐助。1936 年，初因在河南许昌一地倡导烟业改良，被人刺杀。

华经理谢其潮[①]并启

敝账房现设法界大马路蜜采里内廿八号（1911年11月1日）

中国第一毛绒线厂之进行

日晖织呢厂由郭建侯君集资十万元，向省公署及大清银行清理处承租改组中国第一毛绒线厂，各情已纪本报。兹悉此事已由虞洽卿君为公正人，草合同已经订就。至本埠经售外来绒线者计有四十余家，每年仅上海一埠之销数计需银四千八百余万两。现各承售家已订约专卖。前晚集洋货九业公会领袖张云江[②]、赵竹林、沈觐舜、汪心如等及各业商家，于法租界大马路一百五十六号洋房开会，讨论进行办法。沪海道尹杨小川君亦亲自莅会，与各业领袖将所订章程逐条讨论，并当众演说，谓刻下全国人民心理咸抱改用国货之志愿，数月以来凡已改良之日常应用品均得畅销。若此时代对于家用最繁之毛绒线仍向外国购买，于经售之家及用户之心理必不为然。所以第一毛绒线厂之组织急不容缓，现合同上每月只缴租金一千元，而每日能出货一千磅，业经较准。其出品较之外货又有过之无不及。此种事业鄙人甚为赞成，切盼诸君积极进行为幸。在座鼓掌如雷。继张云江君演说，各号向因无国货产出，不得不售外货。今晖厂既改织绒线，价廉物美，用户定必欢迎。惟股本尤须充足，拟订期在公所中集全体同业再行开会，分别担认，即日举行。众均赞成，即由王文典君拟就股票式样，即日收股，一面于下月中先行起租开办。（1915年8月4日）

---

① 名春芳，奉化人，在上海从事珠宝行业，设有源昌潮珠号并担任法商罗森泰洋行买办。1922年，加入上海总商会。

② 奉化人，长期担任德商买办，并进行洋货贸易，为当时上海洋货业的翘楚。1924年，参与发起奉化旅沪同乡会。

精勤竹器公司广告

本公司设在奉化东门外，专制竹质中西各种器具以及美术等品，前巴拿马赛会得金牌奖，是诚有目共赏驰名中外也。物质优美，价格公道，倘蒙赐顾请移玉焉。上海经理处棋盘街交通路中华国货公司，分售处大马路贸孚洋行、仁昌洋行、三马路同仁泰木器号。（1916 年 7 月 4 日）

皮鞋公司之创立会

中华皮鞋有限公司于七月二十五号召集创立会，假上海工商研究会为会场。公推李象爵君为主席，主席请余华龙①、李平二君报告筹备处经过情形。余君即起立报告公司发起原由，李君报告招募股份业已足额。虽有未缴股款者，可由招募人负责，并谓今日所以准期开会者，因南京路总店房屋经已定妥，北四川路支店亦已盘就，故不得不从速开办也。次选举董事七员，即李象爵君、袁履登

余华龙

君、陈铭生君、李逢巽君、李飞卿君、施才皋君、纪育鸿君，监察人二员即陈赞年君、黄组佩君。揭晓后主席请黄组佩、李飞卿二君查察筹备处账目，末议修改章程。众意于一月内投函修改，时已钟鸣四下遂散会。又闻旅沪董事于股东会后即晚召集第一次董事会，已委任余华龙君为总经理，李平君为副经理。（1917 年 7 月 28 日）

---

① 奉化城区人，近代上海著名律师，并投身于工商业，1917 年在上海南京路创办上海第一家华人皮鞋公司——中华皮鞋公司。热心公益和国事，曾任南京路商界联合会会长、奉化旅沪同乡会副会长等。

皮鞋公司总支店次第开幕

中华皮鞋公司创办情形已志前报。兹闻该公司南京路总店及北四川路支店均已组织就绪，日前支店已先行开幕，一时购者纷至迭来，大有应接不暇之势，其总店亦定于下月一号（阴历七月十五日）开始营业云。（1917年8月29日）

中华皮鞋公司近况

中华皮鞋公司自去年九月初开幕以来，业已著有成效。惜该公司总店规模太大，耗费过多，亦为营业前途之一大障碍。兹经理人余华龙有鉴于此，特将总店迁至城桥东块以节开销。此后，成本较轻，实事求是，其获利当可操券矣。（1918年4月16日）

中华皮鞋公司之进步

南京路泥城桥中华皮鞋公司开幕年余，初虽稍有亏负，后经经理人余华龙竭力整顿，遂得逐渐发达。所出之鞋式样精致，价值又廉，颇为沪上人士所称许。近又仿造美国纽约及波斯敦[①]最流行之新式靴鞋数种，极合西装之用云。（1918年10月5日）

---

① 即波士顿。

毛全泰第二发行所开幕

毛全泰木器号①创建光绪十四年分，迄今已三十载，所制之器材优美，采件纯用国产生漆，光泽可鉴，故营业颇为发达。兹届三十周年纪念，特分设第二发行所于南京路新世界东首三百六十八号内，定于四月初九日正式开张。（1919年5月8日）

毛全泰分设支店大扩充露布

本号创设于光绪十四年，兹逢卅周纪念，为便利顾客起见，特分设第二发行所于南京路新世界东首三百六十八号。本号兹定于本月初九日正式开幕，所制一切木器及承办一切屋内装修，式样新奇，艺术精美，中西顾客莫不同声赞赏。本号益自奋勉，比向欧西各国搜集最新发明艺术样本，并专聘名师及高等工匠绘图监制。新出各品不特选材坚牢，且光泽异常，虽遇热气亦毫不变色，与他家所造迥不相同。倘荷贵客光临，当信言之不虚也，此布。总店四川路中国青年会对面，电话二一〇〇号，支店在南京路P字三百六十八号，电话一九四九号，工厂江湾路靶子A公园后面。（1919年5月12日）

广告公会开会纪

中国广告公会昨日下午五时半假座四川路青年会开会，与会者如张廷荣、桑德斯、张竹平、林慕娄君等十余人。由卫斯特威君主席，先请南洋兄弟烟草公司邬挺生君演说，题为《中国人眼光中之广告进化观》，略谓广告与商业

---

① 清末由奉化岩头村毛茂林创办，后发展为近代上海著名的家具商号。

有至密切之关系，欲求营业发达，非用广告不可，尤非善用广告不可。如以次等之商货代替较佳之货，则广告之效力将完全丧失，故不可不慎也。今所宜特别注意者，即华茶是。华茶本早著名于世，今则红茶见夺于印度及日本之茶，绿茶受掠于锡兰之茶，瞻念前途实足惊悔。试推其原，当以不善用广告为其最大原因。例如上海南京路之各商号。昔年均未发达。近来互研广告法，其玻璃窗饰等均甚精妙，诚可谓适用矣。昔年商务印书馆高凤池君曾问鄙人，谓何以南洋公司之广告，往往一次仅鼓吹一种货品。鄙人因答谓广告一事最宜如此，因一次广告若载甚多货品，到令人不易记悉，其效力必减矣。高君甚赞成。又鄙人回忆幼时最牢记飞鹰牌之牛乳，历久不能忘，实因其广告术甚佳也。广告最赖交通，华商向仅刻牌号等，其效力不能远布。现在深知广告之不可以已，除刻牌号等外，且须印字货品之上，及其所包所装之附件上，尤有宜特别注意者。即定货品之牌号，最宜择用最易令人牢记之字样是也。尝见在西湖旁之旅馆多登广告，必先盛夸西湖风景之美以引起观者游湖之念，最后说明本旅馆距湖几许，诚得招徕之妙用矣云云。次由主席致谢，复请英国商务参赞安乐德君演说，略谓顷闻邬君谈及华茶一项，鄙人近适接美国验茶委员密吉尔君来函，谓华茶现在美国方面几完全不能销售，其原因有三：（一）华商全不知用广告；（二）华人除家庭私用华茶外，对人不提倡饮用华茶；（三）华人不知说明华茶之饮用法，如华茶只可泡，不可煮，且不可加牛乳之类，以致得此不良之现象，良可慨叹云云。是以广告公会会员诸君之责任甚为重大，不独华茶一项赖诸君之设法提倡也云云。遂仍由主席致谢，并商量该会本届新职员事。因到会人数不足法定数，定由下次会议时再决定之，七时许散会。（1921年4月30日）

军署批准上宝电车公司

沪商聂云台[①]、邬挺生等招集股本，组设上宝电车有限公司，拟具意见计划等书，前日具呈淞沪护军使署，请为咨部立案。昨奉批示云，呈及附件均悉，查该商等拟办上宝电车公司以利交通而挽主权一节，事关发展实业，开拓商场，深堪嘉尚。所拟企业意见工程计划等书，核与电气事业取缔条例规定各节尚属相符。除咨交通部并分咨督军、省长备案外，应准先行筹备，仍候交通部核准之后，再行开工可也，此批。（1921 年 7 月 1 日）

孙天孙[②]启事

鄙人不才，承乏中国商业信托公司总经理以来，迭承诸戚友推荐贤能，因公司创办伊始，为事择人，限于定额，未能一一安插，尚祈鉴宥。如有于公司业务各项，上午自九点至十二点、下午二点至五点，请驾临敝公司接洽可也。（1921 年 9 月 5 日）

孙天孙（鹤皋）

中国商业信托股份有限公司广告

本公司额定资本五百万元，已收股银一百二十五万元，经董事会议决，先设银行部及信托部，已择定福州路三号为营业所，一俟装修工竣，即行开始营业。事务所仍在山东路七号，董事长邱渭卿，常务董事汤节之、郑筱舟、

---

① 湖南人，时任上海总商会会长。
② 奉化人，早年留学日本，后改名鹤皋，历任汉口关监督、汉冶萍煤矿厂会计处处长、汉冶萍东京事务所所长等。1927 年后任北伐军总司令部经理处副处长，旋又调任交通部铁道司长等职。后弃政从商，1933 年发起成立大沪商业储蓄银行。

江湘浦、赵醒民，总经理孙天孙，副经理李孤帆。（1921年9月7日）

上宝电车部批候查

沪绅邬挺生、沈联芳等，前拟创办上宝电车，开具营业计算，呈请交通部立案。昨奉交通部批，准予派员查明呈复核办矣。（1921年9月13日）

指控损害公司营业

福州路中国商业信托公司总理孙天孙，在公共公廨刑事科状诉股东姚颂南、邹树文、陈君亮于营业未开幕前，妄登报纸，损害公司营业，违犯新刑律三百五十九条等情，由廨准饬提票发交老闸捕房。昨晨，派探顾阿根将被告三人一并提解公堂，即据顾探禀称，原告代表许理律师，于义领陪审期内，请出提票。被告等现由捕房准各存二百元交保，为此解案请示，而被告三人亦同延律师到堂代辩，经中西官核供，判姚等仍各存洋作保，候义领堂期解讯。（1921年9月14日）

信托公司控案候订期会讯

山东路中国商业信托公司总理孙天孙，在公共公廨呈诉股东姚颂南、邹树文、陈君亮等，于未开幕前，妄登报纸，损害营业等情，由廨准饬捕房，将姚等三人提案，谕各存洋二百元交保，候义领堂期解讯各情，曾志本报。昨晨由廨传讯，证人邱渭卿亦到案候质，即据被告代表律师牛门译称，本案内有英商关系，已由英领函致检察处，应请展期研讯等语，并据检察处西员惠勒投诉，此案接有英领来函，订期陪审云云。而原告代表许理、安素两到案声称，被告律师之请求，可表同意等词，经张襄谳核供，商之义副领事费君，判候订期会讯。（1921年9月18日）

商业信托之诉讼

一登告白股票便落价了

中国商业信托公司理事孙天孙在公共公廨刑事科状诉邹树文、姚颂南、陈君亮散布谣言，侵害公司营业等情，业经由廨讯谕展期续讯在案。昨晨陆襄瓛会同英义两国副领事赫费二氏，升座第三刑庭续审。首由原告代表许理律师声称，被告等之所为，应适用新刑律第三百五十九条办理。查该被告等以公司开销月须一万三千金，费用太大，遂运动各股东签字，组织股东联合会，缮发信函，登报广告。股东协会系陶梅生组织，列名者计三十人，但签字赞成之股东，则只九人。其所登告白，对于公司极有关系云云。时被告代表牛门律师起称，原告既以刑事赴诉，则应将告白内含有违犯刑事性质之字句指出，而此项告白，被告固已承认系由陶润之送登云云。并由证人胡甸荪上堂声称，我开设怡春茶栈，系该信托公司股东一份子。陈君亮我素认识，六月二十八日陈来我处，谈及公司开销浩大，将来营业恐难发达。彼拟组织股东联合会，要求我签字赞同。我以自己股权甚小，签字亦无效力作答。其时适有三千股之股东叶惠钧在场，叶允予签字，故我亦签字云云。又据施载高上堂声称，彼系该信托公司发起人之一，现为公司监察员。自闻公司被人登报后，即往查账目，并无错误。后至邱渭卿处谈及此事。据云欲解决，须加董事四人，并将副经理开除方可等语。但自被登报后股票价格已跌云云。中西官讯至此，谕改期续讯。（1921年10月5日）

续志商业信托之诉讼

证人江湘浦之供词

中国商业信托公司经理孙天孙在公共公廨呈诉股东邹树文、姚颂南、陈君亮登报散布谣言，侵害公司营业一案，昨晨九时由陆襄瓛会同英义两国副美，呢绒哔叽，均向美德法奥各国著名呢厂定购，所请技师，均高等名手，式样仿欧美最新式者。又闻国货一部，择优陈列，故营业较前盛旺云。（1926年4月27日）

奉化同生油焖笋来沪发售

奉化为产笋之区，兹有巨商在该处开设同生厂，制售罐头油焖笋，近已出货运沪发售。闻此笋系采集甫出土之娇嫩鲜笋，以化学方法制成，非特味美，且有益卫生，为食品中之上乘。上海总经理处为虹口三角地小菜场对面瑞昌号。（1926年6月2日）

毛全泰木器制造厂参观记

毛全泰木器号为甬商毛茂林君独资创办，始于清光绪十四年。初设发行所于南四川路青年会对面，专售自制各种日用木器，时范围虽较小，而营业颇佳。迄至民国元年，自建厂房于虹口公园后面东体育路，占地二十余亩，除各部工厂外，并附建四楼洋房，专以陈列场中出品。工作分木工、漆工、雕刻、装潢、裁缝、铜匠各部，每部均派有领袖指导一切，工人统计约二三百人，均寓于厂内，管理上较为便利。各部布置均觉井井有条，木料之堆积尤多，惟来源多采自南满洲、安南、南洋等处，国产木料间亦采用，并于各产木区域均派有专员常川采购，故无虞缺乏。漆料专用国产之徽漆，因徽漆质地甚佳，色泽亦经久不变，足与舶来品相颉颃。近年以来营业尤盛，南四川路发行所亦因房屋年久亟须重建，乃就此原址自建新屋，大加扩充。现已布置就绪，定阴历本月十五日开幕并减价一月。闻该厂自民六起，茂林君因年近古稀，为休养身心计，即由其子濂卿君接办。毛君为人和蔼，且经营具有长才，故该厂得以蒸蒸日上。昨偕二友前往参观，约纪所见，以告读者。（1926年6月21日）

民丰造纸公司成立

民丰造纸公司，为沪商竺梅先[①]等发起组织，专造各种国货纸版，其制造厂，设在浙江嘉兴东门外角里街，一切筹备，业已就绪。昨日上午十一时，假南京路大东旅社三楼，开创立会，股东到会者异常踊跃，公推褚慧僧先生为临时主席，通过筹备期内开支账略，及公司章程逐条修正后，即选举董监，由杨孟龙、孙梅堂诸君等为检票员，结果洪沧亭、谢蘅牕、杨孟龙、何耿星、孙梅堂诸君等当选为董事，谢伯爰、徐景伊诸君等为监察云。（1930年3月31日）

竺梅先

庄崧甫创办东港轮船

奉化宁海已可直航　开发浙东十个海口

前浙省委庄崧甫[②]氏为便利浙东商运并开发象山之海道交通，特集资组织一大轮公司，以利岱山、象山、宁海等处人民往来于上海各埠。筹办以来已经多月，现在已告成功，今日可正式开航。兹将该公司情形分记如下：

资本：闻该轮公司资本定五十万元，以发展东方大港为目的，故公司即名曰东港商轮公司。上海总公司设于南市大码头自来水亭子对面，在象山、

---

① 奉化萧王庙人，早年参加同盟会并从军。1925年后开始从事军装贸易，后经营大来银行，1929年起创办民丰、华丰造纸厂，成为造纸业巨子。1937年担任宁绍轮船公司总经理。热心公益事业，长期担任宁波与奉化旅沪同乡会董事。全面抗战爆发后，积极投身于抗日救亡运动，捐资创办红十字伤病医院，又在奉化创办国际宛童教养院。

② 奉化曹村人，清末参加同盟会，创办杭北林牧公司。辛亥革命期间，曾协助陈其美筹集粮饷。民国成立后，担任盐政局长，不久后辞职。长期从事农牧林业工作，热心公益事业。

宁海各地均设分公司，营业以运货及搭客为主，目前
先开一船。

庄崧甫

船舶：该公司以八万元购得一千吨钢质轮一艘，
定名曰升利号，全船加以大修，焕然一新。现在先行
开班。原定昨晚出口，因风阻延迟一天，船泊宁绍二
号码头，买办为贺凤文。如果营业起色，船上须加装
客位，将来发达，则再购第二船。

航路：该轮现定由上海往岱山、普陀、沈家门、
郭屿、大嵩、象山、奉化、宁海、峡山及薛岙等埠。向来各该处货客须转民
船至宁波方能转轮来沪，今则可以直航，减免沿途驳载之苦，其班次则暂定
上海为星期一、四出口，而宁海星期三、六开来。（1930年7月4日）

大来银行临时股东会记

大来银行，于昨日下午一时，在宁波路该行，召集临时股东会议，到有
股东一百数十人，极形踊跃。由主席竺梅先君宣布开会宗旨及报告经过情形
毕，当经全体股东议决除原有股额外，所少股款，仍由各董监积极招募足额，
希望于最短期间，即行开幕云。（1930年7月13日）

大来银行创立会纪

本埠宁波路大来银行，自重行改组以来，业已收足资本银五十万元，于
昨日下午二时，在宁波旅沪同乡会召集创立会议，到股东徐圣禅、俞佐庭、
史九成、胡森甫、吴岂汀等一百五十五户，共三行六百八十四权。公推应季
审主席，报告开会宗旨；由筹备员竺梅先报告改组以来种种经过情形，乃收
足资本五十万元，分存各银行钱庄；当推出俞佐庭、胡森甫、应季审三人为
检查员检查资本，并由主席将章程逐条通过；当场选出董事郑少坪、竺梅先、

陈寿芝、周智卿、俞佐庭、徐圣禅、吴岂汀、刘同嘉八人，监察人金润庠、卜志坚二人。主席宣布公司成立，遂散会。（1930年8月31日）

东港升利轮误会纠纷

浙绅庄崧甫等所创办之东港轮船公司，自七月三日正式开班以来，每逢星期一、四，由沪往象山、奉化等埠。所用轮船升利号载重一千吨，该公司以八万元代价购得，在本月二十一日该轮抵沪之时，忽谣传该轮因兵差被扣，致船上茶房人等乃哄然上陆星散。事后得知升利轮为修费问题，而发生纠纷，茶房等误会封扣。现该轮仍在开班午驶，惟各茶房中有不愿再行下船服务者，向公司索取保证金。今此事尚未解决，正在协商中，而船则仍旧行驶云。（1930年9月1日）

大来银行昨日开幕

宁波路四三八号大来银行，系徐圣禅、竺梅先、俞佐庭、吴岂汀、陈杏初等所创办，募集资本五十万元，呈请财政部核准注册，业经组织成立。昨为该行开幕之期，行内满挂各界致送之屏幛、银盾等礼品，密无隙地，财长宋子文氏亦有匾额一方。贺客到者，有钱新之、唐伯耆、周枕琴[1]、秦润卿、徐庆云、褚慧僧、吴蕴斋、王延松、谢蘅牕等六百余人之多，由该行各董监等殷勤招待。闻该行昨日一日

大来银行外景影印件

---

[1]　奉化城区人，历任宁波商业学校校长、国民政府军需署署长等。

之间，收受各种存款有二百余万之巨，他日营业之发展，殆可操券云。（1930年9月6日）

笑春园广告　老资格种苗家

剪券附邮二角　奉赠名花种籽五袋

本园在奉化开办有年，年来出品水蜜桃等营销沪杭甬各地，颇受各界赞美，想我同胞吃过敝园水蜜桃的人亦不少了，也无庸赘述。本园为普及良种起见，特另设苗圃，育成果树森林苗木数十万。现值秋植佳期，如荷采购，不胜欢迎，价目表函索即赠。如大批采购来本园面选，更表欢迎，俾资考察真伪，幸三注意焉。新冬菰种每袋五角，植法附。奉园址奉化萧镇石坟跟，上海办事处法租界嵩山路仁安里口。（1930年10月14日）

航界要讯
请颁验船师证

沪航界进行收回海关验船师，由华人自办一案，已经保荐刘福培、李允成①、黄绍三、王珪荪四人，近日命各人速送履历证书，以便转请海关任用。兹据刘君陈报，并无正式证书，乃由航会另荐余建复，一面由会具呈交通部，请予依照各国先例，从速订颁验船师证书章程，使具有资格之国人，得以遵章具领，分荐各海关任用，本埠航业公会，已具呈交通部，同时检同余李黄王四人之证书履历，向海关保荐，请予选用矣。（1930年10月20日）

---

① 奉化人，早年留学英国，回国后任教于上海交通大学。1933年发起创办中国工业炼气公司，为中国氧气工业、电石工业的主要创始人。

华丰造纸公司创立会记

沪商杜月笙、褚慧僧、金廷荪、叶荫三、竺梅先等，集合同志，创办华丰造纸公司，在杭州设厂，制造机仿洋货各种纸板。其出品闻拟注力于国外之推销，昨为该公司召集创立会之期，在大东酒楼举行，到会股东，济济一堂，颇极一时之盛，并闻杜君被选为董事长云。（1931 年 6 月 18 日）

生生油焖笋之畅销

奉化生生笋厂所出祥字老牌油焖竹笋、清汁鲜笋、油焖大头菜等各种罐头食品，为夏令卫生食品，近又运到新货，由小东门中华路八十四号裕记兴罐头食品号经理，日来各食品商号，前往批发者，极形拥挤。（1932 年 6 月 10 日）

王政劭律师代表毛绳祖为毛全泰木器号改组为毛全泰木器股份有限公司启事

兹据毛绳祖面称，本人祖遗独资所设之毛全泰木器号，本届受战事影响，损失甚巨，致金融周转不灵，无法维持，只得另行招股，改组为毛全泰木器股份有限公司，已于本年九月一日成立，即日将毛全泰木器号名义取销。毛全泰木器号所有未了事宜，均由该公司以毛全泰木器股份有限公司名义继续办理。惟毛全泰木器号所有欠人一切款项概归本人个人负责理偿，不涉该有限公司之事。除得各债权人书面允诺外，委请贵律师代表登报公告，以示郑重等情到所；合行代表登报启事如上。事务所北京路一百号，电话一五八六二号。（1932 年 9 月 10 日）

请加白纸版税之部批

上海国货工厂联合会，昨奉财政部批示云，呈一件，为请将白纸版列入奢侈品，以增税收而维国货由。呈悉，查民丰造纸公司所请酌加白纸版进口税率一事，前据该公司经呈到部，经已抄录原呈，令交国定税则委员会，于将来修改税则时，作为参考，并批示知照在案，仰即知照，此批。（1932 年 9 月 12 日）

奉化厚生农场笑春园勤生协记三友种植场大森甡

五大农场上海联合营业部成立通告

敝场等向设奉化有年，而年来出品之水蜜桃、大青梅等营销沪杭各地，颇得社会人士之欢迎，想各界亦在洞悉之中，毋庸赘述。而养成佳种苗木分让以来，亦几遍全国。兹鉴沪上乃通商巨埠，为便利各界物品采购计，特在沪设立联合营业处，俾资普及，并在南市沪闵路设立大规模苗木种植场，如荷惠临采办，不胜欢迎，并以一例七折计算，奉赠农林报及价目表，函索即赠。如附回件邮票五分，即赠名花种子八袋以副雅意而作纪念。

总场办事处均奉化萧王庙镇，上海营业部法租界自来火街瑞福里第六弄。（1932 年 11 月 6 日）

国货公司昨招待各界

南京路上海国货公司邬志豪、王晓籁、陆祺生、朱炳章、朱德超等，于昨日正午，在冠生园饮食部，招待各界。席间，由邬氏演说，略谓，今天志豪等代表上海国货公司，招待新闻界及国货团体诸君，承蒙联袂光临，无任欣幸。敝公司创办的意义，第一，国家经济是一个国家的命脉，数十年来，舶来品充斥市场，中国的市场，差不多完全被外国货占据了，无穷的漏卮，滚滚的从太平洋流出去，经济侵略的痛苦，我们已深深的感到，要想设法补救，非积极提倡国货，使用国货不可。第二，近年来国货工厂，已由萌芽而渐显发旺的气象，生产方面和消费方面，要想在前途得着切实的便利，非实行合作不可，最近国民的痛苦，尝因要买国货而不知何处去买，那件是国货，那件是非国货，若能认识，有了国货公司，就有了产销合作的机关。有此二大理由，敝公司就在国难方殷中呱呱坠地。我们所做的工作，虽然是已实现，但还不敢自说完美，又恐孤陋寡闻，一定有赖于集思广益，希望诸君，指示改进方针，使敝公司继续努力，俾国家经济，得恢复一些元气，至于招待不周，还请诸君原谅。次复由冯少山、沈田莘、汪英宝、陆星庄、陆祺生、舒蕙桢女士等，先后演讲，言词均甚恳切。舒女士力主政府党部与人民合作，劳资双方合作，经济界、实业界合作，有此三合作，则国货前途，定有乐观。词毕，相率参观公司内部，靡不钦佩邬君进行之得法也。（1932年11月16日）

上海国货公司创办儿童乐园

旅沪甬商巨子邬志豪君，自九一八东北被敌侵占后，深痛河山变色，在悲哀痛愤之余，特于去年冬，本国货救国之主旨，在南京路虹庙对面，设立上海国货公司，一方协助国货工厂，推广销路，一方供给爱国仕女日用所需，开幕以来，营业极盛，而国人爱护国货之精神，亦日益奋发。最近邬君复就原有各部以外，创办一儿童乐园，专售儿童物品，借以鼓励儿童爱国建树提倡国货之基本力量，近已筹备就绪，不日即可开幕。（1933年3月28日）

大沪银行成立大会

上海大沪商业储蓄银行昨日下午一时，假座市商会常会室举行成立大会，出席股东计有孙鹤皋、王延松、张澹如、徐新六、陆文诒、骆清华、诸文绮、邬志豪、齐云清、张芹伯、张叔训、龚礼南、马少荃、谢克明、郁震东、梁晨岚等百五十余人，公推孙鹤皋主席，行礼如仪。主席致开会词后，由王延松报告筹备经过及筹备费用。当由大会照原案通过追认。次奚玉书会计师报告验资依照法律上根据，证明资本业已将足，继即通过章程，并选举董事及监察人，计江龙渠、潘鲁岩、杜月笙、孙鹤皋、俞国珍、盛泽承、张澹如、王延松、江一平、王咏春、张芹伯等十一人当选为董事，李和卿、龚礼南、胡组庵等三人为监察人，六时散会。（1933年6月21日）

大沪银行装修完竣

部照颁到即行正式开幕

大沪银行收足资本五十万元后，即于前日（二十日）举行成立大会，当场选出董事孙鹤皋等十一人，监察人李和卿等三人。兹悉该行行址在山西路福州路口十二号门牌房屋，业已装修完竣，现正呈请主管机关验资转呈财实二部登记，一俟部照颁到，即行正式开幕，内部工作，均在积极进行。（1933年6月22日）

大沪银行考练习生揭晓

大沪商业储蓄银行自成立以来，由各方面介绍前来报告练习生者，人数已达五十余人，该行为甄拔真才起见，特于昨日（二十日）假市商会商业学校举行练习生考试，聘请市商会秘书严谔声先生及该行监察李和卿先生为主试。闻当场评定分数，计录取张善琛、李镜涤、陆谦祉、冯有楣、王钟泽五人。（1933年8月22日）

果树苗秧优待预约

敝社^①自开办迄今历三十余年，所出各种书籍以农业书为最多。兹为实业家便于实施起见，于十年前在浙江余杭、奉化两处设立苗圃，聘请专门技师，培养各种森林果树花卉种苗。经多次之研究，始得佳种。于民国十八年开始在敝社发售，数年来深得诸种植家赞许，毋庸细述。现为优待种植界起见，凡于双十节以前预约果苗，概照定价九折计算，如有志经营园艺者，请勿失此良机也。清单函索附邮二分。上海棋盘街交通路新学会社种苗部启。（1933年9月6日）

大沪银行今日开幕

大沪商业储蓄银行，系沪上资本家及金融、实业界闻人所组织，董事长孙鹤皋，常务董事张芹伯、潘鲁岩、江万平，董事杜月笙、张澹如、盛泽丞、王延松、江一平、俞国珍、王咏春，监察人龚礼南、胡组庵、李和卿等均皆声誉卓著，信用素孚，经理俞国珍，尤为金融界矸轮老手，经验学识均皆丰富，故该行非特基础十分殷实稳固，即内部之组织及管理，亦均异常严密完备，自呈准财政部发给营业执照，并呈请实业部注册备案后，一切内部工作，业已准备就绪，定于今日举行开幕典礼，冠盖云集，当必有一番盛况。据访悉该行因来宾众多，为招待周到起见，特假该行对面之棉布公所所址为来宾招待处。又悉该行特由天津定制银质陈设品，如银花蓝银船、银钟、银鼓、银镶珐琅香烟罐、香烟匣及精美皮箧等，贵重纪念品多种，分别赠送定期存款客户，以志纪念。（1933年9月20日）

---

① 即新民会社，清末由庄崧甫、孙表卿等一批奉化人在宁波创办，以出版图书、传播新知为宗旨，并从事经营活动。其总部后迁至上海。

大沪银行昨日开幕

大沪商业储蓄银行,为本市金融实业两界闻人孙鹤皋、张澹如、杜月笙、盛泽丞、王延松、俞国珍、马少荃等所创办,于昨日正式开幕。上午八时,由董事长孙鹤皋,举行升旗开幕礼,自晨至暮,来宾前往道贺者络绎不绝,除由董监事暨经协理孙鹤皋、张澹如、潘鲁岩、江一平、李和卿、张芹伯、俞国珍、马少荃、王鸿赍等亲任招待外,并邀请骆清华、陆文韶、郑澄清等热烈招待,颇极一时之盛。兹志其详情于后:

道贺来宾:代淞沪警备司令张襄,前财长李思浩暨名流褚辅成、蒋方震、朱庆澜,金融实业界虞洽卿、宋子良、王晓籁、秦润卿、傅筱庵、闻兰亭、俞佐庭、林康侯、金廷荪、蔡琴声、徐寄庼、陈蔗青、刘晦之、张慰如、徐桴、方椒伯、张申之、杨寿生、李志方、刘春圃、谢衡愳、孙梅堂等二千余人。

各界致贺:蒋总司令除题赠"充实国力"匾额一方外,并贺电一件,颇致善颂善祷之意;段祺瑞赠"货殖平准";吴市长赠"爻占大有";市商会全体执监委员赠"裕国利民"匾额各一方,其他各界之致送礼物贵重纪念品者,琳琅满目,不下三千余件。

存户拥挤:该行昨日开幕后,各界之前往存款者,颇为拥挤,总计达三百四十余万之巨,各行员虽存户纷盛,然仍有条不紊,处理绪裕,足见该行办事之精神。

赠品加利:该行为纪念开幕起见,于一个月期内前往该行存款者,均加给利息一厘并赠送各种珍贵银器、男女皮夹等精美纪念品。(1933年9月21日)

大沪银行优待储户

赠加存款利息一月为期
定期活期一律可得赠品

本埠四马路书锦里大沪银行，开办伊始，为优待储户起见，在开幕纪念期内，凡定期存款满一百元者，除照原定利息加给一厘外，再按存额分别赠送纪念物品，如上等男女应用皮夹及贵生银器等件。闻该行为增加储户兴趣起见，凡活期储蓄新立户名者，亦一律可得赠品，加息均以一月为期，借答惠顾诸君之盛意。（1933年9月29日）

紧要启事

兹有南洋新嘉坡万兴国货公司，创立于民国十五年初，乃陈来昌独资经营。后于民国十九年招陈岳书君共同合作经营，历兹已有三年。现因南洋市情不景，已于本年十月一号停止营业。申地人欠欠人，现定自登报日起限一星期各来往家前来理楚，以清手续。再者万兴国货公司招牌名义乃是陈来昌个人所有，曾在新嘉坡当地英政府注册，别人不得袭用。诚恐上海方面不明真相，用特登报声明。嗣后如查得有人仍用万兴国货公司名义，向各方招摇撞骗等情，概与本人无涉，并当依法究办，特此声明。陈来昌启（1933年10月4日）

上海国货公司访问记

发表准备第二次计划宣言

记者昨经南京路见虹庙对面上海国货公司，举行一周年纪念大廉价二十一天，设备富丽，广告新颖，而爱国货之顾客，真有整千累百怀金以往满载而归之盛况，察其容止，皆甚欣然满意，足见国民爱用国货之热烈可证，前途尚有希望。记者欲明了其所营业品类，是否完全国货，因亦入内参观，并加访问焉，兹记其内容大概，以告关心国货者。创办人是上海闻人邬志豪、陆祺生等，设计人亦上海闻人任矜苹、朱德超，广告图画人则为美术家朱维岳，盖以国货玩具家杨良弼奔走布置于其间，又有数女职员参加计划，其能尽善尽美者，良有以也。询其国货出品，则完全华商厂家，询其品类有几，谓有四十四部分之多，询一周年中营业状况若何，谓二百四十余万元，询上海有几家国货公司，谁家为首先创设，谓南京路上纯粹经营国货之大公司，现仅有二，即上海国货公司与中国国货公司，而上海国货公司为首先创设者，询有若洋货店以外国货伪□中国货之嫌疑否，谓负责保证决不涉及是项嫌疑，因各出品者，均为国货厂家，并均有实业部之注册商标，及国货厂商联合会之证明书，可资指证，询有何特性能使购买者满意，则谓本公司购进各货，不但用现款买进，并于可能程度，预为国货厂家垫款，即社会上所称为预约是也，因此预约之故，进本遂得低廉，进本既低廉，故各货定价亦便宜，因欲推行国货，以与外货相竞争，为国货开出一条新道路，创薄利多销之新纪录，是即上海国货公司之特性。记者访问至此，已明了其内容之概略，遂与辞归，以其经营国货裨益国家，乐为之记，借资提倡云尔。

上海国货公司准备第二计划宣言

南京路虹庙对面上海国货公司，自公告实行扩充计划后，在第一日即得美满之成绩，近因该公司举行创办一年之一周纪念，特在纪念会议中，该公司主持人陆祺生君，决定准备第二计划，并将扩充计划缩短其完成期，至于准备第二计划宣言，业已拟就。兹为采录如下：

先哲之论复仇者，有曰"君子报仇三年"，又曰"十年生聚十年教养"，此皆古人自奋自励，切实收效之遗训也，今国难之过去已将一年，观此过去期间之事实，虽自奋自励之呼声，遍于朝野，然无补于国难，不独无补于国难而已，且日见耻辱之加增也，细究其故，则知人心见使于贪欲，日为相贼相妒不相互助之为害也，吾人姑不论政治，即就社会及工商业以论之，则有贩卖仇货卖资以为利者，有监督仇货借权以自私者，此爱国之士之所以痛恨叹息，认国事为不可为者，岂国事真不可为乎？非不可为，实不为也，小言之，即本公司之近事，亦足举为佐证。去年十月间，本公司创办人邬志豪先生，从事筹设公司，有引前车之失告先生者，以为在外货围攻之南京路，欲为国货谋突围应战之出路，宁必不易，先生毅然应曰："君以不易为而不为，则将永无易为之时，果不为，是畏难而自愿为鱼肉也。"今公司之成立，已一年矣，更得以最近实行扩充计划之事实，益知国事之大有可为，在于国人之有无自奋自励之精神，对于国家民族之能否为打破国难之奋斗耳。查本公司现方实行之扩充计划，原以本年八月为筹备期，自九月一日始，至明年二月底，为完成期，并预定一营业月计之数额，以作计划，所求目的之标准，今计划已行之工作，仅十之一，而计划所用之时间，不及六之二，而第一月营业，总计之结果，已超越标准额百分之十三，三一强，而第二月之营业，以昨日为止之趋势预测之，必可超越百分之二十而无疑。是可知人心之未尽死，苟能为国奋斗，必有热忱之助，据此信念，遂有一周纪念会议中决定缩短实行扩充计划之期限，以本年十二月底为计划之完成期，自明年一月一日始，实行现所准备之第二计划。但本公司之所以有此勇气，有此精神，是皆出于爱买国货诸仕女之鼓励，而知自奋自励者之必有相助也，故此后鼓励之力愈多，自奋自励之精神亦必愈盛，共起为国奋斗者，且必不绝于途也，此可知今日之中国，不须待生聚，只须教之养之勉之，而使之力行耳。本公司既感已往多助之成功，不能不在准备第二计划之日，为恳切之公告，愿爱国仕女，知本公司之能为国奋斗，就自救利国之观念，益其多助之力量，值此救济自卫之壁垒，能长期发挥无已时，复使爱国志士，知雪耻救国之事，非不可为也，谨此宣言，诸维公鉴。

邬志豪事略

茹辛君所纪邬志豪先生事略，奉化有三杰，邬志豪先生其一也，幼颖悟异常人，年十二，肄业于槐荫书院，即能诵读经史，博览群书，故一时有神童之目。为人豪爽，胸无城府，常谓大丈夫当近身社会，俾有所贡献于国家。十六岁时，尊人弃养，乃承先志，投艺趋商，以提倡国货改良丝织品为己任。鉴于国内实业不振，经济落后，故在江浙两省，创办绸缎、皮货、衣庄及其他商号，凡十余家，竭力维持国产，抵制舶来，努力奋斗，不惜牺牲，其毅力殊堪钦佩。当民国九年时，先生鉴于上海市民年纳巨税，而无应得之市民权，奔走呼号，不遗余力，今日工部局得有华董之参加，先生之功，亦有不可灭者也。先生富有爱国心，而尤乐于慈善事业。抱负不凡，具济困扶危之志，遇有水旱兵灾发生，从事救济，未尝后人。民国十五年，鉴于同乡贫苦无告众多，遂有宁波七邑教养院之发起，老幼之受教养四百余人，皆先生之惠，而其对于治水利，植森林，兴学校，修道路，凡有所求，无不慷慨解囊，竭力赞助。先生提倡国货救国之宏愿，以为国货之发达与否，关系国家盛衰，欲谋强国，非提倡国货不可。而提倡国货，尤须群策群力，各方合作，使消费者获充分之便利，方能人人乐于购用国货，国货始臻发达，故又创办上海国货公司。兹复有中华国货产销联合公司之组织，规模尤为庞大，以实现推广国货之志。又设宁波实业银行，以发展农工渔各业。先生现年五十岁，历任全国商会委员、上海市商会委员、上海商界联合会会长、宁波旅沪同乡会理事、奉化同乡会会长等，均不辞劳瘁，克尽厥职。生平不愿私置田产，其所办事业，莫不有益于国家社会。尝语人曰：凡取之于社会者，仍当用之社会。旨哉斯言，先生诚不愧为伟人，兹以欣值先生所手创之上海国货公司一周纪念，谨为撷拾先生事迹，以为后起者法也。

陆祺生事略

孙鸣岐所记陆祺生事略云，余获交陆祺生先生有年矣，陆君为浙江上虞人，赋性沉挚勤恳，以办事干练著称侪辈。其服务公团也，奉公守法，循序而进，其服务事业也，治内对外，卑亢有度。君为同盟会会员，辛亥武汉起义，君与陈英士等在沪相应，厥功尤伟。君现为国民党人，其于主义信仰颇深，当吾党称治粤省，君则集合同志努力商人运动，领导海上革命商人，如各马路商界联合会、华人纳税会等，君均参与其间，不挠其志。迨党军底定沪滨，君任事上海市党部，时议论庞杂，党基未定，君则宣扬甚力，沪商之赞助革命，迄今未懈者，君与有力焉。旋任上海市商民协会纪律委员，孜孜兢兢，不稍假借。比第三次全国代表大会开幕，久悬未决之商人组织，亟须有统一之办法。君乃上书陈辞，卒蒙采纳，嗣后上海商人合并组织，中央即委君为上海市商人团体整理委员之一。市商会成立后，被选为监察委员，暨煤业同业公会常务委员。一二八沪变发生，君愤敌焰之张，不仅输饷纳粟，且率义勇军参与作战。迄中日协议成立，君以欲图国家之富强，必先提倡国货，乃与邬志豪君，创设上海国货公司，一年以来业务日盛，向不为人注意之国货，乃得畅销之机会，且继起者陆续。兹南京路上，先后有中国国货公司、上海便宜商场之继起，相颉颃者，君向导之功，尤不可浸矣。（1933年10月22日）

市声

毛全泰减价讯

本市四川路六百号毛全泰木器公司创办迄今，垂五十余载，为沪上最享盛名之木器商，向以货真价实，为社会称许。一二八之役，工厂全部被毁，损失不赀，旋即招集新股，重建新屋，并扩充规模，广聘技师，故规划益臻完美，出品尤见精良。兹为纪念复兴起见，特自本月二十四日起，举行大减价二十一天，各货一律廉售，以酬各界历年惠顾之盛意。（1933年12月28日）

奉化驻沪龙凤农场征求种桃同志

本场向在奉化拥有桃园十有余年，出品之正确，奉化玉露桃及正确奉化水蜜桃等久已口碑载道。今为扩充计，于吴淞购置场地五十余亩，特请技师专究桃园事业。除自植外，尚有余秧分让，苗价每百枝自二元五角至三十六元。兹本场目录函索原班即奉。兹敝场发行所在上海里虹桥下东汉壁礼路永祥南里一百七十二弄十二号，电话五三二〇〇号。（1933年12月30日）

广告影印件

山西实业家参观上海国货公司

咸称推进妇女国货年精神

山西实业家杨筱元、郁抡才及聂君等十余人，此次代表保晋、广懋、山西各煤矿公司，与铁道部讨论运输问题，日前便道来沪，闻上海国货公司，为南京路最早创办之推销国货机关而努力奋斗，又声闻遐迩，昨特前往参观，由该公司发展业务委员会主席委员陆祺生招待，并派员陪赴各部参观。杨君等对该公司男女职员之办事精神，甚为赞美，尤惊异特定各货之价格，如是日所售每尺三角之电印软缎，每尺一角四分之华达呢，每支一角二分之三星牙膏，皆为折入成本之廉价。杨君等参观毕，举以为问，陆君谓，此系本公司每日规定之廉美国货，因本公司为推行妇女国货年，欲使妇女国货年能造成超过国货年十倍以上国货公司出现之纪录，盖去年国货年之纪录，就上海言，只增加完全销售国货之公司三家，其能力殊为薄弱，故今年本公司自第一月起，即准备牺牲，从事奋斗，特选优美国货，分日分部，特别廉售，以之介绍于全沪妇女界，使知国货之廉美，以造成其爱用国货之基本心理。故此项廉售国货，就目前之营业观点言，虽系损失，然就推销整个国货及推行妇女国货年言，则为一有价值之牺牲，以一切事业之成功，皆从牺牲中得来。本公司欲希望妇女国货年之成功，不能不有此牺牲，杨君对于陆君此种精神，莫不称许云。（1934 年 1 月 10 日）

华昌兴记仁记钢精批发所推受盘声明

案查华昌兴记钢精批发所于民国十九年十月由郭学庠、郭学序①、蔡钦生、陈崇德、贺文奎五人合资设于上海爱多亚路五十四号，历有年所。因蔡陈贺三股东无意经营，民国廿三年二月五日起自愿将本人名下股份以及华昌兴记所有存货、人欠欠人款项、生财、店基全部推让于郭学庠、郭学序二股东接受经营，改名华昌仁记，继续营业。旧立议据业经圈销作废。再者华昌兴记名下以前并无在外担保情事，以后华昌仁记图章亦概不代人作保，特此附带声明，诸希公鉴。贺文序、贺文奎、郭学庠、陈崇德、蔡钦生同启。（1934 年 2 月 20 日）

四明种苗场

本场为实行基础救国，故积极提倡农业，特将大批精选品种正确之各种果苗削码分让，以副种植同志之雅意，并极欢迎到场参观，详细目录章程函索即寄——场址浙江奉化溪口董家桥。（1934 年 3 月 10 日）

---

① 郭学庠、郭学序兄弟为奉化人，承父业从事机械行业。1934 年，其父郭永澜因热心公益，在家乡"捐资修筑官道，部令褒扬"。

宁波实业银行股东会记

稳固金融基础　力图振兴实业

　　宁波实业银行成立于民国二十年十一月，宁波金融实业两界热心人士所发起，成立两载有余，业务非常发达，于本月十八日在宁波同乡会开第三届股东会，出席股东一百九十二户，股数三千三百八十六，权数二千二百四十二，足法定数开会。公推邬志豪君为主席，全体股东起立，向党国旗、总理遗像行最敬礼，静默三分钟，纪念已故创办人项松茂、王才运两先生之遗迹。主席报告本行营业状况云，本行根据创办人之宗旨，各董事之计划，谋实业之发展，使金融实业之合作互助，所以在定海沈家门开设分行，扶助渔业之发达，又在宁波开设分行，扶助渔农工商之发展，创设免费汇兑，平民经济借贷，以谋桑梓之幸福。总行设在上海，注重扶助国内外国货贸易之发展，联络同业，分任协助，专为国家社会谋公众有益之业务，使银行基础稳固，逐渐发挥种种一切振兴实业之计划，此则可以告慰于各股东耳，并希望各股东临时指教，不胜幸甚。监察人林康侯代表报告账略，略谓，按照上年决算账略，业经徐永祚会计师查核盖章，送与鄙人等审查盖印。本行除摊提公积暨摊提各项开支外，计纯益洋四千余元，另制账表分送各股东，请众公核。议决，全体通过。股东朱炳章等七人十月一日来函，提议修改章程，董事人数改为十一人，经众讨论，议决通过。改选董事监察人，公推袁瑞甫、曹国华、蒋君毅等四人为开票检查员。选举揭晓，邬志豪、项绳武、林康侯、何绍裕、邬志和、周永升、曹国华、陈粹甫、何绍廷、董仲修、卓雨亭等十一人当选为董事，袁瑞甫、庄崧甫、陆祺生三人当选为监察人。六时会成。（1934年3月22日）

宁波实业银行一楼门面

上海国货公司实行第二计划

本埠南京路虹庙对面上海国货公司，为南京路上首创之国货公司，历年经总副经理邬志豪、陆祺生两君之惨淡经营，及任矜苹君之悉心计划，成绩斐然可观。自上年实行第一计划，成功后，现又努力于第二计划，完成创造购买力工作，该公司不独售价之廉，为空前所未有，而货物之精美，尤属有口皆碑。近以时届春令，各界之爱用国货者，莫不于上午争先莅临，颇有将原来下午之购买力，集中于上午之势，营业发达，朝气蓬勃，实妇女国货年头之好现象也。（1934 年 4 月 3 日）

上海国货公司实行产销合作之先声

征求全国各工厂出品

南京路虹庙对面上海国货公司，成立以来，已有年余，各工厂先后加入者，达三百余家，成绩斐然可观。兹闻该公司经协理邬志豪、陆祺生两君，本提倡国货之热忱，为实行与全国各工厂产销合作起见，特设法竭力征求各工厂优良出品，并在各大埠设立联合办事机关，俾便接洽。近日凡已加入及未加入之各工厂，纷纷致送出品，至为踊跃，除预备参加芝加哥博览会外，一面为优待门市顾客计，以抽签法，赠送各工厂良好出品，以资提倡。此实产销合作初步计划，各厂家皆可往该公司三楼进货部接洽。（1934 年 4 月 20 日）

上海国货公司之新猷

本埠南京路虹庙对面上海国货公司，为南京路上首创之完全国货公司，自举行春季大廉价以来，顾客拥挤，营业发达，足见国人爱用国货心理，已有相当认识。该公司总经理邬志豪，为提倡服用国货最热心之人物，素抱经济自卫之决心，历年努力于国货事业，不遗余力，得臻有今日之成绩。今年为妇女国货年，该公司于采办国货方面，益加认真，而营业范围，亦日见扩大，并在每日上午选取廉美国货，规定分时分部之办

报道影印件

法，对妇女界为牺牲介绍之推销，不独售价之廉为空前所未有，而货物之精美，尤为各界所称誉。（1934 年 4 月 23 日）

上海国货公司组织设计训练两部

附各界劝用国货书

南京路虹庙对面上海国货公司经协理邬志豪、陆祺生两君，近为积极提倡国民购用国货起见，特组织设计部，使各厂家改良出品，减低成本，组织训练部，使公司职员殷勤招待顾客，内部规划，颇为周到。并闻该公司有致各界劝用国货函云，中国人购用中国货，这是国民应尽责任，全国同胞，如能购用国货，则农民可以尽生产之力，工民可以尽制造之功，商民可以尽推

销之责，人各尽其材，地各尽其利，富裕国家经济，即是强国之根本，挽回外溢利权，即是抵抗之妙策。本公司抱着救国宗旨，务使杜绝漏卮，富民强国，希望全体同胞，一致努力云。（1934年4月25日）

邬挺生返沪谈许昌烟叶概况

烟色烟味均甚优良

美种烟叶改良委员会自成立以来，力谋改良国产，以供社会之需要，其第一步工作，为改良许昌烟叶，办法均分五步：一改良烟种，二改良种法，三改良肥料，四改良熏法，五改良装包，此中最要者，为改良烟种并统制其生产，以免过剩。自此计划拟定后，先后曾派执行委员邬挺生

报道影印件

君前往许昌视察烟农生活，以供该会改良之研究，并拟购地百亩，作美种烟叶改良之试验场，该场并代拟制种，无代价发给烟农，一方面并禁止烟农收藏劣种，嗣届新叶登场之期，该会又派邬君前往视察今年收成，并指导烟农改用科学熏炕情形，邬君已于日前返沪。据语记者，今年烟叶产量原甚丰富，惟有少数村庄因受水灾收成稍减，然大部成绩均甚好，尤以烟农改用科学熏炕之后，烟色烟味均较过去数年为优。本人此去所得经验甚多，现正忙于起草报告书，向本会报告。（1934年9月29日）

宁波实业银行宴客记

新行址落成暨三周年纪念

宁波实业银行，因新行落成，定于十月一日迁入，举行开幕典礼。昨晚六时，该行假座西藏路一品香大礼堂，宴请本埠各界领袖，到吴市长代表李大超、虞洽卿、林康侯、俞佐廷、秦润卿、袁履登、褚慧僧、张继光、胡桂康、何绍庭、何绍裕①、潘公展、屈文六、沈田莘、胡纯芗、傅其霖、薛春生等一百余人，由陆祺生、洪雁宾、谢企亚等招待。当由邬志豪起立，略谓：本行宴请各界，蒙诸公惠临，曷胜荣幸。夫国家社会之组织，非政治经济实业人才，互相合作不为功，观夫每年入超八万万，所以白银出口，无法限制。敝行三载以来，承各界领袖同乡父老，竭力赞助合作，专为实业界服务，无如限于范围，不能普及，希望各界领袖，共同补助，即国家与社会均蒙其利，外货进口，可以减少，国内实业，即可发达。敝行抱服务社会之旨，追随各界，提倡国货，如扶助国货事业，发展国外贸易，协助芝加哥博览会，中华产销公司等，举办国货流动押款，国货公栈，次第设立，自维才力有限，尚望各位源源协助与指教，使敝行得以遵循进行，毋任盼感。又考查欧美各国，关于金融事业，莫不与农渔工高交通矿业等互相合作，故其国家实力充足，银行事业集中社会经济扶助社会生产，俾供求相应，断不能偏于一隅，若经济集中于都市（今于都县），共谋近利之事业，而放弃循环式之利益，此则不可。比如实业发达，则银行事业，亦必随之而进展，反之，则断难独立而存在也。助人即自助，利人即利己，此敝行所抱之宗旨也，兹乘宴会之前，宣布斯旨，请各位予以指教云。虞洽卿演讲：略谓，鄙人旅沪五十年来，环观世界大势所趋，非仿效欧美各国，发展各种实业不为功。昔年，鄙人发起四明银行，宁绍轮船公司，物品交易所等，均为发展国内实业，

---

① 何氏兄弟为奉化萧王庙人，长期在上海从事建筑行业，且颇有成就，积资颇丰。

国际贸易之要旨。昔年志豪先生与鄙人及同乡诸公，创办宁波实业银行，其主义与鄙人相同，该行三年内，计划与毅力，奋斗精神，实堪钦佩，现该行基础稳固，成绩可观，将来该行发展，定无限量，尚望同乡诸公及各界领袖，共同赞助，并望同心协力，共谋实业之发展，即非特宁波实业银行之成功，亦国家社会之福也。兹借主人杯酒，为诸公敬祝康健。褚慧僧演说，银行能扶助实业，实业亦可扶助银行，生生不息，为不二法门，当入超年计八万万银元，白银出口，经济衰落，非大家共商办法，不能补救，须用政治力量，救济国民经济，如国家经济统制，实为一最有效力办法，国内生产发展，外货输入减少，国家前途，无量进展云。潘公展演说，今天蒙宁波实业银行东召宴会，得聆各界鸿论，毋任欣快。考经济原则，银行事业，本以调剂金融为主义，与实业各界同共合作，使国内经济富裕，民生日阜，农村复兴，工商业发展，故银行与各界，关系至为密切，现宁波银行与上海各大银行，均能扶助实业，诚系银行界之实做者，愿嗣后进一步之努力，预祝成功云。永安堂胡桂庚演讲，南洋侨胞热心爱国，乐用国货，惟经济与运输，均感不便，又缺乏考察与调查，深望国内各界与侨胞共谋合作，使国际贸易发达，指日可待。又华侨所发起南洋国货展览会，望各界赞助，以广于成。林康侯演说，鄙人忝为该行董事，对于宁波实业银行，较为关切，该行三年以来，经过许多奋斗精神，一切已告安妥，譬如三岁小孩正在保养之期，规模初具，种种计划进行，端赖各界领袖暨同乡父老，予以竭力赞助之。各人演讲毕，已届八时半，欢尽而散。（1934 年 9 月 30 日）

报道影印件（部分）

宁波实业银行新行址落成今日开幕

宁波实业银行，以扶助实业、发展渔农工商为职志，现因营业扩充，新行址落成，定于今日开幕。兹将该行创立史暨推广业务缘由分载于左：

宁波实业银行创立史：银行事业，为一种辅助民生之国民经济组织，对于国家社会，皆有深切之关系，故创办银行者，必须抱服务社会之精神，就扶助生产维护民生之途，以达培植国力之目的，否则，银行之创设，将失其价值。民国二十年秋，宁波银行发起诸君，鉴于我国生产事业，日趋落后，此种现象，若不急谋救济，不但民生主义之进展，受其阻碍，恐支持国家生存之国民经济，发生危险之恐慌，因此乃有组织宁波实业银行之议。所以以宁波实业银行命名者，并非欲发挥狭小之地域见解，实欲集甬籍热心人士，以期辅助整个之实业，并望其他属于各个区域之人士，亦能借乡谊为结合之基础，闻风兴起，共为实业努力，以求生产之发展。该行于民国廿年夏间，经旅沪甬商虞洽卿、邬志豪、林康侯、何绍庭、何绍裕、项隆勋、徐懋棠、张伯琴、张申之、邬挺生、杨诵仁、邬志和①、俞国珍、曹国华、李泉才、董仲修、周永升②、陈粹甫③等所发起，于民国廿年国庆节召集股东创立会，先后由财政部颁发钱字第一四零二三号注册照准批示，银字第一零八号营业执照及实业部设字第二四零号执照，经董事会数度集议议决，摒除类于投机之各种业务，专事有益生产之合法营业，力求贯彻初衷，并租定河南路五百号三楼大厦为行址，至廿一年四月十日，开始营业，至同年六月四日正式开幕。全行服务人员，俱以本行所持之主张，为共同奋斗之方针，业务遂日益发达。二十三年三月，该行为便利服务起见，又经董事会议决，就南京路山西路转

---

① 奉化西坞人，时任无锡中国银行行长。
② 奉化西坞人，早年在北京学做生意，后到上海进行服装贸易，开设汇利西服号，曾任上海西服业同业公会执行委员。曾出巨资在家乡创办永镇学校。
③ 奉化莼湖人，后任宁波实业银行常务董事。

角，建设新行址。同年九月，新行址建设完成，择定十月一日迁入新址营业。该行进行业务之经过，概本原持主张，后为谋对外发展计，先在宁波设通汇代理处，嗣即改设分行。沈家门向为著名之渔业区，惟因经济衰落，渔民极感痛苦，致渔业亦日见退化，该行本于扶助生产之素志，遂在沈家门设立分行，专营渔业放款与渔业押款，使渔民不致因困于经济，有坐废其力。经二年余之经营，已著极佳之成绩，渔民尤为欢忭。最近，该行因欲对经济农村稍尽微劳，特在苏州设立分行，在昆山设立支行，专营米麦等农产品押款。同时，在本埠法租界及南市各区，亦有分行设立，使各界之爱护该行者，可不致劳于奔走。闻该行所举办之平民小借款，使安分有恒业之平民，不致受高利贷之盘剥。国货押款，对于工商业之发展，具间接深切之关系，现亦在积极进行中，将来并将创办国货公栈，以期为国货尽力服务，务使社会与国家之发展，能因此得相当之收获。此为该行创立之经过，及现在进行业务之方针也。

推广宁波实业银行缘起（庄崧甫）：粤稽古昔，日中为市，以货物易货物，无所谓金钱卖买。自币制作而后货物之交易，变而为金钱之代替，又变而为纸币之行使，此财政进化之程序也。然金钱之往来，仍以货物为标准，如农渔为生产之本源，工艺为制造之场合，懋迁有无，为商贾之职业，农工商三者，莫不藉金钱之挹注。倘能金融流通，实业自日益发达，实业发达，则社会之经济自裕，而国家之富强可期。自古谈经济学者，莫不以发展实业为根本之图，职是故耳。同人等爱存斯旨，组织宁波实业银行，不斤斤以自私自利为目标，盖欲我宁波之农业渔业工商业，共谋生产之发展，且欲以处我宁波者，推而兼利中国，是以开办未及两年，上海总行以外，宁波设分行，而又设支行于沈家门，苏州设分行，而又设支行于昆山，他如汉口、杭州等处，或设分行，或设办事处，嗣后营业逐渐推广，庶实业日益发展，斯则同人等区区之意也，兹缘旧地房屋狭隘，不敷办公之用，迁移于南京路即大马路之山西路口，恐各界未及周知，爰序其缘起如此。（1934年10月1日）

报道影印件（部分）

宁波实业银行新行址落成昨日开幕

宁波实业银行成立以来，专为社会服务，扶助渔农工商发展实业为职志，该行因业务扩展，于昨日迁入南京路新行址营业，举行开幕典礼，各界道贺者，计到虞洽卿、傅筱庵、秦润卿、俞佐庭、袁履登、杜月笙、徐懋棠、张继光、梅哲之、王晓籁、王伯元、陈光甫、吴蕴斋、竺梅先、金廷荪、张慰如、张竹平、许廷佐、徐采丞、裴云卿、王文浩、魏伯桢、张申之、徐新六、朱吟江、章荣初、朱学范、张子廉、徐寄庼、陈继武、黄延芳、徐景祥、楼怀珍、施春山、刘聘三、乐赓荣、沈田莘等三百余人，当由该行董事长兼经理邬志豪暨庄崧甫、洪雁宾、陆祺生、谢企亚等殷勤招待，并为酬答各界盛意起见，除在迁移一月期内，各种存款利息加厚，及另备赠品外，道贺来宾，并赠送开幕纪念册及购买国货优待证各一份，以答雅意。是日交易往来，各种存款，极为踊跃，自朝至暮，顾客如市，该行职员等，办事手续敏捷，酬应极为周到。闻该行经理等热心实业，提倡国货，嗣后仍当本发展实业初衷，积极努力，尤盼各界尽力赞助，共谋合作云。（1934 年 10 月 2 日）

宁波实业银行迁入新行后营业盛况

宁波实业银行，因扩充业务，于十月一日，迁入南京路新行址营业，各情已志本报。兹闻该行自新行址开幕以来，每日交易往来，以及抵押放款，各种存款等，拥挤异常，职员应付，极为周到，足证该行办理业务，深入社会人心，诚为服务社会之银行。该行营业主旨，专为辅助实业，鉴于我国生产落后，缺乏经济扶助力量，故创立以来，即以调剂实业界经济为首先使命，如办理工厂货物抵押款、国货流动押款等，使实业发展，以副责志。现该行特辟行内二楼，设立国货市场，加入国货工厂已有五百余家，将与中华国货产销，共谋合作。该行各埠分行，其营业要旨，均顾及分行当地工商业起见，如苏州分行办理旅苏宁波同乡免费汇款及苏沪工商业各帮交款等务；昆山分行，特设农民押款仓库，专做棉花、粮食、稻谷押款为营业；沈家门分行，对渔民堆栈贷款渔业小借款，积极办理；宁波分行发展本乡各种工商业务。该行成立三载，故在苏、沪、甬、昆、沈家门等处，均有相当称誉，嗣后该行进行方针，闻拟打破银行旧习观念，竭力与人民谋经济合作云。（1934年10月5日）

大来银行南市分行开幕志盛

本埠宁波路大来银行，为甬商竺梅先及现任市商会主席俞佐廷、福建财政厅长徐桴、财政部统税署长吴屺汀等所创办，开业以来，已近四载，营业向取稳健主义，以故日有起色。现闻该行因南市方面客户甚多，为便利各户收付起见，特在法租界新开河附近民国路中，设立南市分行，延聘出身钱业富有经验之冯安曾君为分行经理。该分行于昨日开幕，各界前往道贺者甚多，车水马龙，盛极一时。（1934年10月17日）

国际大酒店定期开幕

王正廷

中委王正廷 ① 及银行界钱新之等集资创办之国际大酒店，已定本月二十日开幕，资本为一百十万元，租借跑马厅畔之二十二层大厦。该大厦建筑工程，亦已落成，中央社记者以该大厦为远东最高之建筑物，特往访该项建设工程师吴清泉等。据谈，该大建筑地价为四十万，建筑需费四百二十万元，而内部装修费达八十万元，因其为远东最高之建筑物，故内外设备莫不力求精美，而趋合时代。该大厦大部分房屋供国际饭店之用，每年租金为二十二万元，国际饭店共有大小房间二百十二间，一切设备均经长时间之研究，即侍应生一百七十名，均经十个月之训练，费资二万四千元；其他如消防设备，除每层设置灭火机外，每隔十方尺之室顶上，均置灭火水机。该机在沪上系创见，凡室内气候高至一百六十度者，该机即自动将大量云水洒下，每机洒水面积十方尺，所以每十方尺装设一机，至于卫生设备，亦莫不力求精备，为沪上首屈一指。（1934 年 11 月 2 日）

华侨巨子陈来昌昨晋京

向当局接洽推销国货　陈氏谈星洲最近状况

南洋华侨巨子陈来昌，乘法国邮船大得乌号，由新加坡启程回国，于前日抵沪后，下榻新亚酒店，业于昨晚乘搭京沪路夜快车晋京，向当局接

---

① 字儒堂，奉化西坞人，出生于牧师之家，早年留学美国，回国后长期从事外交工作，为近代中国著名外交家。从政之余，热心体育事业，是中国第一位国际奥委会委员。还参与创办多家工商企业。热心公益事业，曾任中国基督教青年会总干事、中国道路建设协会会长、中国红十字会会长、宁波旅沪同乡会副会长等。

洽推销南洋国货事宜。新新社记者昨晤陈氏于旅次，承其见告一切，照录于下。

星洲近况：陈氏对新新社记者称，余于三十年前，远适海外，艰辛备尝，幸得白手成家，人多谓我事业成功，孰知成功皆是失败中来，盖创一业，成一事，中间必经许多次失败与奋斗，方克成功。谚云，吃得苦中苦，方为人上人。鉴于近来世界不景气象，业已成为普遍性、白热化，马来亚①自亦难独得幸免。惟近年来土产（如胶锡等）、地价等，因各国货币战而上涨，市况亦随之渐露昭苏之气象。惜营国货进口之目，银价涨落不定，而大感困难。愿我财部除限制外，再实施能使国币汇价稳定之有效办法。

文化事业：至于文化方面，则赖华校当局之努力，及各大书坊，竞卖祖国新刊物，以廉价出售之结果。华侨教育，近年来有极显著之进步，此则差为祖国同胞告慰者。鄙人幼年失学，悔之已晚，尤望祖国教育事业之能在海外普及也。

回国原由：本人此次返国，除向中央当局报告星洲最近侨务外，并拟请实业部对于国货出口，准予概免税，俾得国货畅销海外，以挽回既失之利权，同时赴各地考察国货，调查商业。故此次返国，与寻常旅行不同，业由星洲中华总商会函请驻星总领事致电中央，转饬华侨招待所，照案优待。

昨晚晋京：兹因约定赴京日期已届，未便多所耽搁，定即晚（即昨晚）首途赴京，俟向中央行政院院长汪精卫、实业部长陈公博、侨务委员会陈树人，陈请发展南洋国贸易事宜外，并定于最短期间内，再行返星洲磋商一切云云。

报道影印件（部分）

---

① 即马来西亚。

陈氏略历：陈君来昌，又名统照，原籍奉化，现年四十九岁，旅星加坡[①]已三十三年，手创万兴木器号、侨兴国货有限公司、华侨银行及海峡镕锡公司，均有投资，现任星洲三江会馆会长暨三江公所董事长。（1934 年 11 月 16 日）

南京路新厦落成

大沪银行明日开幕

商会主席俞佐廷行揭幕礼　副理马少荃兼储蓄部主任

本埠大沪商业储蓄银行，系本市商界闻人王延松、孙鹤皋、童荣初、薛春生、李和卿、诸文绮、金润庠、叶荫三、竺梅先、龚湘、潘鲁岩、郑筱舟、沈金甫、俞国珍、马少荃、王鸿赉等所组织，在山西路营业，已越二载，以投资稳妥，运用有方，业务日臻发达，于原有商业、储蓄两部以外，兼营地产抵押、房屋经租各种信托业务，致原有行址，不敷展布，特经该行董事会议决，在本市繁盛中心之南京路香粉弄口，改建新式大厦，占地两亩有余，设置最新式办事室，业已工竣落成，定于明日迁入营业，柬邀本市党政军绅商各界莅临观礼。昨日该行全体监事，在联欢社聚餐，并举行董事会议，均以业务扩充，储蓄部主任一职颇关重要，为郑重起见，遂由马副经理少荃兼任，各董监事均将于明日亲临到行劻襄一切，并悉该行已请上海市商会主席俞佐廷氏行揭幕礼，届时车水马龙，必有一番盛况。（1934 年 11 月 30 日）

南京路上海国货公司国货贩卖团成立

宁波实业银行创办平民借款
宁波同乡会同时举办职业介绍所

南京路上海国货公司总经理邬志豪君，因鉴于市面萧条，经济恐慌，为

---

① 即新加坡。

维护平民生产，推销国货计，特组织国货贩卖团，以资补救；并商准宁波实业银行，创办平民小额借款，俾一般告贷无门者，得所问津，一方贷款，一方贩卖，周流不息，冀卜平民经济之生存；并探悉西藏路宁波旅沪同乡会，原有职业介绍所之组织，此次逢该公司发起国货贩卖团，经派员向该公司邬经理接洽，拟应该公司招请团员之需要，同时进行职业介绍事务，一般失业同乡，望于一月四日起，前往该会登记，幸勿失之良机云。（1935 年 1 月 1 日）

邬挺生返国谈日本卷纸工程伟大

拟建议税务署当局　办卷纸厂挽回漏卮

国闻社云，本埠卷烟缉私协助委员会顾问邬挺生君，于上月二十六日徇缉私会之请，亲赴日本考察卷纸制造工程暨原料等项以及其运输等等，已于前日（九日）乘上海丸返沪。据邬君语记者：此行印象甚佳，日本之卷纸制造工程，确甚伟大，本人（邬氏自称）稍事休息，即将起草报告书，并将建议税务署当局，设法兴办卷纸厂，自造卷纸，以挽回每年数十万之漏卮云云。（1935 年 2 月 11 日）

大沪银行昨开股东会

本市大沪银行，昨在本行三楼会议室开第三届股东常会，报告营业，改选监察，兹分志如下：

会议情形：到会股东计竺梅先、骆清华、郑筱舟、沈金甫、郑泽南、邬志豪、李和卿、俞国珍、王鸿赍、马少荃、边崇贤、林逸宴等七十八人，股权二五四二权。由俞国珍主席，行礼如仪后，首报告营业状况，次由监察人李和卿报告账略毕，即改选任满监察人。当选监察者李和卿、金润庠、邬志豪三人，顾振民当选为候补监察人。

营业报告：本行开业之初，适于沪战之后，商市金融均呈衰颓之象，迨至去年，更因受美国白银政策之影响，银根奇紧，岁阑将届，深具历史信用之银行钱庄倒闭者，层见迭出，而本行营业迄今，为时仅岁序三更，独能屹立于惊涛骇浪之中，措置裕如，稳渡难关。虽由于本行向来稳健政策，得社会之信仰，要亦上叨股东诸公指导之功，下赖诸同仁之力，此后市面稍有转机，则本行业务之开展，自不无希望，此则堪为股东诸公告者一也。本行去年以来业务渐盛，收付频繁，原有山西路行址，不足以敷展布，爰择址于南京路五一〇号，鸠工庀材，至去年十二月一日始克迁入，以交通便利，行基宏伟，业务遂大见兴旺。年终决算时，所有本行资产总值、储蓄部总分部资产总值，均较上年度增高，此则堪为股东诸公告者二也。本行第二届第三次董事会议决，设立杭州分行，遂着手筹备，于去年九月三日开幕，营业时间为时仅三个月余，而各项存款之收受，已达十余万元。如能给以相当期间，则业务之得逐渐开展，自在意料之中，此则堪为股东诸公告者三也。本行以本埠各重要区域，各银行均遍设分支行，业务方面，竞争甚烈，爰为避重就轻起见，择内地商业繁盛之县市，设立分办事处，以期多得服务农村之机会。因鉴于浙属平湖县（今平湖市），交通便利，居民殷富，而该县除有旧式钱庄执金融枢纽外，新型银行组织，尚未见设立，遂择址于该邑东门大街，以极简省费用，设立平湖办事处，于四月十五日开始营业，深荷当地人士信仰，尤得平湖舆论界之好评，此即堪为股东诸公告者四也。本行此后营业方针，自当一秉向来稳健进取之旨，努力向前，并仍当择商业兴盛之内地县市，而为他行所未及注意者，逐渐设立分办事处，以扩大本行服务社会之金融网，而有以仰俯股东诸公之雅望焉。（1935 年 4 月 29 日）

毛文荣受任亨达利钟表行股份有限公司代理经理启事

鄙人因亨达利钟表行股份有限公司经理胡锦香君患病长期请假，辱荷本公司股东会抬爱，推举鄙人为代理经理，主席业务。查本公司自开办迄今已达六十余载，并经实业部注册，有设字第五〇三号公司注册证，资力充实，规模宏大，营业发达，信誉卓著，早蒙各界赞许，无烦赘述。嗣后关于本公司一切事务概由鄙人负责办理，并当从事扩充营业，还希惠顾诸君随时赐顾，本公司无不竭诚欢迎，以副雅意，特此登报通告，诸祈公鉴。（1935年5月9日）

短途旅行佳讯
真如黄园杜鹃盛放

黄岳渊

真如距沪甚近，具都市之便利，田园之逸爽，为短途旅行佳地。该地黄家花园罗集珍卉甚富，久著盛名，论其所藏，如姜头山草、蝙蝠兰、美国产兰、南洋产兰、建兰及杜鹃，各品中均多异种。现值杜鹃盛放时期，该园杜鹃圃内千丛竞爽，铺翠流霞，旖旎缤纷，绚烂夺目，有如千万丽蝶飞绕碧溪，颇具奇观。惟据闻该花开放，为时甚暂，四五日后，恐即凋谢，凡具赏花之癖者，亟须及时往观，以免向隅。该园位于真如陈家湾一号，距火车站北约一公里半，如乘沪翔区间车抵真如，再换人力车或小车往游，来往所费车资，极为有限。该园因系私园，向来谢绝参观，而园主黄岳渊[1]氏，为人极和蔼可亲，凡往游者，只须预先通报，获得面允，即可入内观览。（1935年6月2日）

黄园前门

---

[1] 奉化萧王庙人，早年曾加入同盟会，后长期从事园艺行业，曾任上海市花木公会会长。在其引领下，大批奉化人从事园艺行业，因而被认为是奉化花卉产业的奠基人。

市商会昨公断止付支票纠纷

上海市商会前据民丰造纸公司及太平银行分别函称，略谓，民丰公司发出支票一纸，计洋六千五百元，因该票抬头人大昌兴煤号，以票系转付华丰煤号，委托中鲁银行代收，现在中鲁停业，函请民丰止付，而执票人太平银行，则以该票由中鲁付给该行，主张应由发票人承兑，请求市商会公断。该会特于昨日下午，邀集公断委员讨论，到会委员闻兰亭、袁履登、史祖怡、顾馨一、裴云卿、王延松等，由王延松主席。当由民丰公司代表金润庠起立报告本案经过，略称，民丰公司方面，对于此案，并无成见，且并非利害关系人，为证明并无成见，及尊重支票信用起见，愿将应付票款六千五百元，提供本会，但俟公断解决，将此款发领时，应由市商会将原发支票收回交还。各委员均甚赞同，当即由会收款给据，旋由主席逐一令各关系人陈述意见毕，议决另推陈霆锐律师、永祚会计师研究，俟得复后，再行公断云云。（1935年6月2日）

上海国货公司员工函请设法恢复营业

宁波实业银行债权人组债权团　债权登记拟请奉化同乡会代办

失业员工开代表会　函任矜苹请求救济

陈忠皋函甬同乡会　奉化同乡组债权团

国闻社云：宁波实业银行及上海国货公司倒闭之后，日前忽有复业之说。

兹据记者探得各情志下：

失业员工开代表会：上海国货公司失业员工，昨日上午十时，在二马路陶朱里十五号邬宅，举行第二次代表大会，出席全体代表二十一人，主席严瘦夫，开会如仪。首由主席报告，向市政府请愿经过，继即开始讨论：

（一）对于请求复业问题案，议决，用书面请求任矜苹君邀集各界热心国货领袖，共同设法，并推派代表三人，面请任设法，恢复公司营业。（二）关于王屏南身份案，议决俟召集全体会议讨论之。（三）关于全体失业员工伙食案，议决，一致公请江圣如君设法维持。（四）对外用何名义及决定正式办公处案，议决，改用"上海国货公司失业员工请求救济会"正式办公处，决移入二马路陶朱里十五号，旋即散会。

函任矜苹请求救济：敬启者，窃思上海国货公司，创于二十一年十一月间，迄将三载，总经理邬志豪先生，一生事业，尽瘁于斯，功在社会，用心良苦，今被环境逼迫，惨遭失收，夫复何言。职工等素稔先生对于国货事业，颇具热心，此次上海国货公司忽告停业，职工等固已流离失所，而整个国货界，不无影响，因此职工顾念及此，惟有请求先生本国货救国之热诚，及以前两次服务公司指导职工等之关系，邀请各界热心国货领袖迅速共同设法，使上海国货公司得早日复业，则不仅职工等生活有赖，即国货前途，亦有幸焉。

陈忠皋函甬同乡会：奉化旅沪同乡会陈忠皋，为宁波实业银行停业事，昨特致函宁波同乡会，其原函云，兹为同乡邬志豪君，开设宁波实业银行，昨经暂停收解，惟邬君乃社会要人，对于公益慈善，护助工业等，历历可检。此次停业，实出市面不景气之影响所致，想我旅沪绅商，因此伟大事业，一旦失败，无人维持，实为可惜。忠皋对于该行亦属债权之一，为此恳请贵会，负责召集有力同乡，设法援助，保护债权，维持实业，而顾全宁属人士之面目，略呈意见如下：（一）劝告各债权人，所有债权，均入该行资本。（二）恳求有力同乡设法承认现金复业。

奉化同乡组债权团：宁波实业银行之奉化籍债权人，昨日下午二时，假劳合路宁波里四号，举行会议并组织债权团，计出席者陈忠皋、王逸民、周生茂、邬华堂、汪翔卿、李卿孙等十余人，讨论结果，认为宁波银行现取之登记手续，耗费金钱，要求奉化同乡会代为办理登记，不取分文，并公告各债权人。其公告云，径启者，此次宁波银行，突然宣告暂停收解，同人等共有该行债权十余万元，业以会员地位，请求奉化同乡会，代为办理登记，并议保障债权办法。兹已蒙奉化同乡会允诺，义务办理，不取任何费用，于昨日起，正式开始登记，凡未登记之储户及债权人，俱请凭持存单证件，前往劳合路宁波里四号奉化同乡会登记为荷。

另讯，自宁波实业银行停业后，各大债权人即进行办理要求偿还事宜，惟零星储户，类皆薪工之辈，受苦最深，每无法索回储款。现闻该行零星储户，自动组织债权团，以便整批向该行经理处索偿，既可减轻费用负担，又可使储款有着落，该债权团已在爱多亚路九一八号姚君处登记五十余户，该团定本月十六日截止，届时召集会议，俾便索偿。（1935年6月9日）

上海浙江地方银行将开幕

行址江西路三八一号

上海浙江地方银行，自经理方济川、襄理金伯铭两氏自杭来沪筹备有时，规划一切，早经择定江西路三百八十一号新屋为行址，兹定于月之十五日开幕，正式营业，刻正分送请柬邀请各界参与开幕礼。该行营业要目，为存款、放款、汇兑、贴现等一切银行业务，储蓄处办理定期、活期储蓄，存款计有特点十种，利息优厚，手续简捷，备有详章，函索即寄。又该行电话为一四一五四及一四一五五两线。（1935年7月6日）

宁波实业银行复业运动第一声

已组织宁波实业银行复业运动委员会

宁波实业银行经蒋委员长电准，着与孔部长洽商复业，前途已有曙光，现由袁端甫、陈粹甫、曹国华、邬志豪、俞国珍、杨诵仁、郭学序、林康侯、何绍裕、何绍庭、汪北平、陈忠皋、张子廉、王鸿赉、项继武、王伯元等组织复业运动会，发表宣言。兹将宣言原文录之如后：宁波实业银行者，吾甬人事业之一也。创办以来，以扶助实业、提倡国货、调济金融为宗旨。主持人邬志豪君，吾甬人事业领袖中之佼佼者。宁行之暂停收解，初非投机失败与夫营私舞弊者所可同日语也，就此，吾人对于该行之搁浅，不胜其惋惜矣，用是乃有复业运动之发动。发动之机有三：曰维持债权利益也，曰保有吾甬人事业上之信誉也，曰同情邬君之国货救国也。在此三端，乃进而研讨其复业之可否，于是有三因矣，昭示吾人以复业之可能者。三因维何？1.查该行复业不难，负债不过七十一万元，倘能复业，债务资产，共计一百三十万元，除前董资本五十万元不计外，以对折收账，可得六十五万元相差，欠人六万元；2.蒋委员长曾电孔部长救济复业在案，想吾同乡领袖，理合拥护委员长之愿望，共同参加复业，以存救国救民之心；3.查该行债权，以宁属商政为多数，对于复业主体，富有情感，该行停止收解，已过月余，债权人态度，一致同情复业，爱护乡谊之心，实出于吾意料之外。有此三点乃引起吾人对该行复业运动之热忱，于是集同志成运动会，而以该行董监为主，而以各界领袖及债权人为宾主者，移其应负之责，以为复业之基实者，各竭其能而助其成，分工合作，异途同归，一致于此。甬人实业之总汇，提倡国货大本营之宁波实业银行，复兴光明在望，左券可操。负责之董监，热忱之债权，与夫急公尚义之各界领袖，如不以吾言为不信，其速加入，此告。并附参加认股之说明：1.该行全体股东监董，（甲）为股东者，保全已亏血本计，加认新股，以保前益；（乙）为董监者，承认维持复业而卸责任保全信誉也。2.宁属领袖同乡诸公，为维持吾甬人事业信誉计，认股助成复业而全光荣。3.该行债权人，为保护自身计，认股协助，致其复业，所有存款，作为现金投资免致吃亏，而利复业之进行。以上三点，本会备印认股书，向各方募认后，当召集认股人会议讨论，如有成效，组织复业委员会，进行复业事宜，如无相当成效，而无复业可能，所认之股，均作无效。本会暂设筹备处于西藏路宁波同乡会内，发起人袁端甫、陈粹甫、曹国华、邬志豪、俞国珍、杨诵仁、郭学序、何绍裕、何绍庭、汪北平、陈忠皋、张子廉、林康侯、王鸿赉、项绳武、王伯元（王、项二君以同乡资格加入）、周永昇同启。（1935 年 7 月 15 日）

上海国货公司

各国货工厂寄售货款　提倡国货会依法保障

上海市民提倡国货会，迭据工厂会员森源祥饰品厂代表许云辉等十余人到会，暨大中华赛璐珞厂等二十余家来函，申请保障委托上海国货公司寄售出品之欠款存货，优先利益，领导交涉，以免无辜损害等情，业经常务会议议决，依据会章第二章第六条第五项之规定，力争保障，惟以寄售性质之货款，与普通所欠之货款，是否异等待遇，函请市商会解释，依法交涉，纪录在案。兹悉，该会秘书处昨日通告全体工厂会员征集寄售该公司之欠款存货，以凭汇案统计，推派负责代表，委托法律顾问薛笃弼、潘振声、毛云、马君硕、包振黄等大律师项目办理，并探录致市商会原函如下，径启者，案查上海国货公司为创办最早纯粹推销国货之商店，提倡产销合作，巩固生产建设，营业前途，抱有无限繁荣之希望，不幸感受农村经济溃崩，社会消费衰薄之影响，周转不灵，维持无力，迫于环境，突行停业，卒至无法整顿，宣告清理，损及国货推销力量，至为重大，而关系各厂权利，尤匪浅鲜。兹据敝会工厂会员森源祥饰品厂等十余家派员，大中华赛璐珞厂等二十余家来函申请保障寄售出品货款及票款之优先利益，领导交涉到会。据此，查该公司宣告清理，对于寄售货品之货款，与买进货品之货款，已经到期之票款，与尚未到期之票款（以公司停业为标准期），其利益是否异等待遇，敝会无所依据，难为交涉，相应函达，敬希贵会依法解释，以凭办理，至纫公感云云。（1935年8月7日）

浙江地方银行昨开幕

上海浙江地方银行，已于昨日（十五日）正式开幕，全日共收存款三百余万元，共发支票百余本，储蓄部存户更为踊跃。该行于八时半，举行开幕式，由董事长朱孔阳①启匙后，全体行员，鱼贯而入，董事叶瑜、陈行、金伯顺，总经理徐恩培，均到行招待来宾，到者有宋汉章、贝淞荪、钱永铭、陈光甫、徐新六、秦润卿、虞洽卿、唐熙、宋子文、杜月笙、张啸林、俞飞鹏等，送礼致贺，共收到银盾、花篮、绸幛等礼品三百余件，各方贺电五十余通。即晚由沪行经理方济川、襄理金伯铭，假座银行公会，宴请来宾，借表答谢。（1935 年 7 月 16 日）

民丰造纸公司取得卷烟纸专制权

民丰造纸公司系褚慧僧、杜月笙、金廷荪、竺梅先、金润庠等所创办，业已有年，设厂于嘉兴，向系仿造各种洋货纸版，货精价廉，颇为社会赞许。去年该公司当局，鉴于卷烟纸进口数量日巨，因动议添资购机仿制，经提交股东会议决通过，复以此项卷烟纸，国人尚无仿制，乃依工业奖励法之规定，呈请政府给予专制权，近闻已蒙实业部核准，昨该公司接到实业部通知内开。查该公司采用外国最新方法，仿制卷烟纸，呈请核给专制权一案，经饬据奖励工业审查委员会审查结果，由本部复核，合于工业奖励法第一条第二款之规定，应准予在浙江、福建、山东、河北、四省及上海、天津、青岛三市区内，享有专制五年，自二十四年九月一日起，至二十九年八月三十一日为止，仰即缴纳印花税一元五角，以便填发执照，特此通知等语，并闻该公司所定机器，业已络续到厂，正在赶紧装置，大约明春三四月间，即可出货，亦我国货界之曙光也。（1935 年 8 月 7 日）

---

① 奉化人，1925 年去广州，任黄埔军校军需处副处长。1926 年，任国民革命军总司令部经理处处长。1928 年，任国民革命军编遣委员会中央编遣区办事处副处长。1929 年，任国民政府军政部军需署副署长、署长，1934 年后开始从事金融行业。

有存款，共计银八十七万五千六百十五元零三分，同意复业而认股者，已达债权总额四分之三以上。其余四分之一弱之债权，当亦能赞同复业，签具复业认股证。赖社会各界之扶助，及债权人等之谅解，使商银行得以转危为安，继续营业，深为感幸。所有债权人联合会及复业运动会进行情形，及复业方案，迭经该两会函呈罗专员，请予转报有案。以上系商银行停业清理及筹备复业之经过情形也。商银行自停业以来，迭奉钧部训令，督同清理，造报表册，并限期分别偿还储蓄存款及其他债务，各等因，自应遵照办理。关于造报表册一节，上海市内总分行之账册，已经徐会计师审查告竣，将表册送由罗专员呈部有案。外埠分行账册，拟仍由徐会计师继续清查完竣后，转交清理人核办，惟调集簿据审查汇报，尚须时日。兹先由具呈人责成各分行自行造表汇合，编成总表及总分支行分表借明资产负债之总额及细数。此项总表及分表合订一册，今特随文附呈。关于偿还存款一节，除和解据订定，以存款十分之五，充作新股，十分之三，改作定期存款外，其余应还之现金二成，现正催收欠款，处分财产，已集得相当成数，俟复业手续办理完竣后，即可按户偿还，以资结束。至于召集股东会一节，一俟新股招收足额，即可集会报告，以符法定程序也。综上所陈，是筹备复业，即为清理结束之一种，各方有利的简捷方法，大都维护金融无微不至，对此债权债务双方同意之办法，当邀鉴许，理合检具附件，沥情呈报，伏乞察核备查，实为德便，谨呈财政部部长孔。附呈资产负债总表及总分支行分表一册、和解据副本一份、债权人签具认股证详表一份、增资复业简章一份、复业认股证样张一纸。具呈人宁波实业银行董事长兼经理邬志豪。（1935 年 9 月 20 日）

民丰造纸公司同人游杭

本埠博物院路民丰造纸公司，创办有年，所出各种船牌白纸版等，早已蜚声社会，堪称为国货纸版业中之翘楚。近年以来，经该公司经协理竺梅先、金润庠及总务部主任张嘉芳诸君，积极经营，规模愈见扩大，出品益加进步。

该公司同人更为精究制造技术起见，拟于本星期六（九日）下午搭车赴杭，参观拱宸桥华丰造纸厂，并与该厂同人作环湖游行，预定十日下午趁车返沪。（1935 年 11 月 9 日）

上海国货公司拍卖存货偿还债务

国民社云，南京路上海国货公司，因受市面不景气影响，自去年六月四日暂停营业以来，经该公司创办人邬志豪东奔西走，业得各债权人之谅解，并蒙沪上闻人杜月笙、张啸林、张寿镛、竺梅先、陈忠皋等之协助，体念邬氏提倡国货救国利民之主旨，旋组织复兴国货委员会，业已筹备就绪，内部布置完备。兹闻定于本月九日复兴营业，拍卖存货，以偿还各债务，至各货均照原价由一折至四折出售，如此便宜机会难逢，诚爱国仕女之福音，想届时必有一番盛况。又悉该公司拍卖存货清偿债务完竣后，决另招新股，扩大营业云。（1936 年 1 月 7 日）

上海国货公司昨宴各界谢协助复兴

俟拍卖存货完竣即开业

上海国货公司自停业后，经王晓籁、杜月笙、张啸林、张寿镛、朱子桥、薛笃弼、竺梅先等设法复兴，业已成功，定今日开始拍卖存货，以资偿还旧债及垫款，俟拍卖完竣后，再行筹备组织开业，并于昨日下午七时，假杭州饭庄，由邬志豪、陈忠皋，宴请各界协助复兴之诸君，到褚慧僧、薛笃弼、徐永祚、朱子桥、张申之、乌崖琴、余华龙等，暨各报社记者五十余人，决定组织复兴国货委员会，协助上海国货公司及其他国货事业，至下午九时始散。兹录邬陈两氏报告如下：邬志豪报告云，今天由志豪与陈忠皋先生恭请诸公降临，无任感谢。今日为复兴国货事业，前蒙各位诸公尽力协助，得有今日国货事业复兴一线之曙光。惟念美国用白银政策，国内白银流出，以致金融奇紧，外货倾销，国货市价暴跌，工商业大受影响，甚至停业关厂，日有所闻，且近数年来，水旱两灾，频仍而来，人民流离失所，生产减少，一般购买力从此薄弱，上海国货公司在此环境之中，虽勉力奋斗，卒因无力维持，以致停业，现承蒙各界诸公鼎力相助，暨各债权诸公，同情谅解，得互助之成功，志豪心中感激殊深，并足见诸公扶助国货，不遗余力，然此后希望诸公，作更进一步之赞助，拟组织国货复兴委员会，推及于其他国货事业，使国内生产，日见发达，推销普及全球，并希望政府加以保护与奖励，则经济与建设，得以安定前进矣。次陈忠皋报告云，忠皋今日与志豪先生为复兴国货事业，恭请诸公惠临，无任荣幸。忠皋昔年在北方，回来，首先创办中国协兴热水瓶厂，经过一年研究，出品精良，其价之廉，物之美，远胜舶来，后因受战事影响，全厂损失甚巨，可知中国国货事业之困难也。今日忠皋为协助上海国货公司之复兴，全仗诸君之大力，经济与计划扶助，自维才疏学浅，勉随诸公之后，希望复兴国货会之成功，使上海国货公司重行组织，招募新股，以期复兴，是所望于诸公之匡助焉。（1936年1月9日）

蛋商欢送郑源兴赴英考察

昨午本市蛋业各团体，假座四马路梅园酒家，欢送茂昌公司总经理郑源兴暨公子学俊，赴英考察蛋业。席间由王雪帆致欢送词，大致以蛋类现占我国出口商品重要地位，今次郑君出国考察，为同业推广销路，定能得到圆满结果。郑君答词表示感谢，并愿为整个蛋业尽力谋发展。旋合摄一影，以留纪念，钟鸣三下，宾主始尽欢而散。（1936年1月14日）

郑源兴

上海国货公司拍卖定二十三日总结束

复兴委员会积极进行招股

上海国货公司自本月九日起，开始大甩卖以来，顾客前往购买国货者颇为拥挤，在九、十两天，每日售出货价得十六万元，最近数天，每日十万元左右。该公司拍卖期间，定于本月二十三日总结束，停止拍卖。闻由陈忠皋等组织复兴委员会，现向各处积极进行招股，一俟筹备就绪后，定期开幕。并闻宁波银行筹备处发还现金一成，依照银行公会规定春假例至二十四日起休假三天，至二十七日照常还发一千元以下。（1936年1月20日）

罗志成① 启事

兹启者，鄙人前任瑞文洋行职务，业已辞去，现受公泰洋行聘任为华经理之职，自维轻材，恐虞陨越，深望各界诸君锡予指针，以匡不逮。惟就职伊始，更望旧雨新交本一贯之敦谊，对于交易方面务乞逾格垂顾，惠然贲临，则鄙人当极诚克己，以副诸君之热忱也。罗志成启（1936年2月16日）

上海国货公司昨开股东会

定期复业

股东会议：昨晨十时，假宁波同乡会四楼，召集创办人会议，计到张子廉、章荣初、张啸林、邬志豪、余华龙、邬鹏飞、林克聪、甘月松、陈祥生等五十余人，共计五千余权。由主席陈忠皋报告复兴筹备经过，略谓，国货公司之存在与吾，与推销国货提倡国货之关系至巨，本公司惨淡经营，历有

① 奉化人，当时在上海经商。

年数，在社会上已得有相当声誉，岂能因一时周转不灵，坐视其消灭，故鄙人等联合热心提倡国货同志，邀集沪地厂商，筹备复兴国货公司，先后曾开会八次，征求厂商参加，实行合作，现在股款已经募足，定今日召开股东大会，讨论进行计划，望各位发挥宏论云。（1936 年 5 月 16 日）

郑源兴考察蛋业回国

据谈华蛋品质优良　货价尚需提高

黄浦路二二九号茂昌股份有限公司为我国经营出口蛋业之巨擘，该公司鉴于近来蛋品，受世界经济恐慌及国内外同业竞争影响，蛋价逐步下跌，蛋厂亏本，已三年余，农村收益，因之减少，国际收支抵补，亦形短绌，爰派总经理郑源兴氏，于本年一月二十一日出国考察，始于前日抵沪。其发表谈话要旨，谓尤应注意者，我华蛋在世界市场，是否照世界市价出售，倘低于世界市价，则迅应设法提高，但据在外调查所得，华蛋出售价格，虽不在世界

郑源兴在海上航行途中留影

市场之下，然尚有提高之可能，因华蛋质量高尚，为他国出品所莫及，并望同业亟应合作，共同提高货价，以挽回成本，期使我政府对平定汇市之努力不致失望，我蛋厂不致再遭亏折，使能立足，其有助于农村之收益，与国际收支之抵补，当非浅鲜云。（1936 年 5 月 27 日）

笋业吁请官盐

奉化宁海两县北部，年产羊尾笋干三万余件，约值二十余万元，惟在煎熬时，必需盐斤。今岁该两区官盐久告绝迹，而盐务当局，亦未加设法救济，

因此民食生产，两感恐慌，鲜笋腐烂，影响数万人民生计，昨由该业代表联电中央，吁请设法救济，以苏民困。（1936年6月1日）

华丰造纸公司昨开股东会

增设牛毛毡制造厂

本埠华丰造纸股份有限公司，昨日下午召集全体股东会议，计到董事褚慧僧、杜月笙、俞佐庭、竺梅先、金廷荪、张维先、全润庠、叶荫三等数十人，首由主席褚慧僧报告营业状况，经理竺梅先公布上年度收支帐目后，即讨论十万余元纯益，应如何分配，议决，除抽出六千元酬劳经理协理之外，其余悉数投资于实业，另行增设牛毛毡制造厂。闻该厂已经筹备完竣，定于七月一日可开始制造，末即改选张啸林、王问翰、孙梅堂、陈小福等为本届监察人，该公司为推广宣传期间，并于十四日招待本市报界，赴嘉兴制造厂参观云。（1936年6月11日）

大来银行昨开六届股东会

改选金润庠等为监察人

大来商业储蓄银行昨开第六届股东会议，出席股东竺梅先、陈寿芝、徐圣禅、孙鹤皋、俞佐庭、郑小坪、周智卿、王文翰、金润庠等二千人百余股，共计二千七百余权，公推主席周智卿报告开会宗旨后，即由经理竺梅先报告二十四年度营业状况及监察人宣布上年度收支帐略，所得纯益为十四万余元，末即改选金润庠、王文翰为本届监察人，至五时散会。（1936年6月13日）

民丰造纸厂招待各界赴禾参观

全厂工程设备极伟大精密　该厂并举行第六届股东会

华商民丰造纸公司，昨日在嘉兴举行第六届股东会议，并招待本市各界赴嘉兴参观该厂工程，顺道游览南湖，晚间始返，兹将各情形分志如下。

参加人员：昨日被邀参加之各界人士颇多，均系实业界、工商界、舆论界名流及政府机关代表，计到有市财政局长徐桴，社会局科长吴桓如，上海法学院院长褚慧僧，市商会金润庠、严谔声，实部上海鱼市场常务理事黄延芳，南洋公司劳敬修，甬同乡会孙梅堂，中汇银行徐懋棠，市总工会周学湘、邵虚白、李梦南，新闻报严独鹤及各通讯社记者，该公司全体董事俞佐廷、金廷荪、谢蘅牕、张继光，总经理竺梅先暨全体职员等共五百余人，由竺总理及各职员殷勤招待。

抵禾情形：参加者于昨晨八时三十五分前到达北站，即搭乘该公司包就之专车，至八时三十五分，启轮开驶，因路上停留甚少，于十时四十分，即行到达，随即赴该公司会议厅及草地上休息。当车抵站次时，该公司人员先已在站照料，并由民丰小学全体学生，在场欢迎，沿途高贴欢迎旗帜纸张，招待颇为周到。

欢迎秩序：该公司预定之欢迎来宾股东秩序如下：一、来宾股东齐集花园；二、升国厂旗鸣炮致敬；三、小学生唱欢迎歌；四、摄影；五、开欢迎会；六、参观；七、来宾游览南湖；八、股东会。

致欢迎词：董事长徐桴致欢迎来宾词，略云，今日系民丰造纸厂六届股东会之日，辱承各界踊跃光临，不胜荣幸。本人年来因政务缠身，对于厂务多由总经理竺梅先先生负责，自觉甚愧。本厂开设迄今，已有七年，管理经营，均可言甚佳，在此七年中，整个社会陷入不景气状态下，各工厂或实业机关，纷纷倒闭失败，惟本厂能照常继续前进，此实为经协理努力之功。犹忆蒋院长于本年元旦播音演讲称，生产建设实为救国之要图，吾人能借创立工厂而增加生产，解决许多人之生活，杜塞漏卮，增加税收，其对于国家社会之利益，实非浅鲜，设国内各工厂，均如本厂之发展，则必能强盛。今日莅临者，均为实业工商舆论各界知名之士，尚希望舆论界之提倡指导，金融工商界之提携与帮助，使本厂能每日进步云云。

创立经过：徐氏致辞毕，总经理竺梅先，继起报告该厂成立经过，略谓，本厂于民国十九年创立，在民（国）十九年间，国内之造纸厂计有六家，有一家名曰和丰，此六厂，至今均失败，其原因不能与某国之有组织之厂相争。每厂年有三千余吨之产量，而中国需要仅二千吨，不得不跌价互争，即以马粪纸而论，原售价每吨须银八十两，竟跌至二十两，本厂即向和丰厂购下，当时感到甚大之痛惜，于是设法改进并联合其他同业各厂，办理联合营业所，减少无谓竞争，但尚有一家纸厂，至今未加入，此则仍为缺点。如是之后，价格虽渐恢复，而产量依旧甚多，且过剩者均为马粪纸，而其他需要之纸，则仍无生产，尽为舶来品，如香烟筒内之硬皮纸，年销一二万吨，织绸厂印花所用之提花纸板及其他纸张，均为外货。因之本厂不愿与各同业共同造马粪纸，且为姊妹厂杭州华丰厂同时停造，如是仅有四厂造马粪纸，供求将可相等。本厂方面，则专制提花纸及香烟所用之纸，尤以国产之南洋烟厂购用极多，去年本厂复拨资本七十五万，则制卷烟纸（即卷烟外之用纸），至今虽未臻完全成功之境，而已可适用，现在南洋及四五家华商烟厂，已经定购，此后尚望各方指助云云。

代表致词：嗣由股东代表褚慧僧致辞云，兄弟代表现在之民丰及以前之和丰厂股东致词，当民十四和丰创设时，是时因国内造纸厂仅有一家，因之供求相应，而可盈利，后继起者颇多，更以日货倾销，又逢齐卢战争，和丰遂完全失败，而致破产。在此时中，幸而得有梅先先生和其他新股东继续经营，今和丰虽已成过去，而厂基则依旧存在，一种事业之能发达，虽为自己之努力，亦须赖各界之拥护援助，但国货之能发达，尚须赖关税为保障，故外货马粪纸，亦能绝迹。现在因走私之关系，私货纸张，可无税入口，此实为本厂及同业各厂之危机，望各位来宾，与本厂尽力抵制私货，不特本厂之幸，亦为整个国货工厂之幸。褚词毕，即由来宾新闻报记者严独鹤氏演说，略谓，过去国货失败，有二原因，亏蚀后无继起者之继续奋斗，国货厂商彼此互相倾轧嫉妒，而民丰厂则能于继失败者之后，而积极经营，且创议与各厂合组联营，是其能巩固商战阵线成功之来，当非幸致。今者复发明国货卷烟纸，使吾人能吸到纯粹国货之香烟，其精神实堪钦佩云云。嗣又由社会局科长吴桓如、浙江建设厅长代表凌瑞拱二氏，相继致祝望之词（略）。毕后，即在大厅举行午餐，食毕各来宾由该厂职员陪往参观全场工程，并至南湖游览，股东会则于晚间开始举行云。

工程概述：民丰造纸公司，在嘉兴东车站附近，前和丰纸厂故址，至民十九创立，资本计一百二十五万，董事长徐桴，总理竺梅先，协理金润庠，该厂占地共约百余亩，为国内大规模之造纸厂，其重要工程，计如下列所述：一、轧网工场，该厂所制卷烟纸之原料，系废麻破渔网等，故设有轧网工场，即将渔网轧成细小，然后可以提取纤维质；二、去灰工场，将麻布等之原料，及去灰土，俾使清洁；三、选料工场，将原料选出切小，预备制浆，在该场服务之女工，均戴防毒口罩，恐有污秽入口，记者等往参观时，见各女工颇似在实行军事练习；四、打浆场，将原料整理毕后，送至浆场，该场设有各种打浆机，纳入机中，碾成液体之浆，初成之浆，并不清洁，经数辆机器之提炼，遂成洁白之浆末矣；五、制纸间，将洁净之浆末，加入机中，加以碾制，未几即造成洁白之纸张，自机轮中滚出，至此造纸工作，完全成功，只须用机测验其拉力若干，即可知纸张之质料。该厂除工程外，尚有工人子弟学校（即民丰小学），工余补习学校等，堪称吾

报道影印件（部分）

国模范工厂之雏形也。（1936年6月15日）

民丰公司创制卷烟纸后国内卷烟纸产销统计

新声社云，卷烟为吾国大宗消耗品之一种，历年用作制造卷烟之纸，向系仰给舶来，漏卮颇巨。自民丰造纸公司竺梅先、金润庠等，发起创制此项卷烟纸后，即经实行购机，并呈准实业部，给予专制权，业于数月前出货，其质量足与舶来品媲美，销路亦已风行海内。闻当时民丰定购卷烟纸机器，原为两组，惟以此机在国内尚属创见，为慎重计，故先装运一组，每机每日可出货一千二百五十卷，合计年产四十二万卷，两机年产共为八十四万卷，以与当时调查国内实需数量相较，尚属供求相应。讵年来市面凋敝，加以各地提倡新生活运动颇力，人民多戒吸卷烟，以致卷烟销路，步步减少。抑卷烟统税署统计，本年半年来，国内各烟厂实制卷烟数量，计为洋商各厂共三十五万四千一百七十八箱，华商各厂共十九万九千五百五十八箱，每箱用卷烟纸一卷，以此计算，除洋商烟厂外，只合用纸十九万九千五百五十八卷，全年仅需卷烟纸三十九万九千一百十六卷，其中尚不免仍有一部份采用外货，故民丰现有一机之生产力，已有供过于求之势。因此民丰方面，对于已定未到之另一组机器，是否仍须运华，颇费踌躇。按卷烟本属消耗品之一，国人能逐渐减少吸食，诚属极好现象，要亦不可谓非新生活运动之成绩也。（1936年9月23日）

真如黄园招待文艺界赏菊

真如黄园，有名种菊花一千有余，近日开放甚盛，园主黄岳渊，发柬邀请文艺界，于本月十五日上午九时，在西门南阳桥花树市场集合，备团体客车同去，正午设宴园中，借以欣赏，闻预定前往者，有数百人之多。（1936年11月14日）

真如黄氏蓄植场招待各界赏菊

到于院长等二百余人

真如黄氏蓄植场主人黄岳渊，手植各种菊花数千盆，为供同好起见，昨特举行赏菊宴会，到来宾监察院院长于右任氏夫妇、蔡元培夫人、刘伟众、冯崇炯等及本市交通界、书画界、新闻界二百余人，盛况空前。由该场主人殷勤招待，正午入席，主人报告该场历史，冯崇炯表演口技助兴，至三时许，宾主尽欢而散。嗣由八一叟老画家沈如海及其他青年画家即席挥毫，全体摄影后，始各兴辞返沪。（1936 年 11 月 16 日）

勤生农场继续欢迎参观

奉化勤生农林场，始创于民国纪元，兹于十月一号起三十号止，举行二十五周纪念，欢迎热心实业之士来场指导，并嘱上海法租界嵩山路二十七号该场驻沪办事处担任招待及分发参观证，迄已满期多日，惟日来仍有热心实业之士，纷向该办事处索券及定购苗木，并仍欲至场参观，日必数十起。该场为盛意难却，特请示总场，刻已覆电准延长一月，至下月底为止，凡爱好园艺者须莫失良机。（1936 年 11 月 24 日）

纸商请禁运破布出口

（南京）民丰造纸公司，以废弃破布，为造纸重要原料，国内需要正殷，顷呈实部，请转财部，通令各海关禁止输出，或提高出口税率，以资限制，而维工业。实部据呈，正核办中（二十五日中央社电）。（1936 年 11 月 26 日）

华丰造纸厂昨开临时股东会

增加资本一百万元

本市华丰造纸厂，昨日下午五时，召开临时股东会议，褚慧僧为临时主席，首报告开会宗旨，及经理竺梅先报告二十五年度营业状况，监察人王文翰报告决算账略，并通过分配盈余红利，旋即开始讨论，结果：一、增资国币百万元，合成股本一百五十万元，除将红利公积金等作股款外，不足之数，由各股东比例认定；二、新股股款缴收截止日期，定为本月十五日，并于二十日召开股东临时会报告之，至七时宣告散会。（1937 年 4 月 3 日）

民丰造纸厂股东会决增资合成三百万

民丰造纸厂于昨日下午二时，在宁波路同和吉里三号召开临时股东会议，主席褚慧僧报告开会宗旨，经理竺梅先报告二十五年度营业状况及添购卷烟纸新机及计划扩充范围情形，监察人孙梅堂报告二十五年度决算账略，协理金润庠报告规定新出品种类及呈请实业部依法给予专制权情形，并通过分配盈余红利，旋即开始讨论，结果：一、准增资一百七十五万元，合成股本三百万元；二、将二十五年份股东股息红利、历届公积金、本届应提公积等悉数改作新股股款，不足之数，由各股东按照原有股数，比例认缴，限于本月二十日为截止期，至七时散会。（1937 年 4 月 4 日）

银行公司股东会并记

宁绍轮船公司

新声社云，宁绍商轮股份有限公司，昨假虞洽卿路宁波旅沪同乡会，开第二十八届股东大会，到会股东一二四九股，计一一八〇三权，公推竺梅先主席，经主席报告二十五年度营业状况，总经理报告接手后情形，及监察人报告二十五年度帐略后，主席提议，照本公司目前情形，有将原股本折作国币七十五万元，并增招新股国币二十五万元之必要，惟事关增减资本，应请到会股东先行讨论后，再召集临时股东会，提付表决，如赞成此项提案者，请起立，经大多数股东起立通过，又宁绍水火保险公司旧股本减折增招新股案，亦经多数表决通过，嗣改选监察人五人，由股东乌崖琴、金润庠、洪贤钫、李祖蘷、李汝贤当选连任。（1937年4月26日）

大来银行昨开股东会

大来银行于昨日下午四时，假宁波路民丰造纸厂举行第七届股东大会，计到一五三四权，主席陈岁芝，首由总经理竺梅先报告营业状况，及监察人金润庠报告账略，次即讨论分配官股红利案，议决，定于六月一日起分配。继改选竺梅先、陈岁芝、孙鹤皋、王文翰等九人为董事，金润庠、李泉才二人为监察，至六时散会。（1937年5月6日）

川滇造纸厂筹备中

〔本报昆明二十一日专电〕民丰造纸公司，在滇设分厂，地址已选定，机件在起运中，预计日出纸五吨，在川亦拟设分厂。（1938年12月22日）

杜月笙等兴办实业　在昆明设纸厂

筹设纸厂　挽回漏卮

杜月笙氏原为本市民丰造纸厂董事，并兼杭州华丰公司董事长，自国军西撤，杜氏离沪南行后，即在港与钱新之、王晓籁诸氏，进行开发西南实业计划。杜氏又以华丰厂等沦入战区，无法开工，为挽回漏卮计，故筹划在昆明，设立滇丰纸厂，预定资本一百四十万元，由沪港两方各任其半。沪民丰造纸公司并派专员竺培农[①]、褚凤章两君于去年赴港，与杜氏等磋商进行，并即于去年十一月间，会同专程入滇，勘察厂址。经与滇省府建设厅长张西林洽商，当允竭力协助。兹该厂所用机件，业向德国购订，即将起运至滇，一俟布置就绪，当可正式开工。

据民丰造纸公司专员竺培农来电报告，滇省因山林丛多，造纸原料极为丰富，现该厂业已决定采用昆明附近各县之白杨与松树等为原料，除开厂初时，先行向宜良、呈贡等处购办外，以后拟在海口附近设立森林场，自行种植，则成本当可较为减轻，采用亦较为便利。（1939 年 1 月 12 日）

七十年来呢绒字号之变迁

周志峰

上海之有呢绒业，肇始于同治年间，尔来已七十年矣，故不特为全中国之先驱，抑且为进出口之总纽。在此七十年中，呢绒行市之涨跌变化，营业之逐年扩大，与夫本客销路之进展，花样颜色之翻新，姑置不论（记者有便，再当逐一加以追述）。兹所谈者，为呢绒业之今昔异动。

昔当民国五六年之际，呢绒市场，集中于虹口百老汇路蓬路一带，计有信义公、仁义公、洪记、老生记、全记、兆记、何锦丰、广生、公兴、联兴、公大、兴泰、嘉泰、源泰、恒和、震大、信康、祥源、福泰、永泰、咸昌、协生裕、源丰、信益、祥泰裕、瑞泰昌等廿余家，欧战之后，遭受先令重大打击，除咸昌一家外，莫不亏蚀（因咸昌经理吴善登，于八九先令时，全部套进，故能赚钱，其他各号，均在看长，购定者不及三分之一，厥后汇票狂泻，致大受其亏），因是先后倒闭者，不一而足。风潮过后，重归平复，新开者乃有义昌泰、福顺、陈福记、源大昶、公和、永信祥、福昌等，改组

---

① 奉化人，竺梅先子。

者有源泰改为元大，惟旧有者除全记、兆记、何锦丰、恒和、顺昌祥、联兴昌记外，则俱已收歇矣。此时上洋拆货帮，新旧只十余家耳，而上海棋盘街大路帮，突转兴旺，市场有上海、上洋二派之分，所谓上海大路帮者，为新丰、美绗、春和永、泰和利、华绗、复新、华新、志大、元泰、兴昌祥、协兴、汇康、聚康、复康、怡康、承大、华康、大鑰、永丰、久丰、时新、华昌、元和祥等二十余家，而开设在新开河一带者（专做下档烂糊货），则有永裕泰、顾瑞记、聚兴、兴裕等数家，可见当时大路帮之繁盛，店铺之多，亦已超过拆货帮，致呢绒市场之重心，逐渐移向"上海"，而呢绒同业公会，亦于斯时由"上洋"迁至"上海"矣。

民国十六年，北伐统一，呢绒市销大畅，但外汇忽起变化，继之我国关税自主，修改国定税则，上洋、上海二帮呢绒业，复起异动。南京路范围较大之西服店，如裕昌祥、王兴昌、荣昌祥、王顺泰等，均带做拆货，四川路顺兴德昌亦出样版，张隆泰老合兴裁缝铺，俱设呢绒店，上洋拆货帮新开者，有益丰、汉丰、景泰、太丰、滋源、安升昌、丰余、天丰、余记等，上海大路帮新开者，有生昌、新昌、元昌、华孚泰、华盛、祥兴、裕昌、洽丰、衡丰、和丰、美丰、复昌祥、万成永等，其后络续开设者尚有大生、永兴、裕康、德康、益大、鸿兴、华成祥、同和祥、久和、泰丰、仁德祥等十余家，但至今皆已收歇矣。呢绒公会，亦由南京路迁至棋盘街，盖呢绒大市，已集中于斯故耳，此时同业公会会员店号，大小共计七十五家，执行委员为徐梅卿、葛杰臣、刘达才、洪辅元、陈梅芳、费荣甫、周企逢、王廉方、陈壳庭、王厚甫、陈树楠、章金管、倪国才、王声和等十四人。

迄于近年大路帮新开者，有新春和、万成丰、元承永、鸿康、福新、福康，改组者有鸿祥、生大祥、山虹迁至棋盘街者，有咸昌丰余，拆货帮新开者，有联义、义大、中原等三家。目前更以经营外埠生意者，须向海关领用运销执照，而寄运货物，又非先向公会证明不可，故同业加入公会者愈众，但间亦有中途退出者，今者会员店号，大小合计得八十家，春和永西号、福新、大绗、元泰、永裕泰、恒昌、荣昌祥、升火、顺兴、兆记、久丰、华康、鼎丰、顾瑞记、王兴昌、仁昶、美发、联兴、福昌、大昌兴、丰余、昌记、杰记、华孚泰、承大、恒元、王声记、元承永、新丰、新康、复昌祥、怡康、新昌、和丰、兴裕、义昌泰、春和永、华新、裕昌湘、王顺泰、全员祥、新春和、大帮、聚与、永盐、万成丰、鸿祥、生大祥、成昌、鸿康、荣泰、泰昌、瑞盛、瑞康、源盛永、同盛、义康、祥丰、洽昌祥、复新、辛泰、源祥、达降、大上海、大中华、协新、福顺、寅丰、益丰、董方记、益兴、宏源、骏源、大华、大陆、华纶、福康等是也，同业公会之常务委员，为葛杰臣、洪辅庭、童双扬、罗稼泰、乌鸿胜，执行委员王善福、陈善荣、赵翰卿、田绥龙、李全忠，监察委员陈树楠、徐梅卿、王厚甫、倪国才诸人。

综观呢绒业肇始至今，除非正式者不计外，就拆货与大路二帮正式店号而论，或开设，或关闭，或改组，七十年之中总数达百家而有余，若连字符帮并计之，则异动当在三四百家矣，上列之异动家数，尚有遗漏则有望于呢绒界先进指正之焉。（1939 年 7 月 6、10 日）

雅社票房昨成立

爱多亚路六八二号雅社票房，为周一星①君创办，周君担任社长，吴友石、周杏德两君副之，聘有名誉董事闻兰亭、黄振世、董兆斌、费席珍、高延根等五人，董事有史致富、严筱舫等十二人，于昨日正式成立。该社并于是晚假座晋隆饭店大宴宾客，到有各界知名之士及名票名伶五六十人，济济一堂，极盛一时。（1941 年 7 月 9 日）

西式木器业职工昨怠工　全市各店完全停业

本市西式木器制造业职工七百余人，此次要求资方改善待遇，增加工资，

---

① 奉化人，从事娱乐行业，1946 年任奉化旅沪同乡会理事。

曾数度交涉，未获效果，乃实行怠工。全市各西式木器店均告停业，本市最著名之毛全泰木器号，亦被迫停歇。（1941年9月18日）

黄园秋色

周爱农

法租界高恩路上，静穆得像在教堂里般，从电车上下来首先触目的，是一块红箭的指示牌，上有"菊展"二字，便依着所指示的方向慢慢地踱去，两侧的行道树，萎黄的叶，经不起一阵秋风的打击，便簌簌的落下来。秋光毕竟是老了，路上往来的行人，寥寥可数，似乎不是在这孤岛之上。再走了一会，便有一条煤屑铺成的支路列在我的面前，这条或许是麦尼尼路吧，可是没有路牌来证实我的猜疑。路的左旁是一块块的菜圃，右首是一带竹篱，里面有许多树种着。在这路口，又发见了一块红箭的指示牌，更不远的看见那边竹篱上有一方白布，临风招展着，上写"黄园名菊展览"六个字。

踏进竹篱门内，就看见一长列的菊花，镶嵌在两方整齐圃畦间，圃畦上的枯株还残留着，但是要去发现一株野草，确也不大容易，可见这园平时管理的周密了。几株猩红如血的丹枫，点缀在黄叶的中间，很是夺目。这时有一位下垂长髯、面目清秀的老者出来招待，一经寒暄之下，原来他便是黄园的主人黄岳渊先生。承蒙黄氏竭诚招待，并述及该园过去的历史：黄园本在真如，事变以后，才乔迁来沪，每当黄花怒放之际，例在真如举行菊花展览，那时参观者不因路途遥远而裹足不前。自迁沪后，便把所有名种陆续运沪，并向平津搜求名菊，且在真如育成之新种，尽心培养，现今已有千种左右。从黄氏谈话之下，可见他老人家对于园艺的经验异常丰富。

于是沿着菊花砌成的甬道走去，转了几个弯，穿过了两重的竹篱斗，才进入了另一个的花世界，一大片广场全是五色缤纷的菊花排列着，好似一大片的菊海，各种鲜艳的色彩相互掩映，各式各样的花朵涌入眼中，这时真使我不知道把眼光究竟注在那一盆一株上，一时竟呆住了，最后决定从本位上开始罢。

二大堆的菊花分列在草屋的两旁，据黄老先生的指示，每一堆有五十四种，每盆的品种都是不同的，要细细地去欣赏，才能辨别出菊的美来。就这两堆之中，菊花的色泽是美丽极了，红的，黄的，紫的，白的，还有其他各种说不出的美丽的色彩，花瓣有须状的，有管形的，有瓣状的，有钩形的，形形式式，各各不同，不是亲眼目睹，是不会觉得菊花的可爱。一盆一盆的浏览，一株一株的欣赏，走马看花般的踱去，遇着特别爱好的色泽或花瓣时，便蹲下来，更作深层的亲近和欣赏，心中真有层说不出的欣悦。如果有人问你那株你所爱好的菊花，到底在那一点上使你爱好？这时我一定不能回答出个所以然来，所以一种美的物质，必须亲自去体会，赏菊也是这样。

一大块的广场上，约摸种了一万左右的菊花，洋洋大观。在孤岛上来栽培这些菊花，不是一件容易的事，因为孤岛上不是种花的地方啊。据说黄氏特雇了近十个花丁，来管理灌溉施肥等工作，他们已忙了足足有一年之久，而来给我们一日的欣赏，所以这种赏菊的机会，我无论如何是不肯放弃的。

菊花对于我是十足的门外汉，不过菊是素来爱好的。菊花的名称，都是富有诗情画意的气息，幸而有黄老先生及其公子德邻君在旁指示，承把菊花的名称一一告知，可惜我一时也记不胜记，不过记得其中最名贵的几盆，像须状的蛛丝万缕、飞帘轻垂、猿啼巫峡等，瓣状的像玉肥、金鳌等，管状的像流水飞瀑、平皋曲江等。

这样走马看花地欣赏，也足足有二三小时之久，可见这个名菊展览会确是洋洋大观了，品种之奇，盆数之多，在沪上确可说是空前的了。在临走的时候，黄老先生特赠我照片二张，作为这次的纪念。（1941 年 11 月 4 日）

三、蛋业现状

就上海一隅而论，自从蛋厂停工之后，蛋厂职工，备受失业之痛苦，至于蛋行，亦因资本短细，开支浩大，复遭高利贷之剥削，以及货价涨落无常之亏耗，多数已濒于危境，因而倒闭者，迭有所闻。

按蛋价之所以有不合理之涨落，实因无正式厂商设庄采办，以致发生内地有蛋无处销、都市有钱无蛋买之现象。蛋价乃涨落不定，时而获非常之利润，时而遇意外之损耗，结果蛋行蛋贩，均失屏障，望而却步矣。例如过去蛋类出口达七八万吨期中，假使米价为每石十二元，则蛋价为每百斤二千。上年十二月份米价每石六万一千元，依理蛋价应在十万二千元左右。乃上年十二月份蛋价统扯竟为二十一万七千元，超过常情一倍有余，岂非怪事。最近米价每石六万九千元，依理蛋价应为十一万五千元之谱，乃现价达三十五万元之多，竟超过二倍以上。即使因废历年节关系，需求较多，然按诸往例，至多亦只增加五成，断无超过二倍以上之理，以致蛋行食户，交受其害。出口方面，更蒙莫大之影响，良可痛惜。

四、目前困难

查美国对于鲜蛋及蛋品，原为输入国，今一变而为输出国矣。英国曩为输入国，今仍为输入国。以往该国所需之冰蛋，百分之九十八九，由我国供给，余额由澳大利亚补充。自太平洋战争爆发之后，迄今年，所需之蛋品，改由美国、加拿大、阿根廷、澳大利亚等国供应。尔来英国为谋恢复中英贸易起见，原照所需蛋品，先以总三分之一，向我国购买，惟价格须与该国所售蛋价相伯仲。无如我国物价，已较战前增高五千倍至一万倍以上。而英美物价，至多只增一倍。美金只合战前一千倍，英镑八百倍，实属相差太远，无法着手。虽英国方面，最近对于冰蛋尚有销胃（约合战前三分之一），惟最高买价，与中国预算最低估计成本，只合百分之四十，相差一倍以上，难以凑合成交。其他蛋品，如干蛋白、蛋黄等，尚未谈及销胃及价目，实深遗憾。

五、今后计划

查我国蛋产为农村副业，所关綦巨。曩年出口之蛋类，俱为食销之余绪，堪称我国之剩余物资。倘能恢复战前蛋类出口之盛况，于国计民生，裨益匪浅。同业等不敢妄自菲薄，凤以推广出口、保持蛋业在国际市场为职责。从前出口之蛋品，有全冰蛋、冰老粉、淡鸡黄、老粉卤鸡黄、新粉卤鸡黄、干黄、飞黄、全蛋片等等。现拟向需要蛋品各国推销兜售，提高卖价，待稍有成绩时再向政府请求协助救济贷款，或请政府收买，以冀在三年内逐年恢复战前出口之数量。（1947 年 1 月 20 日）

报道影印件

蛋业计划出口拟低成本集体收购

自政府公布出口物资贴补办法后，各出口行商均纷纷计划物资出口事宜，本市各蛋业行商亦正在筹划中，并已致电美英两国进口商接洽，一俟回电到达，市价合算，即拟大批装运出口。兹据茂昌洋行总经理郑源兴告称：蛋品出口，战前数量甚巨，种类计有鲜鸡蛋、冰蛋、蛋黄、蛋白、干蛋片等五种，战前鲜鸡蛋全年输出数为四十万箱，每箱三六〇只，冰蛋四万至五万吨，蛋

黄、蛋白、干蛋片五千吨，照
现时价值的在二千亿元左右，
战后因生产不如战前之半，故
蛋品出口，只及战前输出数三
分之一，苟民间产量增加，内
地运输畅通，两年以内，可望
恢复过去状态。近日美国鲜蛋
进口价，每打美元三角三分至
三角五分，零售价则在五角至

位于上海黄浦路的茂昌蛋业公司旧址

六角，英国方面已允我照战前输出数进口三分之一，惟价格尚在磋商中。盖
目前国外市价与国内收价，按照贴补合算，尚须相差五成，欲求平衡，如不
向国外要求加价，则非抑低收价不可，一俟洽妥，即拟邀集同业具体商讨，
并拟抑低成本，集体收购，俾增加输出。（1947 年 2 月 10 日）

蛋类出口渐有转机

〔本报讯〕记者昨为我国蛋类出口事，往访本市茂昌公司总经理郑源兴
氏，探询经过详情，承详为解答，兹分志其大要如次。

渠称：我国出口之蛋品计分三种。一、冰蛋：英国粮食部拟向我国定购
九千吨，价为每吨英金二百镑，由冰蛋业公会承办。该公会因成本关系，迭
向输出推广委员会请求转商中央信托局赐予协助，恳由该局负责收购。其制
造及出售之责，则归冰蛋业公会负之。结果冰蛋业公会与中信局已于本月四
日签定合同，制造冰蛋五千吨，每吨价为法币九百万元，分五次支付，第
一次已于本月七日办竣，嗣后依次办理。现冰蛋业公会各会员，正筹划收
购鲜蛋及布置开工事宜。二为干全蛋片，其数量二百五十吨，价为每吨英金
七百二十镑，现在商洽中，办法同上。三为干蛋白一百吨，蛋黄四百吨，现
由远东蛋品制造厂联营公司与出口商会同请求输出推广委员会转商中信局协

助，不日可望定议。所有上列蛋品三种，英国粮食部亦拟承购。

蛋价平稳：至于目前蛋价，渠认为尚称平稳，当不致有何变动。惟盼米价及其他物价亦能平稳。此次该公司南浔路出租栈房部分失慎，据郑氏事后调查，计损失鲜蛋一万二千八百三十一件。惟渠称该项损失，与蛋价并无影响。因损失之蛋，系在冰蛋业公会与中信局签订合约之前，由本公司所购进，而作额外之准备者，故所遭损失，乃属额外之准备。惟上项事件，对于与中信局签定之定货合同，并无影响。对于本公司制造蛋品之数量方面，亦无影响。因本公司系于上月二十日起筹备复工，本月五日起正式开工，虽于八日夜遭遇不幸，以致照蛋间与堆蛋间全部焚毁。然敝公司可将原为冷藏及照蛋间、堆蛋间而现作普通客货堆栈者，设法恢复原状，仍作照蛋间与堆蛋间之用。至于厂内其他制蛋处所，并无损害。故敝公司不日即可复工，对于制蛋数量毫无问题。

损失约计：据郑氏调查，该公司此次火灾损失，计鲜蛋部份约计损失国币二十四亿元，包装材料方面约计损失国币八九亿元，房屋及设备方面约计损失国币二十亿元。惟鲜蛋及包装材料，曾经向英商太古公司保险英金六万镑，赔偿方面，毫无问题，房屋及设备则未保。郑氏表示：该公司除冷气堆栈业务照常办理外，其普通堆栈方面，自即日起，从事逐步结束。所堆普通客货，一律催令出清。即出租部分，亦拟商请租户迁让，收回自用，免多枝节云。（1947 年 4 月 12 日）

打捞日万吨油船　李允成飞台视察

〔本报讯〕中国油轮公司万吨永洪号油轮，出国采运石油，现悉已抵波斯湾哥仑布^①港，不日即可运油返国。据油轮界消息：目前各国油轮缺乏，对于国内油类

李允成

---

① 即哥伦布。

供应，将发生问题。该公司除将其他三大油轮迅行修复，积极加强油运外，该公司总经理李允成奉资源委员会令，特于日前飞抵台北，转往高雄港视察战时日人自行凿沉之万五千吨大油轮黑道丸，并研究该船打捞修复问题，以增强将来国外油运。（1947 年 10 月 28 日）

时人行踪

〔本报讯〕资委会委员长翁文灏、中国油轮公司总经理李允成及资委会驻美代表陈仰辅等一行，于九日午自台返抵沪。（1947 年 11 月 10 日）

一万二千吨原油永洪轮运抵高雄

我国第一艘航行波斯湾装运原油之永洪号油轮，已于昨晨（十日）九时完成往返一一五四二浬航程，安抵高雄。顷记者走访中国油轮公司总经理李允成氏，承告永洪油轮自十月三日由沪启碇，途经香港、新加坡、哥伦布等埠，于十一月六日抵达波斯湾，装足原油一万二千吨，于八日回航，已于前晚（九日）九时抵达高雄，昨晨（十日）安全进入高雄港内，停靠中国石油公司码头，开始卸油，十五日可返抵上海，停泊数日即仍驶往波斯湾。（1947年 12 月 11 日）

甲级远洋油轮永泽今日驶港

〔本报讯〕中国油轮有限公司新修建之甲级远洋轮永泽号，定于今日首次由沪驶港，装运汽油，约于周后返沪，第二次即往伊朗运油。该公司现拥有四千余吨油轮十八只，行驶于沿海内河。另有万余吨大油轮四只，此四艘中，除永灏（即前日本之黑朝丸，现在台湾修理）、永清两轮尚在修理中，永洪号已于去年开始装运，现正第二次开往伊朗运油，尚余一艘，即为今日首次驶往香港之永泽轮。本市新闻界昨应该公司之邀，前往江南造船所码头上轮参观，总经理李允成详为说明。该轮原名 Matinicock，系一九一三年德国 Dictrich 厂制造，共有十八个油舱，在各油舱上部两旁另有十个边油舱，全部均为钢板、三角铁、帽钉构成，力量坚强。其他输油、通气、救火、救生、通讯、驾驶、冷藏等新式设备，无不齐全，其中输油设备之油帮二部，每小时可装卸油料约六万加仑。（1948 年 2 月 15 日）

二、团体活动篇

渔业公所举定董事

奉邑沿海居民向以捕鱼为业，每届渔汛各渔船均驶至定海所属之衢山、岱山、东沙角等处一带洋面网捕。近以海面多盗，该渔民等因自备资斧，置办号衣，雇勇巡护，并在该处分设渔汛公所，延董坐理，以免滋事。日前已公同会议，举定鄞县举人应朝光、宁海生员邬冠春、奉化廪生沈一桂充当董事，业由各渔民联禀奉化县请给印谕矣。（1907 年 5 月 31 日）

星洲通信

新嘉坡 ① 中华三江会馆筹议扩充纪

星坡旧有三江会馆，其内容则包含各省除闽粤外皆隶之，特以历来主持者工人居多，不甚能谋发展。今由在星之商务书馆经理秦乐君、李和卿，交通行长李铁岑，中华书局杨绍周，国民日报姚鹓雏等发起筹议扩充。已假商务书馆楼上集会两次，拟定办事草则，商同旧有之会馆总协理积极进行。拟先集款四千元，为建造房屋添置馆产之用，其余改定章程、添举职员等事亦各议有端绪。将于五月十三日于三江会馆大会议决后，即分头进行。

其缘起略云，三江会馆者我华人侨南洋者所创建，以安远劳来联络睦谊

---

① 即新加坡。该报道中的“星坡”“星加坡”皆指新加坡。

而策进行之所也。其中闽粤别有会馆不计外，凡各省人士之侨斯土者，无论直鲁陕甘非三江区域内者咸有入会资格。其曰三江者举其多数云尔。星加坡为南洋中心之区，实业发达，生计蕃庶。近年以来，我人之以工以商以学以政来此者既日渐加增，若各就所业素乏联合之枢，初来斯土又无招接之所，则于现在情形固多有不便之处，于将来进行尤难合群力之谋，欲免此困惟有会馆。而此间旧有之三江会馆历年以来情势渐就涣散，长此以往，居之者既澹焉若忘，后来者将茫不知之，更何以敦睦谊而谋合群。同人等有鉴于此，爰有筹议扩充之举。凡所以图公众之利益，即以求个人之安全，尚望各输热诚，视为分内，各尽力量，踊跃输将，庶几众擎易举，早觇厥成，同人等有厚望焉。发起人胡仲巽、孙英伯、陈子韶、姚柏荫、李铁岑、武幼如、顾旭侯、陈华轩、傅竹贤、汪剑农、曹仲尧、吴天囚、吴铁江、张清相、毛引一、陈仕奎、陈来昌[①]、胡鹤卿、俞宝森、向侠民、张勉行、陈鹤卿、沈草农、李润涵、顾钟华、杨绍周、秦乐君、陈一鹤、汤惠存、李和卿、徐招华、姚鵾雏。（1918 年 7 月 6 日）

南京路商界联合会选举揭晓

南京路商界联合会昨日上午九时在静安寺路二十二号开会选举各职员，检点选票，至午后二时方始毕事。兹将当选姓名列下：王才运得九十三票，潘锡范得八十票，陈文鉴得七十票，费芸荪得七十三票，何广生得七十二票，周宪章得七十票，陈励青得六十八票，卓东生得六十一票，潘励绅得六十票，孙芝临得五十九票，黄瑞琳得五十八票，陈亮公得五十七票，全杏荪

王廉方

---

① 奉化人，民国初期赴南洋创业，创办万兴木器号、侨兴国货公司，后任新加坡三江会馆会长、三江公所董事长。

南京路商界联合会职员会

南京路商界联合会前日下午（十九日）二时在南京路大庆里一百十六号事务所开职员会，到者三十余人，由王才运主席报告开会宗旨，略谓今日开会须将各科办事细则通过，次由书记周正辉将各科细则宣读一过，由主席逐条付表决，继由该会派赴总联合会代表余华龙、王才运、陈惠农起立报告上海各路商界总联合会成立大会筹备情形，略谓总商会已有复函，允准借给开会地点并拟定该会应派全体职员赴总联合会参与招待等一切后，由主席报告，谓张梅芳因事繁再三恳请辞职所有会计一职，请何桂卿担任，一致通过，主席又云本会定于是月二十八日收取会费并共同讨论提倡国货，须有具体的办法，否则徒托空言，无补于事实云云，散会已钟鸣七下矣。兹将该会职员表录左：正会长王才运，副会长潘锡范、陈励青，评议长潘励绅，副议长陈惠农，评议员费芸荪、周宪章、倪承龙、王广方、卓乐生、何鹿山、黄瑞霖、余华龙、陈亮公、何广生、沈耐烦、张士德、胡锦香、金杏生，会计何桂卿，文牍余鲁卿、周正辉，庶务员范水銮、孙文安，交际员孙紫临、沈舰、陈学坚、郑础庭、李庆璜、张梅舫、何德兴、毛濂卿、陈文鉴、张载浩，调查员费祖寿、桂安卿、王银泉、徐振华、姚国华、倪念先、傅东生、徐才圭、吴明德、刘子杰。

该联合会会长王才运致该路各号通函云，经理代表先生台鉴：敬启者，本会自发起以迄成立全仗台端暨诸同志毅力热忱，共相倡导，得有今日。才运自愧粗疏，未尝学问，猥辱本路同仁不弃简陋，委以重任，夙夜兢兢，深恐或贻陨越，有辜诸公付托之盛情，盖关系于才运个人名誉者尚小，关系于本会全体名誉者甚大，嗣后无论会内会外诸君子尚求遇事箴规，随时教督，常作周行之示，免为歧途之趋，无任感盼。抑才运更有请者，本会既以提倡国货为唯一之主旨，所有本路各商号均应抱定此项目的积极进行，已进之劣货应如何设法调查限期销售，未进之劣货应如何分别供求集股仿造，既不致

贻五分钟热度之诮，亦可借开各分会风气之先，当仁不让，想诸君子必有同此怀抱者也。（1919 年 10 月 21 日）

福建路商界联合会成立纪

福建路商界联合会于昨日午后二时假四川路青年会开成立大会，会员暨来宾与会者有三百余人。公推余华龙为临时主席，朱赓石为速记，会员来宾就座后奏乐片时，主席报告开会宗旨及组织之经过毕，即请正会长王宗藩，副会长胡汝鼎、邬志豪登台致送当选证书。当由正会长王君发表就职宣言，略谓辱承本会诸同志不以宗藩为不肖，谬举斯职，自当勉尽绵薄，随诸君后，求所有利吾会及利吾国并望诸君时加督责，以匡不逮云云。次请全国各界联合会代表蒋介民、山东路商界联合会代表郑鹇鸧等先后演说，大致均系希望与鄙勉语。嗣由主席致谢来宾，并款以茶点奏乐散会。（1919 年 11 月 14 日）

汇志各学校消息·南京路商业夜学

南京商界联合会创设商业夜学筹备已久，规模极为完备，并请俞希稷硕士主持教务。惟因一时未获相当之校舍，以致稽迟。刻该会因开学相迫，拟租泥城桥福源里内之三层洋楼为校舍，昨已托人向屋主接洽，一俟租定，即可布告定期开学。据该会会长王才运云，该夜校现拟暂定学额二百名，俾南京路各商店之学生此后均无失学之叹。其科目悉取合于现时之潮流，有裨实用为主，使此日有志之青年造成将来竞争世界商场有用之人才云。（1920 年 3 月 1 日）

南京路商界联合会开会纪

集议筹备义务夜校事

前日午后七时，南京路商界联合会为筹备义务夜校事，特召集全体职员讨论方法。当由主席余华龙报告开会宗旨，略谓现在距开学之期不远，筹备手续理当从速，遂将夜校组织法当众宣读，无异议通过。继由王才运陈述意见：（一）请本路各商店主或经理人，热心公益，认定夜校捐款，最多者推举若干人为校董，俾借群力，共维校务。（二）校董举定后会同原定各职员公推一热心毅力富有学识者为校长，以专责任而资发展。（三）夜校能持久与否全凭经费，兹拟请本路各职员分段担任，按户劝募，俾垂永久。（四）从前认定夜校捐款，必须校董、校长就职后方能收取，以保信用。（五）拟推本会热心职员十数人，请其自行承认，每晚二人至校视察，以督进行。（六）所有现需筹备费用由才运先行筹垫，以便早日成立。（七）承新世界经理陆锡侯盛意，将福源里二十九号洋房租作本校校舍，概免小租并将房租按月由五十两减至四十两，全年计算连所减小租五十两，共减去一百七十两，陆君如此热心诚为吾人意外之援助。（八）开学期拟定为二月初一日，自本月十四日起开始报名。全体赞成遂散会。（1920年3月4日）

卷烟同业开会纪

本埠卷烟同业公会昨日午后假中华路烟业公会开会，同业到者三百余人，各烟草公司中如邬挺生、赵晋卿、简寅初、简照南、陈炳谦、黄楚九、钱雨岚等亦均到场。当推邬挺生为临时主席，由陈良玉报告开会宗旨毕，即由主席请众推举职员。当经推定陈良玉为正会长，邬挺生为副会长，陈炳谦、简照南、赵晋卿、陈文鉴、简寅初、黄楚九、钱雨岚、陆锡侯、郑伯昭为董事。次举各区干事，当经举定沈子卿、沈佩兰、朱一笙、叶觊辰、季渭良、童嘉生、韩桂生、沈其祥、王云祥、蒋荣孚、钱如鹤、沈星德、周质君、顾少卿、沈延康、杜子春、谢如贵、戎成申、王文锦为干事，并经举定陈炳谦、黄楚九、朱笙侯、邬挺生、陈文鉴、陈良玉为该会代表。旋由赵晋卿演说，近年同业受种种困难情形及坚结团体之必要。陈良玉演说此次既合各公司各纸烟同业联为一气，组织斯会，从此和衷共济，同谋公益，对于各公司当不再有既售甲公司烟不售乙公司烟之成见。邬挺生、冯炳南、朱笙侯、季渭良、沈佩兰等皆有演说，大致以热心坚忍为宗旨。议毕已时逾五钟，乃摇铃散会。（1920年3月17日）

南京路商界联合会开会纪

南京路商界联合会于昨晚开职员会议，公推潘励绅主席，报告昨接方九霞银楼来函，谓二十三日晚七时有人购买金镯，交价时突出手枪恫吓，劫镯逸去。查南京路为上海商业最繁盛之地点，时未深夜，竟有行劫重案。当时匪徒远扬，尚未缉获。各商家均系住居左近，利害相关，应如何设法保障，弭患未然，请诸君讨论。继由方九霞号经理李庆璜报告当时被劫情形，并请本会设法请缉劫犯并讨论善后之策，使本路各店有切实之保障。王才运谓，本路商业最盛，尚出此等案件，应速筹善后方法。王廉方谓宜速函请总联合会转呈交涉公署转致公廨，严谕捕房切实办理。大众赞成，主席又报告义务夜校捐款，现照捐册统计已近三千元之谱。王才运提议捐助五十元以上者推为校董，并主张推举名誉校董数人。王廉方起谓现值春季，查照会章应否在于开学前后开一春季全体会员大会，报告经过情形于会员，请众讨论。主席谓全体会员大会当然赶早预备。倪念先谓，王君意见极是，宜在开学以前即开大会。王才运谓现办夜校手续纷繁，应俟学校成立之后再开大会。又谓夜校本定二月初一日开校，因福源里二十九号房屋新世界为热心公益起见租价减轻，惟尚有木器储积在内，未便急催。现确闻一二日内可以迁出，故夜校应改在二月初十日开校。全体赞成，又李楚湘提议夏季缴纳房捐为期已近，华董问题尚无把握，应如何进行即请讨论。倪念先谓，夏季捐是否应付，因有人问殊难对付，请主席答复。陈惠农起立，谓市民权事已由总联合会函催交涉使转致领事团，想不日必有妥善办法。王才运提议前接总联合会来函，谓调查产业及所付房捐之多寡，本会因筹办学校，以至推迟，现在拟即分段调查，以利进行。众赞成，当推定调查员第一段余华龙、徐振华、范承鏊，第二段沈耐烦、孙文安、陈亮公，第三段朱正明、冯品如、傅东生，第四段潘锡范、费祖寿、陈励青，第五段何桂卿、王廉方、刘子杰。议毕散会。

（1920 年 3 月 20 日）

商界联合会开会汇录·南京路商界联合会

本月二十七日下午二时南京路商界联合会为讨论义务夜校进行事宜开全体职员会，公推余华龙为主席。当由主席报告开办经费承认者已逾三千余元，此外续认者尚不少，至所认捐款经王才运、潘锡范与东陆银行方椒伯面商，允代承储，利息格外优待，校中需用可随时支取。已订定旧历二月十五日起开始代收，认至五十元以上者均推为校董，事务所已定本月二十九日迁移在新世界西首福源里二十九号三层洋房，夜校即附设会所。倪念先谓会所虽迁，日后开会应仍在大庆里较为宽畅。潘锡藩、周正辉均谓仍在大庆里开会于名义上不合。陈惠农谓开会地点不必拘定，如因福源里附设夜校开大会不便，尽可随时斟酌，众附议。主席提议三月二十九日夜校先行开学，是否同日行开幕礼。陈亮公谓二十九日行开幕礼恐设备不及，开幕不妨稍迟。公决阳历四月三日补行开幕。主席报告教务长推定俞希稷，教员余华龙、陈亮公、姚晦厂、沈甘霖、裴越隽、朱华德、齐剑虹、金□□、周正辉、王寄鸥诸君。众赞成。管理员公推王才运、王廉方、何桂卿、余华龙、沈耐烦、倪念先、朱正明、李楚湘、周正辉、郑础庭诸君，均认可。陈惠农提议夜校学生系补习性质，对于课程应采用学科主义。众赞成。王才运提议夜校应公推名誉校董数位，众附议，遂公推王儒堂、余日章、聂云台、程龄孙、宋汉章、简照南、何积蓄诸君为名誉校董。王才运君起言，诸君所推名誉校董学问道德实业经济固不待言，且对于本会提倡扶持将来校务前途实有无穷希望。全体鼓掌。王廉方提议别路学生应否收录。周正辉谓校中如有余额何妨一体收取。潘锡范谓附近各路如夜校尚未成立者，其学生能由本路商店保证方可报名收录。众附议。投票选举校长，潘励绅得十七票当选，全体鼓掌。是时已晏，遂茶点散会。（1920 年 3 月 29 日）

宁波同乡会征求会消息

宁波同乡会征求会昨由总队长王正廷君召集各队长到会商议进行方法，到会者乐振葆、陈文鉴、周茂兰、何楳轩、董杏生、戴畊莘、邵声涛、刘耀庭、丁仁德、庞炳生、任矜苹等。当将征求方法详细讨论，均称早已分头进行，务必超过原定每队二千五百分之数，并议定由各队自行邀集各队员联络办理，以期达到原定总数于半月前缴足云。兹续报各队姓名如后：

……

宁运队正队长王才运，副队长何绍庭、王儒怀，参谋邬松懋[1]，队员陈益卿[2]、孙经培[3]、马金山、何绍裕、康锡祥[4]、何鹿山、陈焕文、江北滨[5]、康福水、胡梧冈、王廉芳、张忠佑[6]、毛濂卿、陈全发、余华龙、王绍炎、孙雄义、徐颂华、陈钦安[7]、陈哲垚[8]。（1920 年 4 月 25 日）

---

[1] 奉化西坞人，在上海从事洋货行业。其子邬振甫为近代教育家。

[2] 奉化人，时任上海眼科医院院长。

[3] 奉化萧王庙人，在上海从事报关行业。

[4] 奉化溪口人，长期任外商买办，1925 年奉化旅沪同乡会成立时被推举为副会长，其间还担任宁波旅沪同乡会委员。

[5] 奉化江口人，时任上海新学会社书店经理。

[6] 奉化人，曾任上海柴炭公会日夜交易所筹备处副主任。

[7] 奉化人，早年曾参加辛亥革命，后在上海经商，为全盛信局股东。

[8] 奉化人，从事营造行业，后成立上海新成记营造厂。

南京路商界联合会长辞职书

南京路商界联合会会长王才运，因有所感，特提出辞职书于该路同志，录其原书于次：径启者，叠接各处来函，以才运此次不主张罢市，举相责难，夫罢市为商界最后之武器，非至万不得已之时绝不宜轻于一试，贸然从事，一受挫折将无办法，才运个人主张如是。至罢市之能否成为事实，全体商人均有自决之能力，非才运一人所能操纵。各界热心此事者，既不蒙见谅，应将本会正会长及总会董事一律辞卸，以谢国人而明心迹，希即另举贤能，俾本路事务仍得进行，不特才运一人之幸，亦即本路全体之幸也。悠悠之口，自有水落石出之日，置诸不论可矣，附上会章三枚，祈乞检收为荷。再者，家严抱恙在乡，急函促归，就道匆匆，不及拜辞，歉甚歉甚。（1920 年 5 月 1 日）

南京路联合会开会挽留会长

前日（二日）下午二时南京路商界联合会开全体职员会，公推副会长潘锡范主席。首由主席报告正会长王才运君辞职赴宁应如何挽留请众讨论。王廉方谓会长以此次学潮关系重大，故其个人与本会全体均不主张罢市，而各界纷纷函责，因不蒙各界鉴谅，故决心辞职，以谢国人而明心迹。且因王君封翁在籍有恙，遂决计提出辞职书，及将会章三颗送会收存后即行返甬。潘励绅谓此次本路不能罢市，系根据前数次议决案履行，不得认为王会长个人意思，同人等实有连带关系。倪念先起谓王会长素具热心，遇事公正，去留关系本会前途，岂可任其辞职，应请诸公设法挽留。陈亮公、徐振华相继起谓王会长现既回甬，会务暂请副会长维持，一面应函催王君来申照旧接管。潘励绅谓宜速将开会情形及同人等一致挽留诚意，并责以大义不能承认辞职等情一并叙述函中，从速寄甬，以免会务阻滞。全体赞成。其挽留王会长信遂公推陈亮公起草，议毕散会。

兹录其原函如下：敬启者，四月三十晚本会接展大函，以此次不能罢市群相责难，执事竟将本会正会长及总会董事一律辞卸，以谢国人等因。本会已于本月二日开全体职员会讨论，佥以此次不能罢市，系根据本会迭次开会议决案履行，非出自会长个人之意，即执事出席总会陈述意见，系代表全体职员，即代表全路商店各界。不谅来函责难，实属不明理由，全体同人均应负责。如是以论，执事实无辞职之必要。现今公决一致挽留，祈执事俯纳众意，照旧任事，日后各界如再来函责难，全体同人当为执事后盾。但愿令尊清恙早痊，能从速来申，尤为祷切。（1920 年 5 月 4 日）

报道影印件（部分）

商界联合会开会汇纪

福建路商界联合会日昨午后开第三十次常会，到者十余人。因会长王宗藩返甬，遂公推邬志豪主席，磋议事项分录如次：（一）选举顾问委员事，报告总会经过情形。（二）本路担任调查九江路选举册，公推陆斌臣、王锦文为调查员，先印选举纳税书三百份，分送九江路商号，约三日内汇集成册，送至总会以备选举之用。（三）四月二十七号由总会邀集各团体电至政府要求四项：一退回鲁案通牒，二取消军事协议，三取消本埠戒严，四释放京津被拘学生未得覆电，函请总会再邀集各团体讨论进行。（四）南京路联合会会长辞职，由本路到会职员具名通函挽留。（五）前由王宗藩发起募集本路义务学校经费一节，请各队员报告，准于明日推陆斌臣向队员询明数目，以便汇集结束。维时已晏，遂宣告散会。兹录其挽留南京路商界联合会王才运书如次：前观报载先生辞职，同人等得悉后当奉一函，由尊号转呈，谅荷台鉴矣。然心所感，不能不再告于先生：吾侪商人除经营外向不预闻世事，然被新潮感动所以特然奋起组织商界普及之团体，希望补救时局于万一。当今时局纷如乱丝，或志趣各别，或间接利用，千机万变接续而来。大丈夫处此光明磊落，先生既委身世事，不计个人利害，区区来函责难，何足介意。若从此灰心，恐正中间接利用之妙计，又失爱国同胞之希望。同人等与先生既服务社会，须百折不回，焉可中途休辍。明达如公，总能俯顺公意。若为令尊大人贵恙未痊，应当回府侍奉，以尽孝道，同人等遥祝早占弗药，德躬康健，鹄候大驾早日返沪，面领教益。（1920 年 5 月 5 日）

王才运表明心迹之两函

南京路商界联合会会长王才运，前因联席会议，其个人之意见为一部分热心过度者所误会，后王适因父病旋里，遂即提出辞职书。嗣经各路纷纷挽留，曾志各报，兹王君已来沪，接有反对之匿名书数件，王君即缮函作复。兹录其复福建路联合会并复匿名者两书如下：

复福建路书：敬启者，才于十二日因父病返里，方于二十三日来店，捧读两次手教，言词慷慨，意气激昂，见义勇为，何让曩哲，甚佩甚佩。以才愚钝不加督责，蒙荷关切，既感且愧。才因此次不敢贸然为罢市之主张者，以罢市为商界最后之武器，轻用其锋，后难为继，不得不郑重出之。而友人之住居各界者，因利害关系，纷纷探询，才即以此意答之，完全处于个人之理想。奈捕风捉影之徒，散布流言，横加污蔑，曾参杀人，慈母变色，而况友朋乎，诚恐众口铄金，讹成市虎，提出辞职，借明心迹，然此心耿耿，坚如铁石，群众事业，万不敢有所推辞，惟先生有以教之。

复匿名者书：才运于十二日因父病返里，于二十三日始来店，先后叠接来书，支离附会，可骇可笑，本无答复之价值，惟诸公热心过度，容有以讹传讹之事，作一唱百和之谈。才运以罢市为商界最后武器，轻用气锋，后难为继，故不敢有所主张，而各界友人之以利害探询者，亦均本此意答复，完全处于个人之理想。奈诸公以耳为目，散布流言，横加污蔑，既无证据，复无过付，欲加之罪，其何词乎，此种挑拨手段，为无赖政客所惯用，若道听途说，尚不失为良心主张，不然，则为人利用，受人挥动而已，人心险诈，至此极矣，可胜浩叹云云。（1920 年 5 月 15 日）

南京路商界挽留会长

南京路商界联合会，自会长王才运辞职以来，曾开会多次议论结果，全体主张挽留，昨日又公举职员潘锡范、潘励绅、余华龙、黄瑞林、钟涛山、徐振华、周正辉等代表全体，持公函前往挽留，此时该会长辞意颇坚，后经诸代表再四恳留，并讲明不能辞职之理由，该会长始允到会。又闻对于总会董事一席，决意辞谢，请为另推贤能继任。兹将该会挽留之函录后：

才运会长台鉴：自执事担任会长以来，已逾半载，尽力会务，任劳任怨，不特本会同人众所赞仰，切为他路团体所公认，乃因此次讨论罢市问题，受少数外界热心过度者之谰言而灰心辞职，非特违反先生个人之初志，亦且违反全体同人之期望。按先生为本会公举总会出席代表，查当时所发言论，纯系根据本会议案，外界有所反对，亦非先生个人之事，且此种谤言，全属市虎杯蛇，毫无实际。本会因事关重大，有碍会事，爰特召集全体职员，开会讨论结果，一致挽留，公举潘锡范、潘励绅等代表全体来前敬祈接洽，并希

薄暮，遂宣告散会。（1920 年 10 月 6 日）

南京路联合会改选正副会长

昨日南京路商界联合会为二届当选之正副会长均以事务殷繁不遑兼顾向会告辞一事，特假大东旅社二厅举行新旧职员交谊会。是晚到者三十余人，推陈则民为主席，陈亮公纪录。首由主席报告正会长辞职情形，应以邬挺生君推补，众鼓掌，咸起立表示欢迎。次邬挺生答称，仆见识经验均属有限，如遽负此重任深恐难免陨越，但望主席时加指导，俾得仍循王才运君昔日办法，萧规曹随，勉力做去，并望在座诸公共同协助，遇事指教，实深幸甚。次由在座诸君就席间票选孙紫临、余华龙二君为副会长。二君当选后均有谦逊之辞，遂由陈亮公起立，谓孙君为张裕公司主任，于学问经验均属宏富，且热心公益，稳慎著名。余君为中华皮鞋公司经理，曾肄业于沪江大学，办理本会义务教育成绩颇多，仆素所敬服。今日二君当选为副会长职，实为本会前途之幸。众鼓掌。是夕潘励绅、王才运、倪念先诸君均有演说，旋由王议定于本星期日再开职员会，解决一切。散席时已钟鸣九下矣。（1920 年 10 月 23 日）

福建路商界联合会职员会纪

福建路商界联合会昨晚八时开二届第一次全体职员会，公推王宗藩主席，首由主席报告第二届当选职员：会长邬志豪，副会长陈韵生、邓元廷。（一）教育部吴川如、董蕙卿、童谦和、宋星绥；（二）文牍科孙少兰、徐友良、陆森朝、曹国华；（三）商务科邬挺生、毛宗涛、金树芝、徐鉴章、方信根、戴树声、费福卿、吴润生、徐正泉、俞国珍、陆鸿勋；（四）交际科沈万生、陆洪基；（五）调查科叶鸿胜、邵宝甫、赵菊舟、俞培庆、孙振堂、沈福田；（六）庶务科徐俊德、金荣卿、张伯庆、杨晋康、冯洁升、柳世明；

（七）会计科倪庆洲、王锦文。报告毕，当公推王宗藩为名誉会长，王君一再告辞，金谓无告辞之理由，务请王君勉为其艰。次邬志豪君亦告辞会长一席，当经众一一挽留。邬志豪提议联合会出席以投票选举付表决，通过。主席又报告倪庆洲、陆鸿勋、徐俊德、邓元廷、王锦文诸君来函辞职，公决一致挽留。又谓本会前任书记早经推辞，应再请一位兼国文教员，又雇用当差一人，众赞成。又主张各科主任最好用投票选举，刊印选举、被选举之名单，并填明资格，以便易于选举，众赞成。吴川如提议谓政府财政奇绌，借外债又畏人民攻击，竟以一折零之内国公债滥发，市上大多数均流入外人手中，将来之负担仍在吾民，此等危象深为可虑，故提出请众讨论对付之方法。主席谓此事关系非浅，应请吴君将理由办法细细研究再行提出总联合会，共同设法对付之。邬志豪提议谓苏省议会被暴徒捣毁，殴辱议员，窃思省垣军警林立之地，有如此横行之事。阅报载官厅置若罔闻，殊深可恶。议会为国民代表之机关，如此藐视，将来国民抱恨何堪设想，亟应提起质问，并谓茧行开放与限止两问题皆谓垄断性质，最好提倡自由设烘灶以挽茧户之利益，多数附议。主席付表决，全体通过。已钟鸣十二时，宣告散会。（1920年12月22日）

南京路商界联合会常会纪

南京路商界联合会昨日举行常会，公推王廉方主席，蒋梦芸纪录。首由主席报告新世界经理陈君来函，允借北部为本会庆祝会会所，周报组织业已就绪，十年元旦准可出版云云。次讨论议案：（一）元旦庆祝会秩序案，议决照原定略为修改通过（秩序单列后）。（二）议庆祝会经费案，主席谓本届庆祝会一应余兴，全由本会夜校学生担任，庶开支可以节省，经众议决以三十元为预算标准。（三）议入场券案，议决印三千张，凡入会商店每店分送五纸，非会员两纸，其他有关系之各公团等酌量分送。（四）议会场职员案，余华龙提议应分部办事始有秩序，并推陈晓岚届时为临时主席，通过。又经众推定会务主任任矜苹，会场纪录陈亮公，总招待王才运、潘励绅、陈则民、邬挺生四君，会计干事倪念先、王廉方二君，庶务干事余华龙、范承鉴、孙遹声三君，余兴部主任朱华德，会场干事周宪章、蒋梦芸、陈锡璋、冯聘儒、朱正明、王海永、万选青诸君，其职务临时分配。（五）议周报名称案，余华龙提议，略谓前曾议定醒商二字，惟经各商准酌，似微嫌陈旧，鄙意不如改为商铎二字，经众讨论议决通过。（六）议周报第一期份数案，议决印刷四千份。（七）讨论周报宗旨及内容案，首由周报编辑蒋梦芸报告，所拟之体裁门类。次孙遹声谓，本会系商人之集会团体，周报应以提倡国货、灌输商业学识、促进本会发达为宗旨，其他不涉商业之问题，概不论列，务成一纯粹之商报。众赞成，议决内容由编辑及发行人连带负责。（八）主席提议十年元旦同伸庆祝，应由本会通知本路各店一律休业一日，悬旗庆祝，通过。议毕时刻已晚，遂散会。附十年元旦庆祝会秩序单：（一）开会；（二）行谒旗礼；（三）报告本会成绩及账略；（四）欢迎聂云台先生；（五）来宾演说；（六）摄影；（七）余兴。（1920 年 12 月 25 日）

南京路商界联合会初选揭晓

南京路商界联合会第三届职员，业于日昨选举，由开票员孙紫临、徐子骁、徐振华等检查完竣，造具名册，计选出职员三十人，次多数候补十人。兹将当选人名录下：王才运六十四票，邬挺生五十二票，余华龙四十八票，陈文鉴四十二票，简照南、马玉山均三十五票，孙紫临、马祖星均三十三票，乐俊葆三十二票，方椒伯三十一票，费芸荪三十票，王廉方、陈亮公、何鹿山均二十九票，毛濂卿二十八票，陈惠农二十五票，蒋梦芸、陈藻森均二十四票，李北容二十二票，卓乐生二十一票，周宪章、李安绥、张士德、任矜苹均二十票，倪念先、萧楚南均十九票，刘锡基、何桂卿、郭俊卿均十八票，张集成十七票；次多数候补当选者胡锦香、简寅初、俞卿、俞希稷、金杏生、金韵清、沈星德、范承鋆、费杏庄、王拔如。闻该会不日即将互选会长及各项职务，并行就职礼云。（1921 年 9 月 27 日）

宁波同乡会消息

宁波旅沪同乡会职员等，因该会副会长王儒堂，被任督办山东善后事宜，启行在即。特于前日晚间七时，在四层楼叙餐室开欢送大会。先后到者，有虞洽卿君等百余人。当推代表致欢送辞，复由王君致谢辞。觥筹交错，颇臻欢洽。又该会下星期三（二十九日）演讲会，请前法国巴黎总领事廖世功演讲游历欧美之感想，吾国留欧学界之状况，及今后所企望于吾国教育家者诸问题。廖君留欧有年，人格高尚，学识丰富。此次莅会演讲，当有一番崇论宏议，以厌听者之望也。（1922 年 3 月 22 日）

南京路提出铜圆善后意见

铜圆券发不得

昨日南京路商界联合会举行职员会讨论铜圆善后问题，副会长余华龙主席。先主席报告谓轻质铜圆充斥市面，贻害无穷，前经各团体联席会共同议决拒用，虽为治标救急之法，然拒用之后应急筹补救善后之法。本会连日因举行赎路游艺大会事，不能举行职员会，今日诸君到此务祈各抒所见，妥为筹划，俾提出各转团体联席会。（一）王廉方谓筹划善后之法自属要图，惟此事关系重大，手续琐繁，非轻易所能决定。鄙意此事第一应请官厅及重要企业团体（如总商会等）稍负责任，出面设法消灭此项被拒剩余之轻质铜圆。（二）蒋梦芸谓拒用本非治本之道，治本为停铸与停进，皆为官厅职权。若官厅而能诚意为民除害，决心停铸，则此问题极易解决，已流行市上之轻质铜圆照旧通行也可，拒用也，可实无须吾人多费心力。是以循轨而行，仍应请求官厅设法停铸、停进，惟前用书面电报恐难见效，本席拟请联席会议推派代表赴省谒军民两长，切实恳求，务请其毅力实行，停铸、停进并分派代表赴本埠交涉使署、护军使署、县知事署及工部局等严禁私铸。经众讨论，上列两项可提交联席会讨论，复经众提出意见一项。（三）请重要企业团体负责发行铜圆券折扣收兑轻质铜圆，即以此项轻质铜圆作为保证金。当经主席将三项提案合并付总表决，全体通过。该会并拟将此意提出联席会参考讨论。次陈百男临时动议，谓本会会计科长因事离沪函请辞职，应请公推续任之人。经众公推何鹿山君担任，由会备函敦请云。（1922 年 5 月 27 日）

商界总联会选定新职员

星期日举行就职礼

国闻社云，福源里各路商界总联合会自改组迄今已历数月，由南京路、四川路、山东路、河南路等十九路联合会毅力合作，将内部章程以及各项组织慎重整理，业已全部完竣，嗣由十九路出席代表四十八人公举职员，昨日正式揭晓。当即由该会通知当选人即日就职进行会务，并定本星期日（六日）举行正式就职礼。兹将当选各职员姓名录下：（理事长）正余华龙、副钱龙章，（常务理事）邵仲辉、邬志豪、成燮春、蒋梦芸、潘冬林，（评议长）陆费伯鸿、周剑云，（评议）张鳣堂、丁朝奎、余仰圣、王廉方、陈伯男、朱保罗、马倬云、沈涤轩、刘子荣、鲁廷建、章仁鳞、徐运新、颜芹香、冯志卿、葛品生、沈星德、范瑞卿、韩直刚、陈震源、余连贵、陈韵笙、高琪、陆文韶、秦志新、王兆丰、周豹元、徐丽洲、陈宝德、金永庆、尤水泉、沈德祥、周虚白、王肇成、穆抒斋、谢廷灿、沈永康、胡石泉、俞铭巽、周干臣、余希稑。（1922 年 8 月 4 日）

商界总联会理事聚餐会纪

本埠各路商界总联会，于前晚假座中华皮鞋公司总厂举行第二次常务理事聚餐会，由理事长余华龙作主。到者钱龙章、邵仲辉、成燮春、蒋梦芸、潘冬林等七理事及来宾王才运、王廉方等二人。宴毕讨论总会合并问题，议

决定期召集合并委员会，与四马路总联合会磋商合并手续云。（1922 年 10 月 20 日）

反对邮电加价之继起

南京路商界联合会职员余华龙、王廉方、蒋梦芸等提出议案云，为提议增加邮资有害商业应请从缓实行事。窃邮局发表新章，各项寄件均须加资，此举不特足以阻碍实业教育之发达及内地人民之文化，当此客邮收回之际，且足以使外人有所借口，民法团体俱有损害。连日各公团纷纷通电反对，即可见民心之激昂。吾商界经营国内外贸易，货样信件多赖邮局寄递，年来天灾人祸相继迭起，内外贸易一蹶不振，连年亏耗，势多不支。今邮资增加寄递尤难，成本巨而销路呆，我力薄商人为势所迫，一旦实行非辍业不可。用特建议请即召集紧急会议，推派代表会同总商会、县商会及各业公会等至京请愿，面呈商界困难情形，请求从缓，以恤商艰究，应如何进行，尚祈公决云云。（1922 年 10 月 31 日）

南京路商联会职员会纪

定十九日举行大会

南京路商界联合会昨晚（四日）举行职员会，副会长方椒伯、马玉山，法律顾问刘予醒及各科职员十四人均列席。首欢迎常年法律顾问刘予醒君。次何元通号何鹿山君报告定货纠葛案，略谓前曾向某洋行定购油地毡数箱，定单载明尺数码数，到货仅及原定尺数之半，向之交涉不理，及涉讼又败诉，故报告于同会诸君云云。任矜苹、王廉方各有讨论，咸谓华商与外人贸易时有纠葛，暗亏颇深，嗣后应格外注意。议决会同洋货公所合函总商会查核。次大中华经理陈月夫报告某君赊欠货款不理案，议决由本会公家律师刘君致函某君追索。次议施种年痘案，议决施种一月，日期俟分函本路各医生复到后再定。次议日华纱厂罢工来函请作调人案，众意此事关系颇重，入手颇难，现时本会适当改选之期，职员更迭，负责无人，外界事务实难兼顾，应请文书科复函婉辞谢绝。次议改选案，议决十九日举行大会，即日发票选举，议毕茶点散会。（1922年11月6日）

虹口六路商联会之职员

虹口嘉兴、梧州二路商界联合会近来会务蒸蒸日上，自狄思成、东鸭绿、欧嘉、肇勤等四路相继加入，因易以虹口六路商界联合会名称。曾假座嘉兴路瑞康里爱国学校内宣告该会成立，旋于旧历九月初二、六两日邀集正副会长暨全体各职员公同组织。兹将被选举为职员者发表如左：正会长汪履安，副会长竺梅先、王佐泉，会计长唐荣甫、陈华樨，文牍科沈启涌、李笑春，书记科李善止，评议长丁义全，评议员沈炳荣、曹祥甫、张松鹤、张振涵、陈芝香、张润甫，干事长朱保罗，干事员黄文卿、孙明泉、王汉斌、陈才法、黄瑞卿、周其炘，交际长余连青，交际员陈空如、李祥麟、朱叔眉、陈长华、郭金华、杨瑞年，监学长王青松，监学员陶少江、徐鸣昌、孙初善、张少卿、汪忠干、范迪秋，调查长谭伯贤，调查员周文玉、李锦泰、杨仁伦、黄福荣、姚德甫、蒋廷福。（1922年11月10日）

皮鞋公会常年大会纪

提议雇用伙友及学徒细则

中国通讯社云，上海皮鞋公会于昨午假宁波同乡会开常年大会，计到会者有陈思裕、潘竞民、张礼荪、卞庆根、杨培卿、李德风等五十余人。正会长周瑞生因事未到，由副会长余华龙代表陈思裕君为主席，其时首由主席请潘竞民君报告一年来之大事，然后提议事件，将雇用伙友细则及收用学徒细则通过，然后散会。兹录此项细则于后：

雇用伙友细则：一、同业雇用伙友，倘无公会毕业证书者，须有妥实之人介绍保证，否则不得雇用。二、伙友薪工，由店主与介绍人等三面言明，进店后每逢月底发给，一律不准预支，但伙友因有特别情形（如婚丧喜庆等事）向店工情商，经其允许者，不在此限。三、伙友进退须在每年之端午、中秋、年关三节，此外不论何时不得自由进退，如双方意见不合，不愿联续者，应各在节前七天先行发表。四、同业雇用伙友，当听各伙友之自愿，店东不得以增加工资预支工银或其他方法于三节外，中途引诱别家之伙友。五、伙友在店外发生不正当之行为致肇祸端，概由本人负责理楚，与店主无涉。六、店主伙友均宜相待以礼，如彼此发生争端，可备函说明理由，请公会按照公道解决，概不得到茶坊酒肆互相闹吵，伙友并不得结合店中同人罢工要挟。七、伙友倘亏欠店中银钱货物或半途自行离店，应由介绍人、保证人负责理楚，一面可报告本会通告同业拒绝使用，本会不负追取之责。八、同业不准使用挪款潜逃之伙友及学徒，如有故意任用此项伙友及学徒者查出初次罚洋五元，二次罚洋十元，满三次者由本会法律顾问严重交涉。九、伙友不得诱引本店或别店学徒离店他适，倘有此项情事一经查明当报请官厅究办。十、伙友进店除本人以外不准兼带学徒。十一、伙友在店不幸身故，家属远离或家境贫苦善后为难者，可由该店东报告公会，由会酌量助资成殓，以恤贫寒。十二、同业雇用伙友各应遵守本细则，违背此项细则者由公会查明议决处置。

学徒细则：一、学徒习业先试习三个月，如期满后双方合意者可邀同保护人、保证人及介绍人等至公会订立约，一面由公会注册存查，倘不合意者即中止学习。二、注册时学徒应交纳半身照片一纸并注册费二元。三、学徒习业如年限未满而中途停辍或私自脱逃者，得由店主向学徒之保证人追算饭金（每月四元）外，凡入会同业概不得收用该学徒，否则可报告公会公议罚。四、学徒毕业手续完了后，当至公会领取毕业证明书，此后应先在本店作业一节，方可至别店工作。五、学徒毕业请谢师酒时应于筵席费内拨助八元存交公会。六、同业收用已毕业之学徒为店友时须审查其有无公会所给毕

业证明书，如无此项证明书者不得收用。（1922 年 12 月 1 日）

皮鞋公会进行会议纪

上海皮鞋业公会于昨日下午七时开进行会议，到者有陈思裕、倪东岩、卞庆根、周志钦、李德丰、唐茂垣等二十余人。公推陈思裕为主席，首由主席报告开会宗旨，略谓本会自成立以来会员非常发达，于会务前途堪额手加庆，所有应行整顿事务亦将次就绪，而尚有未曾办理者厥有数端：（一）同业规则及县署立案之布告尚未发出。（二）各店伙友往往亏欠潜逃，另至别店工作，致受损失。此种事端若不严行整顿，于各店前途均抱恐怖，自此讨论良久，议决自明年（阴历）元宵节后印刷保单与县署公布，及同业规则发给各店，自后伙友进店务须填写保单，潜逃之后俾可向保理涉，并每星期派二人为一段，分头切实调查各店伙友姓名及学徒若干。议毕由主席宣布九日开职员常会，并发通告，务须各会员一律到会列席云。（1923 年 1 月 8 日）

皮鞋公会备案已准

上海皮鞋公会成立以来倏将二年，办理会务颇有蒸蒸日上之势，所有上海县（今上海市）署给示保护布告本早已印就，发给各同业悬挂，奈尚有诸多手续未曾完备，故而迟迟。兹定于今日起，将布告等各种印刷品发给各同业，今将布告录下：为布告事，案据上海皮鞋业公会总董周瑞生呈称，案奉钧署第六零五号训令开，案奉实业厅第六七七号训令开，案奉省长公署训令开，案准农商部咨开本年七月三十日接准咨送上海皮鞋同业公会章程清册请查核办理等因前来，查该公会既经县商会证明可以设立，所送章程名册大致尚无不合，应准备案，相应咨行查照令行实业厅转饬遵照可也等因。准此，合行令仰该厅转行知照，此令等因。奉此，合即令仰转行该公会知照，此令等因。奉此，合行令仰该公会知照，此令等因。奉此，当经通告各同业查照，惟赦会成立未久，外界对于斯会设立之真相或尚未尽明了，非由地方官厅出示布知周知，难保无藉端破坏情事。为特备文陈请县长察核，敬祈给示布告，俾众周知而资保护等情到署。查前据该业商等拟具简章，加具上海县商会证明书，呈请设立上海皮鞋同业公会，迭经分呈核转，嗣转奉农商部核准备案，又经令饬知照在案。据呈前情，除批示外，合行布告仰商民人等知悉，该皮鞋同业公会系呈奉农商部准予备案有案，如有人侵碍该会藉端滋扰事，准即指名禀究，其各遵照，特此布告云云。（1923 年 1 月 27 日）

皮鞋公会联席会议纪

上海皮鞋业公会于三日下午六时召集各职员开联席会议，到者七十余人，由理事长倪东严为主席，略谓本会印就之星期调查表已于旧历十二月中连同同业公议规则等一并发给入会各户。该表之所以发出者，拟派员往各路分段调查各店伙友与满师及未满师学徒之确数，免除种种弊窦。经众讨论之下，自本星期起当推定各职员指定调查地点如下：（虹口杨树浦东西华德路）范生林、徐金生、颜泉发、陶桂堂、严林泉、姚桐卿、陈振芳、龚锡春、陆顺林、江美福、（徐家汇）沈金平、（法租界西门老北门）陈章宝、沈关福、盛荣根、包永生、唐泉生、（南市高昌庙）陶凤鸣、顾长生、（北四川路宝山路海宁路吴淞路）俞海华、陶全福、同志钦、刘仁元、（新闸大通路静安寺路白克路大古路马霍路）王义生、马桂生、卞庆根、丁金林、陆鸿贵、张泉生、（南北浙江路广东路山西路南京路）陈瑞汀、李文祥、吴子祥、龚松咸、朱增尧、张润泉。（1923 年 3 月 5 日）

皮鞋业公会年会纪

上海皮鞋公会前日开常年大会，到者一百三十余人。下午四时开会，因总董周瑞生有事往汕，公推陈思裕代表主席报告开会宗旨。次倪东岩陈述概况。次李德风报告账略，旋由陈思裕、潘静润二君演说毕，即举行投票选举，推王春泉、卞庆根为检票员。当经到场会员讨论修改第八条行规，表决通过并议决雇用伙友学徒须订立保单关约，以昭慎重。兹将当选董事十五人姓名录下：周瑞生、谈玉成、顾承德、顾文卿、李德风、顾根泉、唐顾生、王春泉、唐茂垣、余华龙、徐志卿、周松泉、陶凤鸣、徐锦山、戴松咸。（1923年11月23日）

南京路商联会职员会纪

会议防止意外方法

南京路商界联合会昨日下午四时在该会举行职员会，到同昌、宝成、裕记等会员商店代表十余人。余华龙主席，首议治安问题案，由出席代表蒋梦芸君报告总联合会会议此案之经过情形及提出之办法。居润材发言，谓本路商业繁盛，市面兴旺，现幸尚无盗劫情事发生，惟时近年冬，难免宵小生心，殊应设法预防。王廉方主张致函工部局转致该管捕房等，多派探捕，从严防缉，以安商业。经众讨论，结果以总联合会现正由委员会筹议办法，本会自应取一致主张，议次俟总联合会议案正式通知后，采择施行并请出席代表代达意见。次议会员广大、大有恒等号被天来福经理等诱驱巨款潜逃无踪请求协助案。主席谓此案已由本会提交总联合会开会议决办法，函请会审公廨依法追究，并由债权团自行按律起诉；一方通知各会员商店值此银根紧急之际，对于往来货款加意留心，以防不测。此后对于新开张未入会之商店注意调查其内容。次议少年宣讲团函请介绍会员商店捐助坐椅案，议决先由本会认捐坐椅五只，以维公益，如会员商店自愿捐助者请其自由办理。次议公祭校董简照南君案，议决致送哀幛哀联各一付并推费杏庄、王廉方、屠润材三君代表本会往南园公祭。次议副会长王才运君因公忙恳请辞去副会长职务另任他职案，众意王君辞意恳挚，准其辞职，照章请得票次多数之王廉方君递补继任云。（1923年12月17日）

皮鞋公会更选职员揭晓

本埠皮鞋公会于前日午后七时开第一次新任董事会，复选总副董事及基金员并推举职员如下：总董周瑞生（此次当选联任），副董谈玉成，基金员李德风（亦联任），推举出席董事余华龙、顾承德、徐锦山、顾根泉、顾文卿，理事倪东岩、陶凤鸣、周松泉、唐茂恒、包永生，评议倪东岩、余华龙、陶凤鸣、顾文卿、王春泉、徐志和、良顺生、李德风，调查周松泉、唐茂恒、徐志和、俞海华、卞庆根、陈振芳、严林泉、陆顺林、沈金平、龙锡春、顾长生、盛荣根，庶务李德风、卞庆根。旋提议事件，李德风君提议每逢阴历初三日设立会员研究会，佥谓试办六个月后再作正式实行云。（1923 年 12 月 19 日）

洋货公所今日选举总董

在本公所举行

华商洋货公所旧任董事业已满任，日前选出张云江等新董事数十人，并定今日下午三时在该公所互选总董，昨已分别寄发通知及选举票等，知照各会董照章投票矣。（1924 年 3 月 2 日）

旅沪浙同乡会将开联席会议

讨论西湖博览会进行办法

旅沪浙绅李征五、孙梅室、方椒伯等，前此发起全浙西湖博览会，通函旅沪各浙绅，征求意见各节，已见前报。兹悉旅沪浙人，对于此举，一致赞同，现已定于下星期开旅沪全浙各同乡会联席会议，讨论一切进行办法，并闻各同乡会之派代表加入者，有绍兴同乡会曹慕管、温州同乡会林炎夫、宋

佩遂、刘鸿飞，湖州同乡会严浚昌，以及台州奉化各同乡会等代表，约二十余人云。（1924年6月7日）

南京路商联会续议盗案善后

征求各方防盗意见

南京路商界联合会昨日下午举行职员会，讨论邵万生盗案善后办法，到余华龙、王廉方、蒋梦芸等十余人。王君报告因公殒命之华捕陈殿卿，定今日下午二时出殡，本会已备有花圈送往吊奠，其抚恤办法，则正在募捐中云。次蒋梦芸谓对于将来防卫盗匪方法，系租界市政之一，应由工部局负责办理，吾纳税市民只有建议之权，且租界盗案不止南京路一处，应由各关系共同讨论建议，众赞成，嗣经议决分函总商会等征求意见，并致函工部局警务处，对于负伤之华捕郑有明君表示慰问，一方函请各会员商店量力捐助，四时闭会。兹将该会致总商会等公函录下（略）。（1924年7月3日）

两路商联会联席会议纪

南京路、福建路两路商联会会商实行防盗方法，急于实行，特于下午四时，举行联席会议。到两会会长，各科职员邬志豪、王廉方、屠润材、蒋梦芸、费杏庄、田叔恒等十余人。邬志豪主席，略谓两路关系密切，关于防盗手续，彼此多有联络之处，故今日此会殊关重要云。王廉方谓防盗方法虽多，治本之法，即为严查军器与取缔游民，治标则以装置警铃为最便利，惟事实上便于执行者，应即入手实行设备。余华龙谓，老闸捕房捕头前日致函两路商联会，请酌定日期，面商实行办法，可即确定时间，联名复函，邀请到会。公决准定十一日在宁波同乡会聚餐，并当场提出实行办法六条，磋商同意后，两路即入手实行，南京路并推定徐乾麟、王才运、王廉方、何乐山、余华龙、蒋梦芸、屠润才、费杏庄等八人为委员，接洽此事云，六时散会。附议定实行办法六项：一严查私贩军火及私藏军器，二增加站岗及巡逻巡捕，并改良交替换班方法，三装置盗警特号电话，四加严检查旅馆，五取缔界内游民，六设备盗武装汽车。（1924 年 7 月 10 日）

南京路商联会职员会纪

南京路商界联合会昨日举行职员常会，到职员九人。王廉方主席，议决各案如下：（一）本届职员任期将满，决定本月二十四日改选。（二）公家律师业已聘定，即请总务科订立合同规定办法。（三）会所余屋出租于奉化旅沪同乡会，由该会按月酌贴租金，通过。（四）防盗各项手续请出席董事向防盗委员会随时按照本会议决案建议。（五）工部局来函，通知邵万生案本路募集之抚恤金五百元业已分配转给，计抚恤死者家族三百五十元，慰劳伤者医药费一百五十元，并代该两家族申谢。本会全体会员即将此意通知各会员商店，内邵万生号伙友来函辞谢奖章案，议决请其不必谦辞，旋即散会。（1924 年 8 月 7 日）

奉化旅沪同乡会筹备纪

奉化旅沪同乡会，前由王才运、张云江、何绍庭、王儒堂、何鹿山、邬志豪、江北溟等发起筹备，有声望同乡加入为发起人者颇众。兹悉该会已于前日在大马路邵万生隔壁民永里内筹备处，召集发起人会，到会者数十人，公推年长之康锡祥君为主席，其秩序如下：1. 主席报告同乡会宗旨，略谓，吾奉旅沪人士颇众，只因平时少于聚首，致同乡情形，诸多隔阂，现为联络同乡感情，维护同乡利益起见，爰特发起本会，其进行步骤，先以调查入手，调查方法，由八乡到会同乡，分投担任，克期汇集，以便下次开会，讨论进行办法。2. 王廉方报告筹备经过。3. 陈光有提议，请各发起人先自认担临时筹费若干，首由谢其潮君捐认五十元，其余均依次认定，约有数百金之

谱。4.推定王廉方、宋季眉、余华龙、陈有光等四人为临时职员，从长筹备。5.茶点散会。（1924年8月11日）

南京路商联会复选揭晓

南京路商界联合会昨日下午举行复选礼，到会员商店先施、中华、和平、老凤祥、大中华、同春堂、庐山、模范、南洋、裕昌祥、生生公司等三十余人。徐乾麟（魏子祥代表）主席，报告毕，公推黄文谦、费祖寿、谢三希、孙文安四君唱名，开票结果，选出会长等三十二人，姓名录下：（名誉会长）方椒伯、王才运、马祖星、乐俊保，（正会长）徐乾麟，（副会长）余华龙、王廉方，（出席董事）蒋梦芸、何鹿山、陆文中，（各科科长）费杏庄（总务），屠润才（会计），孙雪泥（文书），陈才宝、卓乐生（评议长），黄文谦（教育），（各科干事）孙文安、谢三希、黄振麟、沈别林、陈月夫、沈小亭，（评议）吕葆元、沈九成、陈玉壶、费祖寿、郑藻生、冯兆侣、刘骋三、毛濂卿[①]、蔡钟珏、陈亮公。（1924年9月25日）

奉化同乡会之成立期
明年一月一日

奉化旅沪同乡会自组织以来，分队征求，入会会员已近二千人。筹备诸君昨在北京路功德林开聚餐会，到者有孙玉仙[②]、康锡祥、江北溟、邬志豪、余华龙、邬挺生代表邬勉九等三十余人，议决征求定十二月二十一日截止，阳历一月一日开成立会，散席已十时余矣。（1924年12月9日）

---

① 奉化溪口人，继承祖业，从事家具行业，时为上海毛全泰店主。
② 奉化萧王庙人，曾任宁波旅杭同乡会会长。

奉化同乡会征求结束

阳历元旦正式成立

奉化旅沪同乡会筹备三阅月，征求四星期，一切手续均将结束，前晚（二十一）征求闭幕，假消闲别墅开会，计到张云江、邬志豪、余华龙等四十六人，六时入席聚餐，九时讨论议案，由邬志豪代表康锡祥为主席，邬勉九记录，先主席报告筹备经过情形，次陈有光报告征求分数，略记之，则（1）征求队五十六队；（2）分数已超出原定目的二千五百分以外；（3）会员有一千二百人以上。次由何鹿山、余华龙、王廉方、张云江等先后发表意见，又由章程起草委员余华龙宣读会章草案，当即议决：（1）将以前筹备委员中各个人所捐之筹备费加入于个人之征求分数中；（2）开成立大会之日期，仍决于十四年一月一日；（3）地点暂定假座宁波同乡会，届时由筹备会通告；（4）章程经各队长带回修改后，于二十四号前寄还筹备处，再行订正；（5）各队长处之志愿书及款项均须于二十四日前缴齐，俾赶造选举名单及报告册等，不致局促与延迟。时已钟鸣十下，尽欢而散。（1924 年 12 月 23 日）

团体新闻

奉化旅沪同乡会定于阳历元旦下午一时假宁波同乡会开成立大会，曾志前报。兹悉开会秩序业已先行订定，探录如下：（一）奏乐；（二）公推主席；（三）宁波旅沪公学学生唱歌；（四）主席宣布开会词；（五）公推开票员；（六）报告经过情形、征求分数、收支各项；（七）演说（名人及队长）；（八）摄影；（九）余兴（新剧《孤儿救祖记》影片）；（十）选举揭晓；（十一）茶点；（十二）散会。闻该会印有入场券颇多，期前如有未入会之奉化同乡函索入场券者即行照寄云。（1924 年 12 月 29 日）

奉化旅沪同乡会成立

奉化旅沪同乡会于元旦下午二时在宁波同乡会演讲厅开成立大会，会员及各界来宾，计到千余人，由邬挺生主持，妇孺救济会奏乐，宁波旅沪公学学生唱歌，主席致开会词，略谓今日为敝同乡会成立之期，荷蒙各界惠然光临，并承宠赐嘉言，荣幸奚似，第以敝会成立伊始，百端待举，望诸君子时赐教言，以匡不逮，谨述数语借伸谢忱云云。次公推开票员王才运、张云江等二十四人，当众假会长室内开票。邬志

邬志坚

坚[1]报告筹备经过及发起原因。再次来宾祝词，有各路商总会代表蒋梦芸、菜场总联会代表潘冬林，对日外交市民大会代表虞仲咸等演说，有全浙公会会长褚慧僧、各路商总会会长袁履登、陈交涉使代表金栋，及陈良玉、方椒伯等，大致除祝颂外，均解说奉化同乡会为宁波同乡会之根基，而彼此有互助之关系。队长代表邬志坚演说并答谢来宾，余兴为趣剧呆中福影片孤儿救祖记，并有茶点，及邬挺生君所赠沙德烟公司之女影牌香烟二十大匣，分送来宾。余兴既毕，七百余张之选举票已揭晓矣，选出董事六十人，姓氏录下：王儒堂、邬志豪、江北溟、邬挺生、张云江、康锡祥、何绍庭、王才运、何鹿山、何绍裕、江良通[2]、何邀月[3]、余华龙、毛濂卿、邬志坚、陈益钦、孙经培、江良达、陈有光、何耿星、毛文亨、王廉方、康剑痕、邬勉九、宋季

---

① 奉化西坞人，近代上海著名律师，曾任沪江大学教授及校董事会董事、浸信会牧师、上海信托公司监察人。在中华麻风救济会任总干事20余年，为中国麻风病救助事业做出了很大贡献。

② 奉化江口人，与其弟良达长期从事西服行业，1896年在上海开设和昌洋服。

③ 奉化人，清末光绪初年即赴上海经商，开设何元通杂货号。其孙何平龙曾任奉化旅沪同乡会执行委员。

眉、谢其潮、丁儒怀、李全忠、任常毅、方文卿、陈祖寿、陈志深、张仕龙、邬振磐、袁恒通、竺鸣凤、王景才、朱炳章、沈昌宙、吕兴棠、毛能昌、蒋熙光、宋简香、陈如松、卓葆棠、陈基明、应月法、丁忠茂、孙玉仙、卢逸庵、俞东绍、方懋林、周钧棠、汪景川、孙天孙、王和舆、汪仲权。（1925 年 1 月 4 日）

报道影印件

南京路商联会职员会纪

南京路商界联合会昨日下午四时举行职员会，到职员十一人。副会长王廉方主席，会议案件录下：（一）余华龙报告赴浏河放赈情形毕，经众议决再行筹办白米二十石，定本月十一日推职员谢三希等续放。（二）反对电话加价案，议决此案应由中外用户表示一致主张，本会业已函催工部局复议，打消新章，现俟纳税会议决办法后一致进行。（三）陆文中提议建议中外银行界勿滥借公债促成政祸案，议决起草国民会议建议书，俟国民会议开会时提出讨论。（四）蒋梦芸提议编印年刊案，通过，推定到会职员为委员，会同文书科主持编印，阴历明年正月出版。（五）劝齐燮元即日离沪以安商业案，议决致函总商会、各路商界联合会等即日开会，讨论劝齐离沪办法，以免谣言纷起，商市不安。议毕散会。（1925 年 1 月 7 日）

奉化同乡会定期复选

奉化旅沪同乡会于元旦成立，初选六十人，已志本报。昨该会原筹备员在办事处开会,先由会长起草者余华龙二次诵读,经王廉方、陈有光、宋季眉等详加讨论,逐条通过。次议决月之十一日午刻假座大东西菜社,举行复选,执行董事三十人当时即须揭晓,复行执行董事就职礼,并摄影以留纪念,借杯酒而资联欢云。又王廉方为慎重选举事,特将初选选举票逐一复核,结果并无错误云。(1925年1月8日)

奉化同乡会复选结果

奉化旅沪同乡会于十一日午刻假座大东西菜社举行复选,计到初选董事三十六人。公推邬挺生主席,先由陈有光①报告账略,次投票选举,公推方懋林等开票,聚餐毕通过会章草案后遂散会。兹将当选职员之姓氏录如下:

(正会长)邬挺生,(副会长)邬志豪、康锡祥,(总务科)余华龙、王廉方、何鹿山、王才运,(经济科)张云江、何绍庭、陈有光,(文牍科)宋季眉、邬勉九,(教育科)邬志坚、卢逸庵,(交际科)毛濂卿、孙经培、谢其潮、江良通、何耿星、何绍裕、陈基明、康剑痕,(调查科)董世明、周德初、毛文亨、方文卿、陈祖寿、竺鸣凤、陈志新、毛能昌。(1925年1月12日)

奉化同乡会之进行

奉化旅沪同乡会于十一日举行补选,已志前报。兹于昨日下午四时开董事常会,到者有正副会长等十六人。由正会长邬挺生主席,文牍宋季眉,记录议案有六:(一)副会长康锡祥辞职案,众主挽留,辞函璧还。(二)会所定河南路三百六十四号,即宁波同乡会旧址,该房屋由邬志豪君说明,每月租金情让作二十元,内十元助充本会会费,即由邬志豪接洽办理。(三)聘请

---

① 奉化莼湖人,时任东陆银行上海分行储蓄部主任。

名誉董事之资格，须年高德劭品学兼优素负乡望者。（四）修改章程，余华龙、邬志坚、邬勉九等均有意见发表。（五）常驻办事员二人，定下次常会时商聘。（六）下次常会定二月八日在新会所举行，同时并补行职员就职典礼。（1925年1月19日）

两团体欢迎王正廷记

奉化旅沪同乡会与纳税华人会于昨日下午三时假座一品香大厅开会欢迎王儒堂，到者有奉化同乡会邬志豪、张云江、何邀月、余华龙、王廉方等，纳税会许建屏、张心抚、方椒伯等计五十余人。三时半王儒堂莅会即入席，吕静斋、邬志豪二人为主席。首由吕静斋代表纳税会致欢迎词。次张心抚演说。次邬志豪代表奉化同乡会致欢迎词。词毕，王起立致谢，略谓余现虽常居北京，但事业则在上海，且时来沪，故仍为上海市民之一，且仍纳税华人会之一分子，承欢迎实属不敢。奉化同乡会筹备时，余以事旅京未能尽力，深为歉仄，成立后幸得此机会与同乡诸父老相聚，殊觉欣幸。惟以时间局促，余今晚即须赴京，而又有事务尚多不克长谈，非常抱憾。兹后凡纳税会、同乡会等有事见教及附嘱者，请径函知，鄙人靡不从命也。承蒙宠招敬谢，旋即略进茶点先行退席。两会代表致送后，次奉化同乡会自又议决福建兵拟驻奉化事，立即去电阻止。时已四时，宣告散会。（1925年3月5日）

浙属同乡会联合会筹备进行
本月十二日举行成立会

浙属各县旅沪同乡会前日为兵工厂迁浙问题，在绍兴同乡会开会，并以浙属各县问题颇多，应有联合之必要，故决设浙属各县旅沪同乡会联合会之永久机关于宁波同乡会内，现正积极筹备，定本月十二日举行成立会。会章已由起草员曹慕管、陈良玉、陈旡咎、郑子褒、郑文同五人会同起草并由各发起人调查其他浙属同乡会，请其一并加入。又定海同乡会及奉化同乡会代表金慕鲁、陈翊庭、邬志豪等对于市政问题将有具体之建议云。（1925年3月7日）

浙属各同乡会联合会成立纪

浙属各同乡会于昨日下午三时假宁波同乡会开联席会议，商议组织联合会，到者有（宁波）陈良玉，（绍兴）王晓籁、曹慕管、郑子襄，（台州）杨云帆、胡斯整、黄申甫、方赓甫，（余姚）郑文同、郑重民、蔡华堂、严曼内，（湖）钟筱轩、彭竹筠，（定海）陈翊廷，（金衢严处）刘劼夫，（杭）朱雨春，（三北）胡甸荪、陈才宝、张松涛，（嘉兴）汪育贤、高蟠伯，（奉化）余化龙、周芾南、邬志豪，（全浙公会）黄献廷、高子谷，（温）林炎夫。公推曹慕管主席，先由主席报告前次宁绍两同乡会因兵工厂有移浙之议，曾发起联席会议，通电反对并主张裁兵废督。今孙氏已有电否认，虽已可告段落，但将来言行是否一致，须有永久机关从事监督，今日成立会即为此种机关开始组织之时。次逐项讨论如下：1.通过简章（录后）。2.会费经常费须俟预算决定后再定临时费，当场认捐者有宁波三十元，绍兴三十元，余姚十元，奉化二十元，嘉兴十元，金衢严十元，温州十元，台州十元，定海十元，镇海十元。3.临时干事推定绍兴、宁波、金衢严、嘉兴、温州五同乡会担任。4.市政问题一致主张市长民选，并规定凡各省人民住居上海若干年以上者均当有选举及被举权，一切进行俟选出职员后再行讨论。六时散会，附录简章如下：（略）。（1925年3月13日）

奉化同乡会开会纪

昨日午后二时奉化旅沪同乡会在河南路三百六十四号新会所开第三次董事会，到执行董事暨董事十八人。由正会长邬挺生主席；（一）欢迎坐办周芾南。（二）邬志豪提出张瑞顾之女被冯雷氏营利略诱案及李阿品追讨远东轮船公司押银案：（甲）托救济妇孺会转碛石调查张女下落；（乙）共议先推周德初前往探询该公司股东倪氏意见，然后再定办法。（三）绍兴各县旅沪同乡会来函组织浙属旅沪同乡会之主张，本会拟决加入，先推代表三人周苘南、邬志豪、余华龙，当即函复。（四）催收收条簿据。（五）办公时间上午九点至十二点、下午二点至五点。（六）议毕，摇铃散会。（1925 年 3 月 13 日）

浙属同乡联合会选举会纪

定四月一日举行成立会

浙属各县旅沪同乡会联合会昨日下午四时在宁波同乡会四楼开会，到各同乡会代表王万初、魏子祥（余姚），朱雨春（杭），余华龙、邬志豪（奉化），董杏生、陈良玉（宁波），陈翊庭、蒋梦芸（定海），王晓籁（绍兴），洪雁宾、乌崖琴（镇海），杨立帆、葛酿泉等二十一人。公推陈良玉主席，首由主席报告开会宗旨。次发票选举职员，并公推余华龙、陈翊庭、蒋梦芸、郑文同、乌崖琴五人为检票员。检票结果，选出职员如下：（正主任）曹慕管，（副主任）陈良玉、林炎夫，（总务干事）乌崖琴、徐乾麟、余华龙、陈翊庭、沈任夫，（文书干事）郑文同、蒋梦芸、孙铁卿、胡斯丐、邵仲辉，（会计）洪雁宾、王晓籁、邬志豪，（调查）王万初等十人，（交际）袁履登等十人，末议定四月一日举行成立大会云。（1925 年 3 月 25 日）

奉化同乡会开会纪

旅沪宁波同乡会昨接奉化公民葛亦庭等函，以西坞警察捉赌肇祸一案，请为主张公道。该会据函前情，即转函旅沪奉化同乡会。副会长邬志豪君以事关命案，特于昨日（二十五日）下午二时，开议董临时会。金谓该警所擅用酷刑，草菅人命，公推会董返奉调查真相后，会同宁波旅沪同乡会一致进行。兹录宁波同乡会致奉化同乡会函如下：

敬启者，顷据奉化公民葛亦庭、黄季升、蒋宗鲁、吴贤泽、袁学澄、顾中昆，鄞县公民应彦等函称，奉化长寿区之板桥地方，因警察捉赌，酿成人命一案。同人特行派员确切调查，兹将所得真相，约略陈之：阴历三月十九日，王生有家因冥寿客集，聚赌守夜。至午后十一点钟，西坞警所警察七人，到家捉赌，分三路兜拿。尔时赌徒四散逃逸，内一赌徒王惠正正逃逸间，被警察将枪托猛击足胫，骨断倒地。又一警察云，是诈死，又将枪托猛击胁部，致断肋骨二根。该村人闻喊救声，齐集审视，知有性命之忧，以为警察捉赌，不应凶暴至此。聚集十余人，扛抬伤人与同警察赴县署控诉。至前隆山地方，该警察故意取石互相殴击，以为装伤图赖地步。时二十日天已拂晓，当有多人集视，佥云非将警察束缚不可，于是缚警赴县。将近城门，警察大声喊冤，县警察署即大鸣警笛，聚集警察多名，出面拦捕。护送之三板桥人，见势汹汹，又各逃逸。即时被捕五人，并伤人一同带至县警察署。先将西坞警释放，共同将所捕五人用绳吊起，又用棍夹其足胫。种种非法酷刑，用报缚送之辱。县警佐在座，朋比容纵，置伤人于不顾，且为之进县公署说项。县公署草草将所缚五人发押，并令伤人自行抬回。此同人所查得之事实也。夫案关刑事，本不容第三者之干涉，惟是官吏蹂躏人权，非得有力者为之援助。人民愚懦，其何能敌。去年翁友卿冤死，宜昌旅沪同乡及贵会诸公为之筹集款项，一再派遣代表，力图洗雪，同乡无不讴歌盛德。今王惠正已于二十二日毕命矣，又有在县署被押之人，沉冤莫白。贵会为维持人道，保障人权计，似宜急谋援助，惟力是视，俾滥用职权之县警佐，草菅人命之西坞警佐及惨无人道之众警察，受合法之处分，庶足以慰幽魂而儆凶暴，为此请求迅予开会解决对付方法等语到会。用特函请贵会迅赐派员前往调查明确，以便公同办理云云。

（1925 年 4 月 26 日）

浙江渔业在沪开会组织保卫团

浙江沿海各属渔户，近因渔讯已届，为自卫起见，特组织浙江渔业保卫团。昨在小东门浙江渔会内开会，到者奉化、长涂、沈家门、石浦、岱山等各帮渔户代表一百余人。会议结果，援照旧例组织保卫团，以资自卫。当公举张一鸣为团总。会议毕，即致电浙江孙督理夏省长备案，原电云：杭州孙督办夏省长钧鉴，浙江渔业保卫团现经全省各渔业代表在沪会议，公举张一鸣君为全省渔业保卫总办，乞赐备案，以顺民意。浙江沿海各县渔团全体同叩。（1925 年 5 月 2 日）

奉化旅沪同乡会开会纪

讨论奉化警察殴毙人命案

奉化同乡会昨在抛球场会所开紧急会议，到者董事汪景川、董世明、邬志坚、邬志豪、余华龙等。副会长邬志豪主席，讨论奉化三板桥被警察用枪托击毙王位正一案，以汤警佐纵警殃民，县知事多方饰护，业经调查属实，拟电请夏省长、叶处长迅予查办，以重民命。公决由文牍董事起草，明日再付董事会通过拍发云。（1925 年 5 月 6 日）

旅沪奉化同乡会之公电

旅沪奉化同乡会为公诉奉化西坞汤警佐纵容捉赌杀人案，昨日致代电于浙省长暨警务处长云：夏省长、叶警务处长钧鉴，奉化西坞警察便服越界至三板桥捉赌，击毙米商王位正一案，敝会迭据乡报，不胜愤激。因事关人命，审慎再三，特派专员从事查报及西坞分商会与金溪区（今金溪县）自治会函告详情。按西坞警佐汤庆恩平日借捉赌为名，敲诈乡民，怨声载道，复用姜山革警林超为巡长，如虎得伥。此次夜半兜拿，王位正不及逃避，致被击断胁足，逮将位正送县验伤。该警等知已肇祸，装伤图遁。乡民护送县署实防意外，更不得目为拒捕。县警所不问是非，将乡民绳悬棍夹，复派警乱拿三板桥人民，鸡犬为之不宁。县署草草验伤，嘱命抬回医治，翌日位正伤重身毙，始将警察詹柏卿一名发押候查，聊以塞责。吴知事抱舍死救生之旨，为枉法祖警之谋。警所私刑逼供，既充耳而不闻。位正断胁将亡，复熟视而无睹，视人民如草芥，等法律于弁髦。敝会桑梓关怀，涕泪交并，吁请钧长恫瘝在抱，迅予按律分别彻究惩办，慎重民命，不胜盼祷之至。奉化旅沪同乡会公叩虞。（1925年5月8日）

皮鞋公会筹建公所

昨午上海皮鞋公会假座寿圣庵开全体会员大会，到会人数一百有余。正会长周瑞生主席，其最要议案为筹建造会所。当由中华皮鞋公司代表陈思裕[①]演讲建造会所之必要。续由主席报告去年已有董事十余人认捐巨费三千余元，惟离目的尚少七千。旋经众议决，委托公会执行部负责进行募捐办理。议毕，聚餐而散。（1925年9月10日）

南京路商联会复选揭晓

南京路商界联合会昨日举行复选揭晓礼，到职员十余人，开票结果选出正副会长及各科职员三十人。并公推方椒伯、徐乾麟、马祖星、王才运四人为名誉会董。当选职员如下：正会长余华龙，副会长王廉方、谭海秋，总务科长黄杏庄，出席董事陆文中、蒋梦芸，会计科长屠润材，文书科长孙雪

---

① 奉化人，时为中华皮鞋公司经理。

泥[1]，教育科长黄文谦，评议长何乐三、乐俊保，总务干事谢三希、陈才宝，会计干事毛濂卿、刘聘三，教育干事沈小亭、俞希稷，文书干事陈亮公、郑藻森，评议员昌葆方、卓荣生、王静波、席守愚、陈月夫、蔡钟钰、张士德、胡锦香、陈楚湘、郑子褒、费祖寿。规定双十节假座大东旅社行就职礼。（1925 年 10 月 5 日）

奉化同乡会第二次征求会开幕

奉化旅沪同乡会，自去年组织成立以来，对于同乡公益事宜，尚能进行，兹因该县旅沪同乡日见发达，该同乡会为普及起见，昨日特开第二次征求会员会，到者甚见踊跃，公推邬君志豪主席，公同讨论，公决征求队定八十队，仍照去年办法，以每队征求五十元为及格，当由舒君敏之、孙君经培等各先缴洋五十元，作为所任队长费洋，其征求日期，自即日起，每经十日各队长将征集会费缴会一次，以阳历十一月末日为征求告竣期。（1925 年 10 月 30 日）

关于时局之本埠消息

拉夫扣船昨讯　各公团发给符号

奉化旅沪同乡：奉化同乡会会长邬挺生、康锡祥、邬志豪因日来拉夫甚厉，同乡旅沪工商，均有正当职业，若不加以保护，影响于工商各业实非浅鲜。为特制备职业证，函致警厅备案，以求免充战地输送之役。该县同乡各界向该会领取，应由该会董声明职业、住址，即行照给，以护善良云。（1925 年 11 月 3 日）

---

① 奉化萧王庙人，曾为大同日夜物券交易所发起人。

商界总联会紧急会议记

昨日下午七时，各路商界总联合会召集各路议董举行紧急会议，列席者三十余人。邬志豪主席，议决案如下：（一）越界筑路案，结果（甲）电外交部转公使团严重交涉；（乙）请交涉使向领团交涉；（丙）电南京孙督理严重交涉；（丁）举代表往警厅请派员前往保护。（二）民生奖券案，公决致函总商会请其表示，再提交纳税大会付表决，又请各马路打图章表示反对。（三）爱国募金案，公决将各马路捐册收回结束。（四）纳税华人会选举理事案，公决提出被选十人虞洽卿、严谔声、俞国珍、严裕棠、陈勇三、许建屏、宋汉章、邬挺生、王才运、许廷佐。（五）新职员辞职问题，当时由钱龙章主席，公决局部改选，定即日发票，下星期三开票。（1925 年 12 月 4 日）

两同乡会消息·奉化旅沪同乡会

奉化旅沪同乡会成立一载，会务尚称发达。第二届征求会员大会曾于上月间举行，嗣因战事征求遂告停顿。兹悉该会以现在战事以有结束，于前夕邀集同人在清闲别墅聚餐，重加组织。讨论结果，当场推定邬志豪为总队长，其征求方法、目的、日期定于三日内正式发表。（1925 年 12 月 4 日）

各商联会消息并志·福建路商界联合会

福建路商界联合会昨晚七时为泰和衣庄二日夜盗劫事开会，到者邬志豪、励报德、徐沁元、王景康、朱春荪、朱菊新、汪祝修、沈伦堡、傅芳庭、何桂卿、蔡英芳、郭耀瑜、丁金兰、方桂初、庄尧声、陆文照、费道立、韩景观、潘云发、林南松、朱械生、周乐富、谢晋卿等五十余人。公推邬志豪主席，当由泰和衣庄朱春荪报告是夕被劫情形，并盗去现洋九十二元、小洋二百六十一角、男女皮衣三十余件，共计银一千六百元毕。经众公决：（甲）致函各路商界总联合会请转函恳工部局，际此隆冬时节，须多派巡捕暗探，往各马路巡察，并严缉赃盗。（乙）本会通告各商号须雇用门巡，装置警铃，添备警笛，提早休市，谨守门户。主席又报告总商会议案，即华人纳税会选举理事，拟虞洽卿、严谔声、俞国珍、严裕棠、陈勇三、许建屏、宋汉章、邬挺生、王才运、许廷佐等十八人。末由会员一致反对彩票，宜婉劝各伙，永矢勿买，免致受累等云。九时散会。（1925 年 12 月 6 日）

两同乡会消息 · 奉化旅沪同乡会

奉化同乡会此次举行征求大会，总队长为邬志豪，分队长除去年原有者仍继续担任外，尚有其他同乡自愿加入，已定于今日开始征求。其期限为三十天，每十天揭晓一次，每队最小的为五十分，一元为一分，以缴到作数。闻队长中已有数队于事前早经足额。（1925 年 12 月 15 日）

同乡会消息

奉化旅沪同乡会第二届征求会员，自本月十五日开始以来，各队长认真进行，加入者非常踊跃。现定二十五日假座消闲别墅举行第一次揭晓，十五年一月十五日为截止期。（1925 年 12 月 22 日）

奉化同乡会征求揭晓

奉化同乡会前日假座消闲别墅，举行第一次揭晓，到会者计有何绍裕、江良通、何耿星、王才运、余华龙、邬志豪等数十人。推总队长邬志豪主席，先由主席发言，次报告此次征求状况，嗣讨论会议，最后揭晓。闻是夕缴分数者颇见踊跃，第一次总数已过六百分以上，想以后成绩当更有可

相应函达希即查照是荷。（1926 年 4 月 11 日）

各团体消息·奉化旅沪同乡会

奉化旅沪同乡会于昨晚在消闲别墅开董事会，到邬志豪、康锡祥、余华龙等数十人，邬志豪主席，讨论议案如下：（一）会所迁入宁波同乡会案；（二）宁波同乡会来函索租座费案；（三）各董事辞职案；（四）印发会证案；（五）函催各征求队长速缴收条案。议毕已十时许矣。（1926 年 4 月 27 日）

各同乡会消息·甬属三同乡会

定海同乡会陈翊庭前提议以宁波同乡会四楼尚系空屋，拟联合镇海、奉化二同乡会迁入办公。凡关于小事由县会解决，大事由甬同乡会联席解决，借以联络乡谊，统一办事，业经该会理事会议决，于前日召集三同乡会开联席会议，计出席（镇海）代表刘予醒四人，（定海）陈翊庭、陈人宝、许庭佐、程庆涛，（奉化）邬志豪（王廉方）、余华龙等。当经议决赞同，拟提交甬同乡会理事会议决后即见实行。（1926 年 6 月 8 日）

工部局惩办殴人印捕之覆函

南京路商界联合会会长余华龙，前为该会会员时新昌伙友被印捕殴伤事，向斐总巡陈述被扰情形，请求严行究办。刻余会长接得斐总巡覆函云，谨启者，七月十四日，辱荷惠临，证明五百二十一号印捕殴人事，甚感甚感。兹该捕除已罚锾五元外，并出押金二十元，以保其将来再有横蛮行为，为此专函布达，并颂公绥云云。（1926 年 7 月 21 日）

各商联会消息·南京路商界联合会

南京路商界联合会本届选举新职员，业已揭晓。昨由该会备函通告该路全体商店，并函报各路商界总联合会存案，一方函请全体职员即日就职。兹将新职员姓名录下：正会长余华龙，副会长王廉方、蒋梦芸，出席董事徐乾麟、余华龙、蒋梦芸，总务主任费杏庄，会计主任屠润材，文书主任孙雪泥，教育主任陈亮公，评议长何鹿山、高伯感，各部董事吴蕴斋、洪少圃、冼冠生、陈才宝、楼恂如、席守愚、郑藻森、陈学坚、邬芝棠、杨耀庭、孙文安、王拔如、沈小亭、许仁、乐俊保、吕葆元、陈驾广、沈九成、郑昭斌、张清生、张士德、屠开征。（1926 年 12 月 15 日）

元旦日各商联会消息·南京路商界联合会

南京路商界联合会，于十六年元旦下午四时假座大东酒楼举行第八届职员就职礼，到正副会长余华龙、王廉方、蒋梦芸，重要职员高伯感、屠开征、张士德、费杏庄、郑照斌、孙文安、何鹿山及驻会职员倪古莲、陈思裕等数十人。由余华龙主席宣布本届理会方针，缕述八年前组织南京路联会及各路总联会之经过与成绩，各职员相继演说，并为善颂善祷之辞，以庆元旦，末进晚餐摄影而散。（1927 年 1 月 3 日）

奉化同乡会董事会纪

奉化旅沪同乡会，于昨日（九日）午后四时，在劳合路宁波里（宁波旅沪同乡会）新会所开董事会，由会长邬挺生主席，报告一年来为同乡排解纷事毕，即讨论进行事项如次：（一）编印会员录，以资分送；

邬培因

153

（二）坐办周苪南君因事离沪，公推邹培因[①]君代理；（三）征求会员，定明年新春进行；（四）办事员办公时间，每日自上午九时起，至下午五时止。议毕散会。（1927年1月10日）

奉化旅沪同乡会纪事

奉化旅沪同乡会，于前日下午二时，在本会所开会，公推谢其潮主席：（一）主席报告征求会员案，议决定于下星期日午刻，在功德林举行聚餐，讨论征求进行事宜；（二）本会议决，公举蒋介石、孙玉仙两君为名誉会长，共同赞成，公推谢其潮、陈忠皋、王廉方、周德初四君为代表，于昨日下午四时许赴交涉署，持函晋谒蒋总司令，请其见允云。（1927年4月5日）

南京路商联会改组成立

南京路商界联合会于七月二十六日下午三时，假座宁波同乡会四楼举行改组后委员就职典礼及选举常务委员，到五十余人。由主席团推定孙雪泥主席，张炳森赞礼，倪古莲纪录。开会秩序如下：（一）主席团及执行委员就职。（二）向党国旗及总理遗像行敬礼。（三）恭读遗嘱。（四）宣誓。（五）市党部商民部代表训词。（六）商总联会代表指导。（七）演说。（八）选举常务委员。（九）茶点。（十）摄影。常务委员选举，结果以王廉方、孙雪泥、费杏庄、张子廉、高伯谦、屠开征、吴蕴斋、陈亮公、徐梅卿等九人为当选，张士德、何鹿山、黄鸿钧、周菊人、陈才宝、钟嘉禾等六人为候补。散会后常务委员即另开第一次常务会议，推定张子廉、孙雪泥、王廉方为常务主席委员，陈亮公、周菊人、费振麟为秘书，王廉方、何鹿山、张士德为财政，

---

① 奉化西坞人，长期在上海从事服装行业，为源大衣庄店主。热心公益事业，曾任南京路商界联合会执行委员、奉化旅沪同乡会董事，经常与同乡余华龙一起为国事奔走。

费杏庄、孙文安、冼冠生、谢三希为组织，吴蕴斋、陈笃广、张清生为教育，孙雪泥、陈才宝、沈问剑、马祖星、李健良、王拔如为宣传，徐梅卿、梁海寿、沈九成、严穗孙、张谷权为调查，屠开征、黄鸿钧为卫生，高伯谦、钟嘉禾、杨吉云、邬志棠为交际，又以张子廉、高伯谦、屠开征三常务委员兼出席代表，其余六人自星期二至星期日每日一人轮值，到会视事，定星期一为常会期。议决散会时，已六下矣。（1927年7月27日）

奉化旅沪同乡会董事会纪

奉化旅沪同乡会，九月四日开董事会议，邬志豪主席，恭读遗嘱毕，议决案如下：1. 本会征求会业已结束，议决，初选日期，定阳历十月一日，当推定邬志坚、陈思裕、王廉方、陈忠皋、谢其潮、江仲权、王士佳[①]等七人，为改选筹备员。2. 本会经济董事王廉方君因公受屈，函请辞职案，议决。王君素性正直，热心公益，办理会务，极为慎重，素无错误，日前天晓得报忽有人控名投稿，饰词侮辱王君名誉，显系有人播弄是非，自应致函该报，请其即日更正道歉，嗣后如再有发见上项情事，定当依法对付。对于王君辞职，全体一致挽留，除备公函挽留外，另推周德初、陈思裕二君面洽。3. 会所问题，议定与定海同乡会一致行动，函复宁波旅沪同乡会查照。4. 本会董事江北溟、陈益钦、何鹿山等相继仙逝，议决，容后定期追悼。时至五下钟散会。（1927年9月7日）

奉化同乡会选举会

奉化旅沪同乡会，本月一日下午一时，假宁波旅沪同乡会开第三次会员选举大会，到会员五百余人，主席团公推邬志豪为临时主席，开会如仪，由

---

① 奉化人，从事建筑行业，创立王佳记营造厂。

陈忠皋君报告会务情形，王廉方君报告账目，推选检票员毕，即由褚慧僧、陈良玉、朱守梅相继演说，旋即修改章程，全体通过。余兴新剧少年宣讲团，茶点，揭晓，七点散会。兹将当选人姓名录下：邬志豪、王儒堂、余华龙、邬挺生、庄崧甫、何绍裕、邬志坚、俞樵峰、邬振磬[1]、何绍庭、何邀月、谢其潮、张云江、陈忠皋、张南华、汪洪涛、何耿星、周和卿、孙天孙、王廉方、司徒克秋、周德初、孙经培、袁恒通、黄世明、王士佳、王和兴[2]、江仲权、汪宝棠、毛文亨、陈思裕、江良通、江辅臣、蒋良达、卓葆棠、宋简香、毛濂卿、王涨兴、康剑痕、梁高莱、孙康宏、方懋霖、王儒怀、陈基明、汪寿田、丛顺林、朱焕章、马定元、竺楳仙、王继陶、邬志俊、王安福、吕兴棠、毛能昌、周鸿飞、蒋熙光、陈志深、应月发、王正甫、王宏卿、王飏庆、谢其纲。（1927 年 10 月 5 日）

同乡会消息

奉化旅沪同乡会于十月九日下午三时开会，复选第三届委员，公推王廉方君开票，检票员江仲权、卓葆棠等，当时揭晓当复选之职员及备选之职员姓名列后：委员长邬志豪，副委员长谢其潮，监察委员邬挺生、邬振磬、庄崧甫、钱云江、俞樵峰，经济委员王廉方、何绍庭，常务委员周德初、邬志坚、陈忠皋、何耿星、陈思裕，执行委员康剑痕、袁恒通、司徒克秋、董世明、陈基明、张南华、宋简香、江辅臣、毛文亨、江洪涛、竺楳轩、周和卿、王涨兴、朱炳章、汪宝棠、孙经培、汪寿田、孙康宏、卓葆棠、马定元、方懋霖、毛濂卿、王维陶[3]、王和兴、周鸿飞、江仲权、江良通、王士佳、王宏卿、毛能昌，备选委员长王儒堂、备选副委员长余华龙、备选经济委员何耿

---

[1] 奉化西坞人，为当时上海渔业带头人。
[2] 奉化江口人，1912 年与其弟王才兴在上海南京路创办王兴昌西服号，后又创办王荣康西服号。曾任上海西服业同业公会执行委员。
[3] 奉化江口人，长期从事西服行业，创办上海汇丰西服号。

星，又备选常务委员王士佳、江仲权，备选执行委员何绍裕、余华龙、吕兴棠、竺顺林、邬志俊。（1927年10月12日）

奉化同乡会新职员就职记

奉化旅沪同乡会，业于本月二十二日假四马路同兴楼举行第三届新职员就职礼，到者有邬志豪君等二十余人，当时公推谢其潮主席，汪洪涛记录，主席报告经济委员何绍庭辞职，议决由何耿星提补，常务委员由王士佳君提补，执行委员由何绍裕提补，又推朱守梅、周正琴、王才运、舒敏之、戴南村、陈焯、周芾南、孙表卿等为名誉董事，又本会坐办名义，现改称为总干事，并经提出邬子松、杨永年、王大波择一任用，一时未能决定，当组织审查委员会，公推王廉方、邬志坚、周德初为审查委员，并由会函知各委员克日提出相当人材，将于二星期内决定聘用，议毕散会。（1927年10月25日）

赵传鼎蒋国芳大律师受任奉化旅沪同乡会法律顾问公告

本律师兹受任奉化旅沪同乡会常年法律顾问，嗣后如有侵害该会名誉及一切法益者，本律师应尽依法保障之责，特此公告。事务所南京路十一号（电话中央五二七五号）。（1927年11月11日）

奉化同乡会常会记

奉化旅沪同乡会于本月四日，在本会所举行常会，谢副委员长主席，总干事邬子松君记录。当由经济委员王廉方君报告本会基金可否改存中南银行，可否请大会讨论，公决存入中南银行。次由谢副委员长提议：1.本会前所推名誉董事，应请提出者亲自接洽，以资联络；2.本会应推定分股委员，以负专责，本案未决以前，暂由总干事负责；3.本会会员录及年刊，宜从速进

行。复由总干事提议，商请会内住宿，以便办事，公决照行。（1927年12月6日）

奉化同乡之宴会

奉化同乡孙表卿、庄崧甫、王才运诸君，于去年创办奉化孤儿院，成立迄今，成效卓著，惟经费支绌，难于维持，日前特来沪募捐，于昨晚假座大东旅社三楼宴请同乡，到者有袁履登、孙梅堂、王晓籁、邬志豪、邬振磬等数十人。首由孙、庄、王三君将该院经过情形及将来进行步骤相继报告，次由袁履登、王晓籁、邬志豪诸君先后演说，次乃讨论募捐事宜，公决仍照前次分队劝募，每队捐款在五百元以上，当经在座诸君承认特捐或代募者十余人，加认者亦数人，总计约在一万金之谱，而何君除前认捐巨款外，又加认一千元，捐助山八百亩；邬君志豪除特捐外，并每年承认收养孤儿二人；其热心公益，诚为难得，并经众公推发起人蒋总司令为名誉董事长，至沪上收款处，则指定为抛球场敦余钱庄。至九时许宾主尽欢而散。（1928年3月24日）

奉化同乡为梓乡灾民募捐

奉化莼湖先后被匪焚劫一空，死伤三十余人，吴家埠一村又因制匪时被焚毁民房全村过半，三处灾民数千，流离失所，哭泣载道，无以为生。该县旅甬同乡会特派代表应梦卿[①]会同吴家埠灾民代表吴瑞高于日前来沪，吁请宁波旅沪同乡会暨奉化旅沪同乡会设法救济。旅沪同乡据报告后迭经开会讨

① 奉化莼湖人。早年曾参加同盟会，后任沪军都督府文书科长。1916年，弃政从商，创办德源钱庄、参与创办杭北林牧公司、余源钱庄，参与筹建余杭县（今杭州市余杭区）商会和农会、宁波旅余同乡会、宁波会馆。1925年，南下广州，参加北伐。后任浙江金、衢、处属财政处长，台州督销局局长，广东禁烟公署会计主任、军政部会计处上校设计委员等。1946年离职，寓居杭州。

论，并于昨晚在中央西菜社宴请同乡讨论赈恤办法，到者有邬志豪、徐庆云、谢蘅臞、朱守梅、许廷佐、周苇南、袁履登、孙梅堂、谢其潮、董杏生、魏伯桢、钱龙章、励建侯、乌崖琴、余华龙、王廉方、蒋国芳、陈中肯、孙经培、邬培因、陈思裕、谢其纲等。由邬志豪主席，报告宗旨，继由吴瑞高报告被灾状况，嗣经各同乡讨论。结果应即速募巨款，以资救济，当由到会者纷纷认募，其数达五千余元，其余未到会同乡再行分别劝募。惟捐募需时缓不济急，拟向宁波旅沪同乡会暂为垫借，以便汇甬放赈。当由魏伯桢、陈良玉、邬志豪、金舜卿、邬振磐、胡咏德、颜伯颖诸君函请该会，至所有捐集款项则公推乌崖琴代为收存，议至九时而散。（1928 年 5 月 3 日）

报道影印件

旅沪奉化柴炭船业公会昨开会

旅沪奉化柴炭船业公会，于昨日下午三时开会，到该同业八十余人，行礼如仪，公推竺顺林主席，报告略谓本会成立时曾由上海县出示保护在案。其时又奉化水利局指定南市南码头为停泊之所，是以该码头均由本公会出资建筑，迄今二十余年，迭经修理，尚称坚固。现本公会改组为委员制，经由上海特别市（今上海市）农工商局核准给照，凡我船业，均应遵守章程办理，至会费则照章定夏历七月一日收起云云。次由夏西成等相继发言，柴炭为燃料必需之物，一日不能停止，装运劳苦异常，均系小本营生，全赖固结团体，互相扶助，方克有济。次由来宾邬振磐、陈良玉二

报道影印件

君演说，大致以船业均系同乡，自应联络乡谊，共谋公益，此次订立章程，颇多合作精神，殊堪钦佩等语。末由皇孝财、徐忠宝、竺永标等，临时提议办法二条，一致通过。议毕茶点，六时散会。（1928 年 8 月 24 日）

华商烟厂联会临时大会

本埠华成、华商、华达、福昌、大东等十余家烟厂，为本团结精神，谋互助方策，联络同业感情，研究业务兴革，组织华商厂联合会，由理事会执行该会会务，成立已有年所，成绩殊为斐然，各理事之选任者均为各该厂重要人员，对与本人职责已属甚重。未便专诚许身于会务，若苟延因循，尤恐会务前途，致贻舛误。闻全体理事，于本届常会纷纷陈述今后会务，亟宜改革尽美尽善之意见，声称辞却理事改组委员法制，俾得专责从公，庶无负创设之旨。当经全体通过，推翁光天为该会会章起草委员，特于二十三日召集全体会员临时大会。到会会员，有沈星德、戴畔莘、邬挺生、洪沧亭、陈茂楠、葛雄夫、刘同嘉、沈延康、姚继先等数十人。公推邬挺生为临时主席。行礼如仪，通过会章十章四十条，改名为上海华商卷烟厂联合会，选举邬挺生、沈星德、洪沧亭、姚枞先、夏巨川、沈延康、蒋兰亭七人为执行委员，组织执行委员会，由执委互选邬挺生、沈星德、姚继先三人为常务委员，克日宣誓就职，公推翁光天为会务主任，主理会务。闻该会分总务、宣传、娱乐三科，分别办理会务，职责殊为严密。又鉴外烟充斥，挟经济以摧残国产，特创设卷烟月刊社，征求专家名流宏论巨著，发行月刊，贡献烟业，唤醒社会，以期塞漏卮而挽利权。闻该刊主编，系博士李权时、专家文公直等，内容丰富，诚北伐完成后建设时代之名贵，作品筹备，已将竣事，创造特刊，不日即可问世云。（1928 年 9 月 24 日）

西服业劳资条件已签订

北长生公所全体大会出席代表报告书云，昨（十八）日下午，本公所为工方提出要求改良待遇十一条件，呈请社会局调解事，召集全体大会，承到会同人，谬举廉方等十一人为委员，复荷委员推定王廉方、江辅臣[①]二人出席社会局所召集之劳资调解委员会，进行谈判。承社会局徐科长悉心研究双方利害，反复辩论，议至阴历初八（十九）日上午二时（即初七半夜后二点）方始解决。兹将结果、条件、本条件中应注意之

江辅臣

点及大会公举委员姓名分志如下，请勿忽视：一、上海洋服业劳资调解委员会，由社会局徐科长仲裁，结果条件：（一）资方承认工会有代表全体工友利益之全权。（二）资方每月津贴工会办公费三百元，保留至本业商民协会成立后再讨论。（三）每月做日工满二十八工（请假经店方允许者应计工）升二工，国民政府所规定之纪念日，一律休假，工资照给，如休假日，仍须工作者，发给双工。（四）满三个月以上之工友每年阴历十二月二十一日起至二十八日止每工多给半工，另升五工；二十一日起，如店方无工可作者，发给津贴五工；新正初一至初五日未开工前之工资照给，该工资待做至正月底发给。（五）每日工作八小时，夜工每做一小时作二小时计。（六）增加工资。（甲）拆工上身，每工一元一角，下身八角。（乙）长伙每月薪水十五元以内者，加一成半；二十元以内者，加一成；二十五元以上者，加半成。（丙）上门拆件，照原价加一成。（七）长伙饭食照旧例。二、本条件中应注意之点：（一）第二条，即每月做日工二十八工，另升二工（即作三十工计算），但请

[①] 奉化江口人，继承其父江良通创办的和昌号，长期在上海从事服装行业，后任上海西服业同业公会理事长。

假停工已得店方允许者，虽薪工除去，但工口仍升二工，故允许请假之时，当有正式手续，备请假簿一本，记录簿上，俾有凭证，以免纠纷。（二）国民政府所规定之纪念日，待调查后，再行通告。（三）条件俟社会局公章到后，发生效力。（四）此次工潮，虽在最短时间解决，然因同人时间局促，未能详加研究多方申驳，难免失检之处，尚祈同业格外鉴谅为荷。三、委员名单：俞东照、江辅臣、王亨利、郑兆熊、王兴汉、夏后卿、王和兴、王宏卿、张锦荣、侯国华、王廉方，十七年十一月十九即十月初八日，出席代表王廉方、江辅臣报告。（1928 年 11 月 21 日）

卷烟厂联会议请撤消桂省卷烟督销局

上海华商卷烟厂联合会，日前接广州华人烟草公会电称，桂省创设卷烟督销局，厉行专卖之制，压迫华民，摧残商业，迭经呈请停办，迄无效果，不得已除停止运货供给桂省外，特推派代表曹冠英、梁培基出席贵会，请一致联络，努力奋斗。兹闻曹代表等，于到沪后，即向该会报到。当经该会邀集特别会议，到会有沈星德、邬挺生、洪沧亭、陈茂楠、姚继先、翁光天等二十余人，公推邬挺生为主席，行礼如仪。继由该会会务主任翁光天，报告粤会推派代表出席本会主要之事情，并由粤会代表曹冠英，痛陈桂省倡设卷烟督销局之概况，及将来商业之危机，听者靡不痛心怆怀，陡形变色。佥以训政开始，全国行政，权集中央，该省省自为政，督销卷烟，擅增烟税，不但摧残工商，将来各省效尤，其何以统一国政，而贯彻国民革命之伟旨。当经一致公决，电促粤会，将办理是案卷宗，迅寄沪会，备文呈请国府，令饬桂省克日撤消，并通电全国各商会，一致声援，以期达到目的云。（1929 年 1 月 6 日）

各业公会消息·北长生新服业公会成立大会

上海北长生新服业公会，前日（六日）下午二时，假座宁波旅沪同乡会，举行成立大会，到者有六百余人，来宾有国民政府工商部驻沪办事处处长赵晋卿（钮文源代），总商会主席冯少山，上海特别市党部常委王延松，宁波同乡会乌崖琴，南京路联会、饼干糖果业公会等列席指导。公推王廉方主席。（一）行礼如仪。（二）主席报告，略谓，吾业向有北长生公所团体，因办理不合，致数十年之机关，无人遇问，方今潮流所趋，非集中力量，不能图存，并联络感情，维护同业利益，解除同业痛苦等为宗旨，筹备以来，进行迅速，未满一月，会已告成，惟望此后共同拥护。（三）来宾演讲。报告毕，即由冯少山等演讲，讲词甚长，略志要义于下：冯少山君略谓，新服业即俗谓西服业，西服轻便合用，曾经世界名人加以研究，可称为世界装，然西装制料，大都采用外货，而外人上流社会不乏用丝织品者，在此提倡国货服装未统一之秋，深愿改用纺绸与山东绸，以抱漏卮。王延松君略谓，人类生存为衣食住行，而重要部份则为衣，现时我国服式，极形复杂，后赖政府规定划一，然诸位对个人、对社会、对政府所负之责任甚重，希望改进业务，提倡国货。钮文源君谓吾人所服之旗袍马褂，乃清代服式，价值尚廉，西服甚贵，所以有中山装之调节，政府须审察吾国情势定一适当服制，则贵业前途，发展无量。乌崖琴、余华龙二君谓组织团体，要有目的、有精神、有纪律，勿有始无终，能保持永久充分之力量，则前途光明可期。选举执监委员，王宏卿[①]、王和兴[②]、王廉方等三十人，当选执监委员，徐明洲等十五人为候补委员。（四）通过会章。（五）摄影。（六）主席答词。（七）余兴，映演黑衣女侠影片。（八）茶点。八时散会。（1929年1月8日）

---

① 奉化江口人，长期在上海从事西服行业。1925年，负责经营荣昌祥呢绒西服号。后任上海西服业同业公会理事长。

② 奉化江口人，长期在上海从事西服行业，创办王和兴西服号。

洋服业劳资纠纷调解决定

洋服业劳资纠纷业于前日经社会局调解决定。兹将该项决定书照录如下：

争议当事者劳方，洋服业工会，资方，北长生公所（现改北长生新服装公会）右列争议，当事者为资方江和昌开除工人，引起罢工纠纷，经本委员会召集调解，得多数委员之同意签字，特为决定如左，主文：（一）和昌号工人裘如玉、侯阿生、江善根三人，准由店方裁减，惟店方须依照上海特别市职工退职待遇暂行办法第二项及第六项之规定，发给退职金。其金额列下：裘如玉应给十二个月退职金，侯阿生应给七个月退职金，江善根应给六个月退职金。（二）罢工期内工资由资方各店一律给半。（三）平日工人无故不得停工，倘有特别事故，婚丧疾病之类，请假者不在此例。（四）工会派员至各店调查及征收工友月费时，各店不得拒绝。（五）资方补助工会工人子弟学校开办费，按照各店工友人数（惟有在外拆件不算）每人大洋四角，一次发给之，但开办学校时，资方得派代表二人监察之。（六）其他照前劳资协订条件履行之。（七）上海特别市职工待遇暂行规则及职工服务暂行规则，劳资双方均须遵照履行之。（八）全体工人，须于一月十四一律复工，如已回籍离申者，由工会负责，于十日内招到，逾期，罢工期内工资，店方可不发给。理由本案因和昌号开除工会执委裘如玉等三人，始则引起该号怠工，继则引起全体罢工，经本委员会迭次调解，认本案纠纷，不能任其延长，有折衷处理之必要。和昌号既称营业清淡，裘如玉等三人准予裁减，但须依本市职工退职待遇暂行办法第二项及第六项之规定，分别发给退职金外，因该号未于先一个月通知，应补给工资各一个月，和昌号本已允许三工友复工，而北长生公所横加阻止，并向工会提出要求赔偿损失之条件，激成工方罢工，事经市党部允可，自为正当。惟工方可原谅多数小店受人操纵，故罢工期内工资给半，该业旧时习惯，易起争执，此后应绳以法规。工人子弟学校开办费既经一部份资方允予援助，为表现合作精神，亦属正当。根据上述事理，得多数委员之同意签字，特为决定如主文。主席委员郭永熙印，市党部代表委员叶枝印，公安局代表委员龚遇朔印，委员郭仲达押，委员朱华兴押，委员王廉方，委员王和兴，书记员吴若华。（1929年1月20日）

奉化同乡会开会纪

奉化旅沪同乡会，日前举行常会，公推陈忠皋为主席，行礼如仪，报告（略）。本会征求案，公决，请委员长邬志豪邀请同乡要人，共同设法，以固会基。次竺顺林报告，因有友人在农业营生，为公安局误押，至今仍被拘留，请邬委员长设法释放，议决照办。汪寿田报告，江辅豪被日清公司诬告窃物一案，议决，若江辅豪陈诉报会，本会据情即向该公司买办严重交涉，并当场推定余华龙、陈忠皋、汪寿田等负责办理。钟鸣五句散会。（1929年9月5日）

反对苛征柴税之会议

上海柴炭行同业公会，于八月三十日上午九时，开临时紧急会，叶佐金主席，报告奉化船商公会来函云，敝业柴船，向来由浙运沪，沿途厘税，每担数只几厘。今江苏专税总局，新在苏境塔港地方，设立竹木专税总局，将柴货强指柴料，苛征重税，每担六分，核之原有税则，骤加五分，又征附加税二成，合计每担燃柴，加税至六分二厘之多。当此物价高昂，原料成本，本已高大，若再增此重税，实有担当不起，请求协助，代请财部，令饬取销等语。金以柴为全沪人民之燃料，何能增此重税，设或贩商视沪埠为畏途，转运他埠，非但同业业务上受无穷之影响，而全沪居民，即有断炊之虑，关碍公安，至深且大，况已成之柴，何可再作其他材料，该税局此种征收，实属根本错误，迹涉苛扰。讨论结果，公决，由会电请商整会，转电财政部暨江苏财政厅，请令饬该税局，取销该项柴料税，以符先总理民生主义之意旨，

而苏商困。议毕，散会。（1929 年 9 月 1 日）

柴炭业请愿取销浙江柴炭税

旅沪奉化柴炭船业公会、东江船帮、西江船帮、火车帮、台州六邑柴炭船帮、上海柴炭公会召集代表会，于昨日成立取销浙江柴炭税联合请愿团，议决案件：（一）杭州温州柴炭业代表参加问题，公决去函要求参加。（二）请愿进行办法案，公决，联名呈请浙江省政府浙江财政厅，准照援苏省成例，予以取销，以恤平民生计。（三）请愿公费问题案，公决先由团体各垫出一百元，俟筹收抵还，当公推代表竺顺林、许刚、蔡程远、童兆麟、单文浚五人赴浙请愿，并邀请杭州柴炭公会、柴炭商民协会，一致进行。该请愿团公费，议交叶佐金君代收保管，所有呈文准下星期一日，联印寄致；办公处，则假竹行码头南始平里柴炭公会内；公推忻鼎三君为驻会办事员，兼文牍员；一切事务现已积极进行，竺顺林等订明日赴杭云。（1929 年 11 月 24 日）

奉化同乡会开会纪

奉化同乡会于本月五日开委员大会，计到者有蒋介石代表司徒勋、王正廷、俞飞鹏、陈忠皋、余华龙、王廉芳、陈思裕、屠稼庄、竺恒通[①]、董礼宸[②]、康年、王宇测等。公推陈忠皋君为主席，行礼如仪：一、主席宣布开会词，报告会务，如救济遭难同乡、排解争执等事，不下二百余起。二、提议事项，由康年提议，本会规定每年应开会员大会一次，兹查本会移期二年，应否履行续开征求会员大会，经众讨论，议决履行。公推康年为本会筹备主任，董礼宸为本会会务常任主任，并推筹备委员十二人，负责进行，又主席

---

① 奉化江口人，长期在上海从事建筑行业。
② 奉化人，在上海从事金融行业，曾为中西货券日夜交易所发起人。

提议本会成立迄今，会务未见照章实行，急须先行筹募基金，以便发展会务，议决分头进行，此后筹备会推定各职员，于开会时务须出席，以固会务，议决赞成。时逾六时，散会。（1930年1月7日）

各业公会开会并记·花树业同业公会

花树同业公会，自筹备以来，已将一年，因手续未全，故于本月十一日，续推黄岳渊等十九人，继续筹备。十八日开第二届第一次筹备委员会，主席黄岳渊。（一）开会如仪。（二）主席报告。（三）分配职务，结果黄岳渊为常务委员会主席，兼总务科主任，奚载显为财务委员，沈林元为登记委员，高凤山为调查委员，陆明照为事务主任。（四）通过助理干事洪颂炯等八人。（五）聘请书记朱传声。余略。散会。（1930年3月20日）

旅沪奉化柴炭船商公会启事

敝会同业向运柴炭至沪，投行售卖，历有百余年之久。其初上海设立牙行，其牙帖注明每元抽佣金三分，不能额外需索。嗣因行家以不敷开销作为五分扣佣。至光绪二十年间，该行等又加佣二分，作九三扣佣计算。讵至三十年所巧立提舱名目，竟欲每元抽洋六厘。敝同业曾经呈准上海县并水利局取销提舱在案。不料该行等越时未久，复萌前念，以敝业懦弱可欺，将提舱更名曰贴脚，每元抽洋八厘，历受经济压迫已有数十年。今异想天开，忽有九八扣现之举。客货售出付款期限四十天，即取现洋九八扣现。要思柴米乃民生日用之需要品，均是现洋交易。该行等只知营利，不顾民生，实属忍无可忍。爰此邀集各处客帮会议，一致反对，并呈请社会局、商整会饬令取消贴磅扣现在案。事关民生，务请各界柴客援助，是为至祷。（1930年3月20日）

团体消息

　　奉化旅沪同乡会宣称本会第四届征求聚餐会，昨假座三马路小有天举行征求第二期揭晓聚餐会议，到有陈忠皋、王廉方、余华龙、陈思裕、张友洪、江良纪、严汉声等，暨各队长。当时各队纷纷缴纳分数，颇称踊跃，兹定于四月二十日为第三期揭晓时期，其成绩必大有可观也云云。（1930 年 4 月 10 日）

奉化同乡会征求大会记

　　奉化旅沪同乡会四届征求会员会，昨日举行征求第三期揭晓聚餐会议，到有陈忠皋、王廉方、邬志豪、余华龙等六十余人，公推总队长陈忠皋君为主席，行礼如仪。当由主席宣告各队缴纳分数，当有王正廷、孙鹤皋、何平龙、陈忠皋、王廉方、邬志豪、竺顺林等各缴二百分左右，其余各队缴纳分数亦甚踊跃。当由邬志豪提议，此次征求颇有成绩，本可结束，惟外埠征求基金，尚未缴齐，应否延期，请众讨论，当经议决，展限一月结束。至钟鸣十下散会。（1930 年 4 月 22 日）

奉化同乡会征求展限一月

　　本埠奉化同乡会，此次征求会员及募集基金，共分外埠四十队，本埠六十队，每队目的为二百元，总数为二万元。开募以后，虽承各队长热心奔走，惟时值清明，各同乡多有回乡扫墓，征求所得与原定目的尚远，故经上次常会议决，准展限一月，并派员向各队长接洽，以期达到目的云。（1930 年 4 月 24 日）

各同乡会消息·奉化同乡会

奉化同乡会，昨日举行常会。提议事项：一、此次征求结束期，经众议决，本埠着干事邬崇琛向各队长面洽，外埠函催；二、即日由上海特别市公安局送来迷途男孩一名，查系奉化江口人，年十四岁，名钟阿宝，此次随父春才来申访问兄云云，议决将该孩拍照登报招领，并快函通知奉化家属。议毕散会。（1930 年 5 月 13 日）

奉化同乡会紧急会议

为援助会员汪德生被诬案

同乡会昨日下午后，召集紧急会议，邬志豪主席，略谓会员汪德生被人诬陷一案，由本会派员切实调查。据复，谓汪德生平素确系安分良民，从无不端行为，此次实系有人借款不遂，挟嫌诬攀。应如何援助，请众讨论，即由竺律师报告出庭经过，并由会董汪寿田切实担保，当经议决：（1）请委员邬志豪君尽量设法；（2）具函法院，务请彻查，以期水落石出；（3）函请宁波同乡会协力援助。议至五时散会。（1930 年 6 月 7 日）

报道影印件

上海特别市蛋业同业会公告

本会奉令依法改组，业于六月七日正式成立。兹特公告如下：（一）名称：上海特别市蛋业同业公会。（二）地址：北京路一百号。（三）职员：主席委员郑源兴，常务委员郑源兴、陆伯岐、王锡蓍、徐传鑫、张瑞芝，执行委员郑源兴、沈松盛、徐传鑫、王锡蕃、陆伯岐、乐楚廷、王理荃、郑芳桢、顾光敷、邱尔刚、张瑞芝、董明祥、朱纪笙、金泰亨、朱金水。（四）商整会证明书号数：整字第三十三号。（1930 年 6 月 19 日）

晋京卷烟业代表历陈痛苦
党政机关各有表示

上海华商卷烟厂同业公会，以受原料外汇税级售价种种影响，势将破产，经推代表邬挺生、沈星德等及粤会参加代表刘成龙，于二十三日赍函晋京，向各院部面陈下情，各节迭志本报。兹悉沪商整会所推办理此案之事务委员虞洽卿亦于是日莅京，于二十四日上午各代表齐诣工商部。由穆次长藕初、张司长轶欧接见，由各代表痛陈烟业目前困难情形及证明不能维持之实况，请求迅予援助。穆次长、张司长答云，华烟业所受痛苦本部早有所闻，呈电所称不无理由，既据拟有请求目的，自当会同财政部妥为办法，切实救济。但希望华烟业应具远大目光，团结实力，以谋业务利益。盖历来忽视团体力量者，其业务终至失败，深愿有以借鉴云云。下午各代表诣行政院，由主席秘书刘公潜接见，痛陈苦衷一如上述。当复云华商卷烟业至于现在，痛苦已极，本院接呈电后已拟会同财商两部，妥筹救济方法，务使消弭实业之危业，助其发展，以安民生。代表等尽言而退，续得电讯该会代表于二十五日上午齐赴中央党部请愿，派周钟美君接见。据称情形甚为乐观，将由常务委员会再予设法援助，并闻定于今日赴部请愿云。（1930 年 6 月 26 日）

各业公会消息（三则）

其一·花树业同业公会

花树同业公会前日开第七次筹委会，黄岳渊主席，开会如仪，报告（略）。讨论：（甲）本会花市场内添设老虎灶案，推顾桂生君负责筹备。

（乙）通过常务委员会拟定证章及质料案。（丙）通过免除月捐于茶次增加三十文以平均征收月费案。（丁）杨心根商借本会房屋举办学校案，与前案抵触不能成立。（戊）市社会局商借本会公所余屋为度量衡检定所案，议决通过，草约略加修改。余略。散会。（1930年6月30日）

其二·西服业同业公会

上海市西服同业公会，系由本市营呢绒西装业之同行所组织，前名新服业公会，已创立三年有余。兹依照前上海特别市商整会之整理程序，及同业公会法，于二十一日下午在塘山路一〇一〇号北长生公所，开改组成立大会。到会员二百二十七人，公推王廉方、江辅臣为主席，由倪古运司仪，张东侯纪录，行礼如仪。主席致开会词后，市党部民训会代表朱亚揆、社会局代表盛俊才、市商会代表孙鸣岐等致训词，来宾余华龙演说。次通过会章，报告经济。又次选举执行委员，王廉方、江辅臣、王和兴、王宏卿、夏筱卿、邵联三、尹秉璋、岑德发、徐宝珊、洪信甫、邬根福、王漠礼、夏振生、侯国华、陈宁甫等十五人当选，次多数王善福、邬生才、房登祥、蒋奉倩、黄鸿钧等五人为候补。最后摄影及分送赠品，至六时余散会。（1930年7月23日）

其三·西服业同业公会

西服同业公会，昨日举行执行委员就职典礼，公推王廉方主席，宣誓就职。举行复选，结果，王廉方、江辅臣、夏筱卿、王和兴、王宏卿当选常务，执行委员十人，邵联三、侯国华为总务，陈宁甫、夏振声为文书，尹秉璋、洪信甫为财务，王汉礼、岑德发为卫生，徐宝珊、邬根福为调查。次即开第一次常务执行联席会议，讨论工方来函，要求加工资由。佥谓值此金价飞涨，营业清淡，资方亦难维持，而米珠薪桂，与工方同感困苦，且本业现受提倡不穿西服之影响，前途更难乐观，劳资双方理应一致合力，先渡过此项难关，然后可以谋生路云云，乃议决函复工会，暂缓实行云。（1930年7月31日）

同业公会消息（二则）

其一·花树业同业公会

花树同业公会自筹备以来瞬将一载，前日开成立大会，到会人数一百零七人。黄岳渊主席，记录朱文汉。（一）开会如仪。（二）主席报告筹备经过情形及筹备期内经济状况。（三）讨论：（甲）修改章程；（乙）确定会费入会费额数；（丙）确定委员人数十五人。（四）选举，当选者为黄岳渊、沈裕堂、徐友青、沈圣发、高凤山、沈林之、陈香记、奚载显、陈金坤、汤遇生、陆树声、陆明照、顾桂生、沈若虚、赵友亭等十五人。（五）市党部一区党部、社会局、市商会等各机关代表相继致词。（六）宣誓。（七）摄影。（八）散会。（1930 年 9 月 30 日）

其二·花树业同业公会

该会于九月十八日开成立大会，当选黄岳渊等十五人为执行委员。昨日在该会内开第一次执行委员会，主席黄岳渊。推举职务，黄岳渊为主席，沈裕堂、陆树声、沈圣发、陈香记为常务委员，沈若虚为总务科主任，奚载显为财务科主任，高凤山为调查科主任，徐友青为组织科主任，陈营生为宣传科主任，俞子维为广告股主任，陆明照为庶务股主任，洪颂炯为会计股主任，杨守仁为编辑股主任，陈金坤、赵友亭、汤遇生、汪明福、高凤鸣、顾桂生、殷祥林、陈香记等八人为调查员，通过办事细则，及参加少年宣讲团菊花大会，筹备庆祝双十节事宜，推高凤山、陆明照负责办理。（1930 年 10 月 5 日）

各同乡会消息·奉化旅沪同乡会

奉化同乡会昨日举行常会，公推邬志豪为主席，行礼如仪，当由主席报告上次纪录，无异议。次提议事项：一、振泰洋服店学徒逃走案，由店主周振营报告，该学徒有四五次逃走情形，议决着该店主周君再为登报及广贴招纸，从详寻觅。二、张毛毛函称，为杨炳水诱奸妻子案，议决从权办理。三、会所陈设案，议决请陈思裕、王廉方二君担承。四、本会举行大会日期，准在十一月内，确期另定。五、干事邬崇琛报告，征求分数及存款总数，并请经济科于大会时列表报告。六、奉化土匪猖獗案，议决函催剿匪总指挥王文翰先生，从速肃清。七、赠竺律师银盾案，请王廉方君照办。八、主席邬君提议，建设奉化水利造林，推定邬志豪、谢其潮、陈忠皋、康年、余华龙五位负责办理。议毕，时逾七句，遂散会。（1930年10月28日）

甬同乡预备欢迎主席

旅沪同乡会因蒋主席凯旋，拟于前次过沪时，特开欢迎大会。旋以时期忽促，未及举行，现闻宁波、奉化两同乡会，致电宁绍台温四属剿匪指挥部王文翰指挥官，请其探视主席行期，以便预备。兹录其原电如次：宁波王指挥官勋鉴，总座此次凯旋，旅沪乡人仰企德威，同思亲炙，敬请探询节麾，何日莅沪，先期电示，以便预备欢迎。宁波旅沪同乡会虞和德等、奉化同乡会邬志豪等同叩。（1930年11月7日）

各同乡会发表忻案宣言

（日日社云）各地旅沪同乡会，昨日发表忻鼎香案之宣言，为："比年以来，吾国民众，时遭帝国主义者之屠杀，举其大者，为沙基、万县（今重庆市万州区）、五卅、五三等惨案，奇耻大辱，固为国人所深知。至个人之遭其屠杀者，或隐忍者而不敢言，或不为国人所重视，然屈指计之，其彰彰在人耳目者，亦不可胜数。苟吾人稍有血气，试静思之，必觉愤懑难平，怒发上指。虽然造成此种种惨案之原因，究何在乎，一言以蔽之，弱国无外交而已。盖彼帝国主义者，挟不平等条约为护符，视华人若无睹，尤以一般以力自食

173

之劳动工友，视之为铁蹄下应有之牺牲品，岂止以次殖民之地位视我，直将我堂堂中华人民曾草芥犬马之不若，且旧耻未湔，新辱叠加，如最近法水兵逼凶击毙我同胞忻鼎香一案，尤觉令人痛恨，此种残酷行为，竟出之于号称文明国人，实属露彼等之狰狞面目。吾人对此，应知忻案之发生，不仅为其个人问题，实为整个民族之生死关头，吾人日与帝国主义者接触，即吾人日日有生命之危险，兔死狐悲，物伤其类，而况关系国体，又乌能袖手旁观。敝会等为人道主义计，为民族生存计，对此惨案，同深愤慨，爰经联席会议议决一致抗争，以促帝国主义者之醒悟，而为民众外交之先驱，最低要求，必须达到惩凶赔偿道歉，并保证以后不再发生同样事件之目的，并须严办私纵之警捕，进而撤退驻华外兵，废除不平等条约，收回租界，尤属事不容缓，奋斗到底，不达目的，誓不罢休，敢率侨沪各属同乡为忻案作有力之后盾，尚希邦人士女，共起援之，国家幸甚，民族幸甚，谨此宣言。"宁波同乡会、平湖同乡会、征宁同乡会、苏州同乡会、大埔同乡会、奉化同乡会、东山同乡会、江宁同乡会、丹阳同乡会、绍兴同乡会、定海同乡会、萧山同乡会、温州同乡会、福建同乡会、徐州同乡会、通如崇海同乡会、皖征同乡会、湖北同乡会、湖南同乡会、广肇公所、嘉兴同乡会、湖州同乡会、湖州沪南同乡会、台州同乡会、镇海同乡会、无锡同乡会、三北旅沪同乡会。（1930 年11 月 10 日）

奉化同乡会开会纪

奉化旅沪同乡会，于昨日举行常会，公推邬志豪主席，行礼如仪。提议事项：一、本会此次四届征求，应举行会员大会，先行成立筹备委员会，请公决，当推陈忠皋为筹备主任，王廉方、余华龙、邬培因、王士佳、何平龙、竺顺林、陈思裕等为筹备委员。二、主席与筹备主任提议，请决开大会日期，议决，确定国历二十年一月四日，举行会员大会，着备函假座宁波旅沪同乡会，并须登报通告。三、本会此次征求日久，所有会员证未发，议决，仍照旧委员长盖章，即速给发。四、此次征求队长未缴齐分数者，议决，再发函着干事邬崇琛催收。五、大会前因办会务，手续纷繁，抄写不及，请派抄写，议决，请王士佳先生交伊学生来会，暂时帮写。六、查前次议决，为鄞奉水利造林及浚东钱湖一案，当时会同宁波同乡会，呈请蒋主席在案，嗣由陈忠皋君提议，交本会函致各要人参助等情，业均答复，已蒙蒋主席批准令同同乡急极进行。七、同乡周振营因学徒走失案，前经本会委员会议决，着周君再登报及广贴招纸，详细寻觅各在案，现据周振营又来会报称，由奉化县政府饬传质讯，请求设法援助前来，经本会议决，着周君向上海特区法院诉状声明，因出事地点在沪，本会再备函奉化县政府，应请酌夺。八、由同乡人报告，奉化土匪仍旧猖獗，请求设法救援，议决，再函催宁绍台温四属剿匪指挥官，请限期肃清。议毕，时逾六句，散会。（1930年12月12日）

同业公会消息

西服同业公会前晚召集第七次执行委员常会，由王廉方主席。行礼如仪，报告事项（略）。议决事项：（一）国历结账，应否登报通告由，议决，准刊中西各报封面广告，西文底稿，由江辅臣委员起草。（二）国历年尾岁头之工资如何发给由，议决，将原有废历办法，移至国历适用之，并将社会局颁发推行国历办法，印发各会员查照办理。（三）劝募十九年善后短其库券由，因迭遭各会员拒绝无法劝募，当场由各委员勉认五百元，聊尽国民义务。（四）王协泰请求代向该号工人追索欠款及理论自由停业另觅工作由，议决，先派陈云鹤君调查，再行酌核。（五）分送日历与各会员，以资联络会员情感而示提倡国历由，议决照办。余略。（1930年12月17日）

奉化同乡会开会纪

奉化旅沪同乡会，昨日举行筹备委员会，公推邬志豪为主席，行礼如仪，当由筹备主任陈忠皋君提议事项：一、本会四届征求选举大会，应办手续及起草付刊登报并布置等，请公决，当推定各筹备委员负责进行。二、本会选举大会日，应请有声誉者演讲，议决，准备函请演讲。三、本届大会日，应用何种游艺，请确定，议决，准备函请龙华孤儿院奏乐，请少年宣讲团演剧。四、彩云斋经理王存法来函，为刘宝宝被累一事，请求贵会设法救援等情，经众议决，当推陈忠皋、谢其潮、陈思裕三君详细调查真相，再行核夺。五、主席邬志豪君提议，现因秋收各处虽好，市情凋敝，预料明年食谷必贵，请备函浙省政府，宜就地积谷，议决，准备函照办。六、王廉方君提议，为鄞奉汽车站添设奉化横路桥车站一案，前承省公路局准许，迄未实现，请函催省公路局及鄞奉汽车路办事处，迅速实现，议决，照办。议毕时逾七句，遂散会，闻该会定一月四日举行选举大会。（1930 年 12 月 20 日）

各同乡会消息·奉化旅沪同乡会（四则）

其一

奉化旅沪同乡会，于本月四日下午一时，假宁波旅沪同乡会，举行第四届选举大会，到者六百余人。公推主席团邬志豪、陈忠皋、谢其潮、王廉方，临时主席陈忠皋，司仪康年，纪录余华龙。秩序如下：（一）奏乐。（二）行礼如仪。（三）主席宣开会词，词长从略。（四）康年报告会务经过情形，邬崇琛报告征求分数，大致均与特刊所载相同。（五）公推选举检票员陈思裕等，当场开票，由主席执行，计数八百余票。（六）给奖共有十八人，各赠银盾一座。（七）演说有张申之、虞思丁、邬志豪。（八）魔术余兴，洋行陈福生表演。（九）新剧少年宣讲团。（十）茶点。（十一）揭晓。时逾七句，遂散会。（1931 年 1 月 13 日）

其二

奉化旅沪同乡会，昨日举行全体委员会，公推余华龙为主席，行礼如仪。

当由主席报告会务经过情形，并提议事项：（一）益利轮船公司来函，为与太古公司重庆轮船互撞，赔偿损失案，议决，会同定海旅沪同乡会，讨论办理。（二）鄞奉水利案，议决，会同宁波旅沪同乡会筹划办理。（三）上海租界纳税华人会来函，为各团体所推纳税资格代表二人，本会如何推定案，议决，当推余华龙、陈忠皋二君为代表，并函复纳税华人会。（四）何平化来函，为同乡汪阿祥失妻，请协助案，议决，备函旅杭同乡会办理。（五）会务主任陈忠皋临时提出议案三种，由主席付议：（一）办同乡登记案；（二）兴办教育案；（三）劝募特捐以资初助本会不敷经费案。议决：1. 通过照办，2. 二、三并案讨论，由会务主任设法计划，并备函各乡长暨各委员核夺，候复再议。时逾六时。遂散会。（1931年3月10日）

其三

奉化旅沪同乡会昨日举行常会，公推王士佳为主席，行礼如仪。当由主席报告会务情形及提议事项：（一）张再世来会声称为被人谋弄致违厂规请求转函复职案，议决准备函转请该厂。（二）旅杭同乡会为查获汪阿祥妻小函送到会，当据汪阿祥声称缺乏川资回乡务请借给川费案，议决借给川资四元，一面函谢旅杭同乡会。（三）会务主任陈忠皋提议同乡毛能昌君精理眼科拟在本会所悬壶施诊案，议决开执委会再议。（四）竺宏法为其养媳翠凤在统益纱厂工作于本月八日上午走失请求协查案，议决着竺宏法详查失踪情由具函来会后再行核办。至六时散会。（1931年3月17日）

其四

奉化旅沪同乡会昨日上午八时开临时会，到者孙玉仙、王士佳、王廉方、康年、陈思裕、王才运、陈忠皋、邬志豪等。公推余华龙为主席，行礼如仪。（一）王士佳来函，为王章法失妻已经查获到会应如何办理案，议决王章法妻交王章法领回，双方和解了案，和解字据存查。（二）孙玉仙同乔居定海毛孝贵各来函，为定海垦田与客民徐增如等争种案，议决请邬志豪君亲与虞洽卿先生接洽办理，一面请余华龙君查法律办理，并备函定海同乡会约期联席会议，俾得充足理由，以明真相。时逾十二时，遂散会。（1931 年 3 月 23 日）

奉化同乡会开会纪

奉化旅沪同乡会昨日举行临时全体委员会，到者何平龙等。公推余华龙为主席，行礼如仪。付议事项：（一）奉化县县长来函为修理本县监狱请募捐案，由主席付议，经众决议待县长来沪时再行捐募。（二）毛孝贵来会续请为定海垦田与徐增如等争种务祈追认如何进行办理案，经众通过，应照前议，再邀请宁波旅沪同乡会及定海旅沪同乡会各派员实地调查后开联席会议酌夺办理。（三）陈伯伟来函，内由被人诬累，以诈欺取财嫌疑，被特区法庭判处徒刑二年六月，已经上诉传审，请求救援，转函上诉法庭证明事实案，议决准备函上诉法庭证明。（四）邬志豪提议奉化水利事本会应筹备奉化水利协会案，议决照办，并函请庄崧甫先生为奉化水利协会筹备主任，邬志豪、余华龙两君副之，并敦请陈忠皋、何绍裕、何绍庭、何平龙、竺梅轩、康年、王士佳等二十余人为委员。议毕时逾六时，遂散会。（1931 年 4 月 2 日）

奉化同乡会执委会

奉化旅沪同乡会昨日举行执委常会，公推邬豪为主席，行礼如仪。付议事项：（一）本会登记业经领到市党部许可证应行遵章组织筹备会案，付议经众议决，公推筹备委员照章组织办理。（二）本会此次编印纪念册及会员录征求文字意见作品案，付议公决发函征集题词，限期送会汇刊。（三）本会征收本年会费是否追认前次议案派本会干事邬崇琛分头征收并请各委员鼓吹俾便征收迅速案，付议经众公决仍照前议，请各委员热心协助，知照各会员缴费，如未入会者劝以加入。（四）同乡康华发碾伤残废案，由本会顾问余华龙君报告是案，业经上海特区法院判偿该被伤人残废金八百元，由闵泰汽车公司已缴过洋三百元，尚有五百元，判按月拨还五十元，待还清日止，当由被伤人之叔康运根谓以后按月领款转托王能爵代收等语。经众公决，嗣后领款须有康运根出立收据照付。议毕时逾六时，遂散会。（1931年6月10日）

同业公会消息

西服同业公会，昨开第十六次执行委员会议，到有王宏卿、江辅臣、王和兴、夏筱卿等十二人。王廉方主席，行礼如仪，首由主席报告出席市商会代表大会经过情形。次讨论议案：（一）万宝山一案，乃日人侵略政策，本会应如何表示案，当由主席谓，本会虽经参加本市反日援侨大会，但须通告同业，一体为外交之后盾，议决，通过。（二）上海市社会局令划一本市度量衡新制案，议决，通告各会员，一体遵照办理。（三）会员王嘉记等延欠会费案，议决，去函警告。（四）按照会章规定，每年召集会员大会一次案，议决，定期召集。（五）王委员廉方提，请本会拟订本业业规，以昭划一而资遵守案，议决，保留。（六）征求会员大会提案案，议决，分函各会员尽量提出。（七）本会印发会员证书案，议决，交庶务科照办。末由洪委员信甫、王委员宏卿等报告有人以重建鄞慈交界之古濂溪桥为名，分投募捐，伪称以甲介绍乙，以乙介绍丙，纯系子虚，显系有意撞骗，应通告全体会员切勿受愚案，议决，交秘书处即日登载西服月刊，通告各会员一体防范，如再有发现同样情事，即予送警究办。（1931年7月17日）

邬挺生辞烟厂公会主席

上海市卷烟厂同业公会主席委员邬挺生君，莅任以来，整理会务，不遗余力。近因感于环境困难，办事棘手，私烟充斥，无法制止，特函请辞职云：径启者，本会成立迄今，匆匆年余，鄙人辱承诸委员谬采虚声，推为主席。莅任以还，时以临深履薄为戒。幸赖诸公，屏除私见，和衷共济，对于公益慈善事业，尤能伏羲勇为。每次加税，又复谆劝各会员，勉为负担，俱征热忱会务，钦敬无似。惟是税率愈高，偷漏愈多，私烟充斥，无由制止。辗转呼吁，终鲜实效，驯致正当营业，日受影响，夙夜彷徨，弥深浩叹。与其尸位而误公，毋宁引避而让贤，为此具函辞职，惟希鉴察为荷等语。闻该会委员闻讯，将召集紧急会议云云。（1931 年 9 月 10 日）

同业公会消息

西服业同业公会，昨开第二十五次执行委员会议，江辅臣主席，行礼如仪。讨论事项：（一）积极进行募款援助马军案，决议，除王委员汉礼由前次推定外，加推陈宁甫、江绍恩二君协同进行，并函请其他三区，在最短期内，办理结束。（二）孔丰泰号函，为缴送学徒志愿书，请予保存案，决议，函复该号自行保存较为妥便。（三）上海市商会函，令本会通知各商号，登记封存日货案，决议，通告各会员，遵照办理。（四）上海市商会函，为调查本业失业商人案，查本案并无失业商人，决议，来表留会备查。（五）上海市商会函，为准上海市抗日救国会函，为检查沪南区及沪西区商店日货，令即派员协助案，决议，函复市商会，本业中遇必要时，请示知日期时间，自当遵照办理。（六）上海市商会函，为准胜洋国货雨衣厂函，送雨衣货样，饬令酌量介绍案，决议，函知各会员尽量采办。（七）成衣业职业工会函，为开具日厂失业华工名单，请予安插案，当由和昌号江辅臣承认安插一名，德昌号岑德发承认一名，恒康号承认一名，德余祥号介绍一名，并其余由裕昌祥、王兴昌、荣昌祥等各号，分别录用之。（八）成衣业职业工会函，为王荣康号停止周阿裕工作，请予劝导该号，恢复该工友工作，而维生计案，决议，派陈韵鹤君查复核办。（九）本业之营业者填报表应即送缴案，决议通过。（1931 年12 月 9 日）

各同乡会消息·奉化旅沪同乡会

奉化旅沪同乡会昨开第十三次执委会，公推陈忠皋为主席，行礼如仪。报告及提议事项：1. 报告会务经过追认案，通过照准。2.（略）。3. 由委员袁恒通提出本会宜设义务内科医生一节，公决照准，该义务医生刘雪航君准于二月二十二日来会施诊。4. 委员孙经培来函，为同乡江如德养媳私逃请设法援助事。当由会务主任前往调查，惟其母回答氏之戚前做客其家并非许与做媳，如要其回去做媳只交其依法起诉云云。5. 本会义务眼科医生毛能昌声称自施诊以来逐日来就诊者计有数十号之多，惟药本昂贵请加号金每名四角，以维药资云云。经众议决照准。议毕时逾六句，遂散会。（1932年1月13日）

奉化旅沪同乡会启事

敝会于沪变发生组织救护队，向战区营救难民数千，留本会收容所千人外，余则迁送各团体收容所。倘有同乡子女失散者来会认领，各团体收有奉化人子女，请送本会，特此通告。（1932年2月12日）

奉化同乡会之救护工作

奉化旅沪同乡会救护队队长陈忠皋，昨日亲率队员二十人，卡车十辆，往大场、罗店等处救济难民数千名，分别遣送各收容所。当有宁波同乡会参加卡车四辆，救护灾地被难者八百余人，其中六人枪伤，在该队医务处疗治，内有张何康一名，左腿炸伤最重，当即送往红十字会第六医院医治。（1932年2月13日）

奉化旅沪同乡会救护队募集资物启事

敬启者，自日寇犯境，我同胞惨遭浩劫，载道流离者何可胜数。敝会因此组织救护队，连日向战区救护之被难妇孺，除给资遣回原籍外，概行收容供给伙食。但自成立以来倏经两旬，食品既感缺乏，经费益见困难，恐有竭蹶之虞，难以持久，祈请各界仁人善士恻怛为怀，踊跃输将。如蒙捐助资物，请直送劳合路宁波里奉化同乡会救护队，给取收据为荷。（1932年2月18日）

各方救护工作

各同乡会联席会议

战区难民临时救济会附设各同乡会联合办事处，于昨日上午四时，在云南路仁济堂开第一次联席会议，计到各同乡代表宁波邬志豪、毛和源，奉化陈志皋，镇江卜少安，江宁哈少甫，福建姚子仓，徽宁张益斋，通如崇海启东顾南群，江淮成燮春，广东陈国光、何玮昌，安徽俞朗溪、王竹如，洞庭东山钱立群，浦东张尚义、潘志文，潮州翁子光及该会执行组主任孙云僧，遣送股陈唯一等二十余人。许世英主席，王怡荪纪录，首由联合办事处主任翁国勋报告成立后经过情形，请各同乡会每日派一人至二人到处办事，以便接洽，各该同乡遣送难民回籍事项，并请觅相当地址为收容所，以免人满之患，而汽车问题，亦请设法筹借。闻该各同乡会代表已极表赞同。次邬志豪、成燮春、哈少甫、翁子光、张尚义、卜少安、顾南群，先后发表意见，大意谓各收容所均告人满，急宜推广收容所，一面设法遣送各同乡难民回籍，顾各尽所能，以资善后。次讨论经费问题，经许主席查核，督由该会拨给云云。又悉广东难胞，可得免费回籍，厦门、香港乘渣华邮船公司者，经该会介绍十人以上者，得特别折扣。（1932年2月25日）

奉化同乡会开会纪

奉化旅沪同乡会，昨日开执委会，到者陈忠皋、王士佳、陈思裕、谢其潮、袁培恩、邬志豪等，公推邬志豪为主席，行礼如仪，并付议事项如下：（一）接旅沪各同乡会联合办事处议案及登记表，着本会登记案，付议，由主席邬志豪提出，应当改为旅沪各同乡联席会为名义，方可组织，无须用各同乡会联合会名称，经众议决，本会备意见书答复。（二）接上海会计师公会，调查战事损失联合办事处来表照填事，付议经众讨论，如本会会员要求，理应照办。（三）本会救护队业经结束，所有经过情形及收付账目，当有该队长陈忠皋一一报告，并由主席邬志豪谓，此次救护工作，确有成绩，各难民甚为感激，对于助款一项，理应登报证实，无奈经济不敷，现改用刊印报告册，分发各助款善士，以作证实。（四）由主席邬志豪提议，为本县设办保卫团事，当推定邬志豪、余华龙、陈忠皋、谢其潮、王士佳五人为代表出面，召集旅沪各同乡，组织联席会，开会讨论，再行核办。议毕，时逾六时，遂散会。（1932 年 3 月 28 日）

各同乡会消息并志·奉化旅沪同乡会

奉化旅沪同乡会，昨开执委会，到者陈忠皋等二十余人，公推陈忠皋为主席，行礼如仪，及报告提议事项：（一）报告会务：（甲）由同乡汪德生函称失物请追查事，当致函上海市公安局查究；（乙）由常委康年函称，为同乡孤儿王潮水在上海维一毛绒厂工作，请转函暂为领回家乡完聚事，当备函该厂去领；（丙）由会员马厚福函称，为乡间住屋被人污秽，有碍卫生，请转函本村村长禁治事，当函该村村长，就近调解。以上经过事实，请追认案，经众通过，照准。（二）接旅沪各同乡会联合会筹备委员会函，屡请本会加入案，付议，公决，接洽宁波旅沪同乡会办理。（三）接上海市民减免房租运动委员会函称，各团体捐助事，付议，公决，照准助捐。（四）由常委王士佳提出，组织乡村保卫团意见书，付议，经众讨论，继续前次议案，并发宣言及信件，先行敦请发起人，仍照前次推定邬志豪、余华龙、谢其潮、陈忠皋、王士佳五人各往殷实同乡接洽，另行办理。议毕，时逾七时，遂散会。（1932年5月10日）

同业公会消息（二则）

其一·西服业同业公会

西服业同业公会，前日下午二时，假座西藏路宁波旅沪同乡会，举行第四次会员代表大会，到会员代表孔玉麟等八十五人，主席团江辅臣、王廉方、王和兴、王宏卿、夏筱卿。首由主席江辅臣报告二年来重要工作，如发行月刊，请愿减轻呢绒进口税，力争营业税，及捐助水灾项二千余元、捐助十九路军七百余元、卫国阵亡将士遗族抚育会五十元、王廉方君个人捐助十九路军指南针五百只，与夫对日经济绝交运动等等次由财务委员洪信甫报告收入账略。议决案：（一）提倡国货呢绒案，由入会备函各国货呢绒工厂，送样到会，以便介绍，而利提倡；（二）切实抵制劣货案，授权执行委员会严厉执行；（三）认定上海商报为本业公报案，通过；（四）凡入会会员，应给予会员证书，以资凭照案，通过；（五）函催财务委员尹秉璋，迅行报告支出账略案，通过；（六）创设会问题案，通过，并议其他要案而散。（1932年9月26日）

其二·花树业同业公会

花树业同业公会，成立以来已二年，执行委员业已任满，照章当行改选七人，因社会局批示，中央令饬暂缓改选，故改开会员大会。于前日下午二时，在斜桥会所，到会员一百七十六人。黄岳渊主席，麦啸苍纪录，开会如仪。首由主席报告开会宗旨，次由总务报告二年来工作情形，三由财务报告二年内支付账目。末讨论要案四项：（甲）执行委员沈林元，因年迈力衰，精神上不能兼顾会务，请求辞职，议决，照准。（乙）委员沈圣发、高凤山病故，遗缺共计三人，议决，由候补委员汪添章、宣瑞庭、洪颂炯三君补正。（丙）另推七人为候委，当场推出十七人，由十七人中，当选者赵友麒、殷祥林、周锡生、计木全、陶志刚、吴海祥、赵云堂等七君。（丁）实行发给营业证，取缔非会员在本会市场营业，议决通过。散会叙餐，尽欢而散。（1932年10月2日）

时装工人罢工后西服业公会常委表示
事前未闻减削工资　事后进行设法劝解

本市西服业时装工人，于本月三日突然罢工，其理由为资方减削工资。惟昨据西服业同业公会常务委员江辅臣君云，本市以时装（即女装）为主体营业之店，于去年八月间，加入公会者，计华美、大新等十九家。十月间，工方曾向店方要求增加工资，且有一部份工友怠工，旋经王廉方、岑德发、符可铭诸先生偕兄弟（江君）等，以私人资格，从中调解，劝令资方酌加工资，其增加标准，以二元左右者加至二元四角，二元五角者加至二元七角半，二元七角者加至二元八角，双方满意，遂告复工。讵事隔未久，而本月三日，该工友突然又告罢工，据昨日报载，其理由为资方减削工资（每件减去三角）。但公会方面，事前未闻时装会员有减资举动，即成衣业职业工会，于三月二十日致函公会，仅要求增加工资及拟订契约，亦未曾提及各店有每件减去工资三角之事实，事后，已派干事吕如甫进行调查，并定今日（六日）召集执委会，设法劝解，以免工潮延长。盖处此国难临头之际，凡我劳资双方，自应共体时艰，切实携手合作，努力增加生产，则岂仅为我工商界自救之道，亦即所以挽回国运也。（1933年4月6日）

各同乡会消息 · 奉化旅沪同乡会

奉化旅沪同乡会第五届征求聚餐会，昨假座上马路大雅楼，举行征求第一期揭晓，到者名誉总队长王正廷，总副队长邬志豪、孙绸兰，兼各队长吴天放、陈忠皋、余华龙、何绍庭等五十余人。当由各队纷纷缴纳分数，颇为踊跃，并确定四月二十日，为第二期揭晓，其成绩谅有可观。（1933 年 4 月 14 日）

奉化同乡会开会纪

奉化旅沪同乡会第五届征求聚餐会，昨在会所内举行第二期揭晓，到者名誉总队长王正廷，总队长邬志豪，兼各队长叶荣钧、何平龙、王士佳、陈忠皋、吴天放代表吴思和、陈思裕、余华龙、蒋善道等五十余人，其缴纳分数，颇称踊跃，准于本月三十日，为第三期揭晓，其成绩定达所定目的也。（1933 年 4 月 23 日）

各同乡会消息 · 奉化旅沪同乡会

奉化旅沪同乡会，昨在会所内，举行本届征求会员大会，最后揭晓，聚餐会到者，名誉总队长王正廷，兼各队长吴天放、邬挺生代表邬培因、陈思裕、蒋善道、陈忠皋、马东海、邬崇琛等五十余人。所缴分数，比较成绩，最佳者正廷、忠皋、志豪队已超过原定目的外，济时队、宝卿队、绸兰队、天放队、士佳队、辅臣队、荣钧队、善道队、绍裕队、绍庭队、华龙队、平龙队、挺生队、思裕队、忠衍队、宝棠队等定达目的，其余各队，均竞争进行。当众讨论，业已展限满期，毋庸再展，公决，拟定本月底宣告结束，谅各队长时到努力定夺优胜纪念品也。（1933 年 5 月 18 日）

煤石驳船业昨开执监联席会

竺通甫① 等五人当选常委

本市煤石驳船业同业公会，于昨日下午三时，召集第二届第一次执监联席会议，出席执委十四人，监委二人，公推胡祥宝为临时主席。首先讨论整顿运价办法，以维营业，末选举常委五人，计竺通甫、袁根全、胡祥宝、余庆云、张财兴等当选，并公推竺通甫为主席委员。至五时余始散。（1933年7月1日）

各同乡会消息·奉化旅沪同乡会（二则）

其一

奉化旅沪同乡会，昨日午后一时，假座宁波同乡会，举行第五届选举大会，到者一千三百余人，公推主席团邬志豪、陈忠皋、余华龙、王士佳、王继陶，司仪陈思裕。秩序如下：（一）奏乐。（二）行礼如仪。（三）主席宣开会词，词长从略。（四）主任陈忠皋报告会务，曾经办理救济损害排解争执及查获妇女迷路孩童等案，不下千余件之多；由干事邬崇琛报告征求分数，正廷队为最多，应奖给金杯一只，其余各队合奖励条例者，均有奖给银杯、银盾、金匾、奖证等。（五）余华龙提出，公推选举检票员马东海等十人，当场开票，由主席执行。（六）来宾演说，虞思才、陈良王等，词长从略。（七）茶点摄影。（八）揭晓，得初选六十名，邬志豪一三〇六票，王正廷一二五三票，庄介石一〇五四票，陈忠皋一〇五一票，余华龙一〇四二票，其余票数，不及详载。（1933年11月22日）

---

① 奉化董村人，20世纪20年代初在上海开店经营冷饮西餐，后开设协进煤石驳运社和竺通记煤号，为业中翘楚。

其二

奉化旅沪同乡会，昨日举行第五届复选委员会，到者四十余人，公推谢其潮为临时主席，行礼如仪。（一）主席宣开会词，并执行开票。（二）公推检票员陈忠皋、王继陶、陈思裕、袁恒通等。（三）当场揭晓复选职员，姓名列后。（四）当推定正委员长邬志豪、副委员长余华龙。（五）监察委员俞樵峰、孙鹤皋、俞济时、何绍裕、竺梅轩。（六）经济委员王士佳、张南华。（七）常务委员谢其潮、陈忠皋、何平龙、陈思裕、袁恒通。（八）执行委员何绍庭、邬挺生、江辅臣、蒋国芳、王廉方、孙纫兰、孙经培、周永升、吴天放、竺泉通、汪宝棠、竺愿林、王涨兴、邬培因、朱炳章、郭永栏、张福顺。（九）候补委员王宏卿、汪联星、王继陶、董世明、康宝卿、王和兴、王扬卿。（十）公推蒋介石、王正廷为名誉正副委员长，并公决定下星期日新职员行就职礼、聚餐会议。时至六句，遂散会。（1933年12月11日）

同乡会开会并记（二则）

其一

奉化旅沪同乡会，前日举行第五届新委员就职礼聚餐会，到者谢其潮等二十余人。公推陈忠皋为主席，行礼如仪。一、主席宣开会词。二、报告。委员何平龙、王士佳、郭永栏三位函称辞职案，付议，经众讨论：常务委员何平龙辞职，公决，一致挽留；执行委员王涨兴补常务委员之缺；经济委员王士佳辞职，公决备函并派代表张南华、王涨兴面洽挽留；执行委员郭永栏辞职，公决，因年迈准辞，由候补委员王宏卿抵补。三、经济委员业已就职，对于本会款项是否仍交宁波实业银行存放案，付议，公决，准存宁波实业银行，由经济委员应负查账之责。四、由经济委员张南华提议，如奉化长途汽车价步步加涨，请本会转函当局减低车价，以利行旅案，付议，公决，照办。五、由主席提议，本会委员长邬志豪适五秩，本会应如何敬贺案，付议，公

决，本会推陈忠皋、张南华办理礼物敬贺。议毕，时逾九句，遂散会。（1933年12月20日）

其二

奉化旅沪同乡会，前日举行执监联席会，到二十余人。公推谢其潮为主席，行礼如仪。报告及提议事项：一、报告会务。（甲）为宁波铺设老江桥浮桥，勒令拆毁永丰亭及弄头事，曾经本会函请该管当局，业已答复，免拆保留在案。（乙）为鄞奉长途汽车车价加涨，本会函请减低，惟该当局迄未答复。（丙）由会董汪联星来函声称，为同乡卓庄氏之媳卓朱兰英，被储阿二略诱一案，曾经本会查获，解送南汇县，由该县审明属实，将该卓朱兰英交其姑领回等判，该县移解上海第一特区法院在案，于昨日该法院饬法警来会查明，不日可送会，由会转送原籍完聚。二、此次造会员录，应否刊各队长玉照及刊广告等，付议经众公决，各队长玉照可以免刊，惟刊广告，均各赞成。三、由陈委员忠皋谓，按四届会刊，由鄙人出资助会，惟此次五届会刊，愿再负担，以表微忱，对于同乡厂号所刊广告之费，归会收入，以充本会经费云。当由主席谓，并见陈委员热心，殊可钦佩，经众公决赞成，照办。四、陈委员思裕提议，各厂商号登广告，如刊全面、半面或四股之一，须定价格，付议，公决，议定大小价目录案，并发函各厂号，以推广刊登广告。五、此次五届复选，曾推定经济委员在案，向银行调换印鉴案，公决，备函调换印鉴。议毕，时逾六句，遂散会。（1934年1月11日）

同乡会开会并志

奉化旅沪同乡会，昨日举行常会，到者陈思裕、陈忠皋、张南华、王士佳、王涨兴等，公推陈思裕君为主席，纪录邬崇深，行礼如仪。报告及付议事项如下：（一）报告会务经过案，由南汇县（今属上海市浦东新区）法警解到卓朱兰英一人，并判决文交会，当着其婆卓张氏来会具领，承陈主任忠皋，

西服公会昨改选执监委

本市西服业同业公会，昨日下午二时，假西藏路宁波同乡会，开第五次会员代表大会，到会员和昌、恒康、裕昌祥、荣昌祥等一百零八家，市党部代表王愚诚、社会局林葆忠、市商会袁鸿钧等均出席指导。当公推王廉方主席，行礼如仪。首由主席报告开会宗旨，及上届会务状况毕。次由党政各机关代表指导后，旋即议决各案：（一）通过添设监察委员七人，并规定候补执行委员七人，候补监察委员三人。（二）通过修改会章。（三）欠费会员七家，限于一月内如数缴纳，否则除名出会。议毕，开始抽签，计抽出上届执行委员七人，另行改选，其余王廉方、徐宝珊、王汉礼、洪信甫、夏振声、王和兴、侯国华、陈宁甫等八人，留任为执委，抽毕，即举行票选，结果，王渊如、沈德新、王继陶、顾宏法、王宝庭、林正人、孙德生等七人当选为执行委员，金明德、周咏升、王士祺、齐荣璋、黄星仲、余秀如、王正甫等七人为候补执行委员，夏筱卿、江辅臣、岑德发、邵联三、王容卿、邬品瑞、黄鸿钧等七人为监察委员，尹秉璋、王和福、王善福等三人为候补监察委员。至六时许摄影，散会。（1934 年 7 月 9 日）

同业公会开会记

西服业同业公会第二届执监委员，昨在南京路该会会所，举行就职典礼。出席委员，计有王继陶、岑德发、邵联三、王宝庭、顾宏法、夏振声、孙德生、王渊如、王廉方、洪信甫、齐荣章、王和兴、徐宝珊、黄鸿钧、陈宁甫、沈德新、夏筱卿、林正人等十八人，市党部代表王愚诚，市商会代表袁鸿钧，均莅场监督。接开第一次执监联席会议，主席王廉方，行礼如仪。议决案如下：（一）王执委汉礼辞职案，议决通过，以候补执委金明德递补。（二）候执委国华辞职案，议决挽留。即席票选常务委员，计王廉方、洪信甫、刘宏法、王继陶、王渊如等五人，就常务委员中选任王廉方为主席委员，聘任符可铭为秘书，推定侯国华、沈德新为总务科专任委员，王和兴、孙德生为财务科专任委员，林正人、夏振声为调查科专任委员，陈宁甫、金明德为文书科专任委员，王宝庭为卫生科专任委员，徐宝珊为庶务科专任委员云。（1934年7月29日）

江辅臣辞北长生公所整委

本市西服业领袖江辅臣君，现任西服公会监察委员及北长生公所整理委员，对于社会公益，素具热心。近闻江君以业务所羁，拟摆脱社团各职，并于昨日具呈党政机关恳辞北长生公所整理委员职务，其原呈云，呈为呈请事，窃辅臣于本年一月二十一日奉钧会执字第三十八号训令节开，委任辅臣为上海市北长生公所整理委员会委员等因，奉此遵经就职，从事整理，本可早告毕事，只因组织科未将旧有行规名簿查核，而旧有之行规名簿中，业经市社会局派员查明，有添注姓名情事，并令饬该组织科主任汪济良，将旧有行规簿册八本缴局核办在案。盖名册既未编对完竣，成立大会，因此而未便召集，即召集亦无从选举执委，兼以辅臣近来私务猬集，对于上海市北长生公所整理委员会委员一职，势难顾及，与其贻误于将来，曷若让贤于今日，为此沥情备文呈请钧会鉴核，准予辞职，并乞批回，实为公便。惟该整理委员会对江君辞职一案，业经第十五次整委会议决，一致挽留。（1934年8月5日）

南京路商联会欢叙会

南京路商联会，于昨日上午十一时，假座漕河泾冠生园农场，举行欢叙会，到委员王廉方、孙文毅、李健良、唐琼相、钟嘉禾、郑杏圃、余颜庭、孙雪泥、庄智鹤、周菊忱、徐梅卿、毛济群、何平龙、何满豪、张德佑、席守愚、达轩、吕葆元、胡渭湖、陈思裕等，经冠生园郑杏圃殷勤招待，备有第一次揭晓聚餐会，出席队长陈思裕（吴皋明代表）、黄维敏、张益齐、张南华、余华龙、王麟堂、汪联星、何平龙、毛文荣、洪信甫、宋惠麟、王继陶、竺梅先、袁培恩、周永升、水善代等四十余人。委员长余华龙主席，报告此次揭晓各队长缴纳分数及承认分数，计有麟堂队二百分，华龙队一百十四分，廉方队、梅先队、文荣队、平龙队、永升队各一百分，辅臣队、忠皋队、继陶队各五十分，联星队三十四分，金慧队三十二分，惠麟队、培恩队各三十分，思裕队二十九分，南华队二十三分，信甫队二十分，益斋队十四分，共计一一七六分。（1937年5月18日）

奉化同乡会积极征求会员　昨举行聚餐会

奉化旅沪同乡会，昨假座三马路小有天菜社举行第七届征求会第二次揭晓聚餐会，出席四十余人。委员长余华龙主席，报告此次揭晓各队长缴纳及承认分数，成绩颇佳，计有梅先队一百四十分，继陶队一百二十分，永升队一百○八分，廉方队七十三分，忠皋队六十六分，华龙队五十五分，文荣队、恒通队各五十分，培恩队、天年队各三十分，炳章队二十分，良美队十九分，思裕队十七分，安民队十五分，肇元队十分，南华队、耀梅队各八分，益斋队六分，信甫队三分，合计八百二十八分，连前次揭晓共有二千余分，并决议所有未缴纳分数者，由竺总队长梅先君备函，并特委请副参谋长陈忠皋君面谒各队长，务请踊跃担任，尽量征求，须达到原定目的。（1937年5月26日）

奉化同乡会征求会结束期

奉化旅沪同乡会，昨举行第七届征求会第三次揭晓聚餐会暨执行委员会，出席委员江辅臣等四十余人，委员长王廉方主席，行礼如仪。（一）主席报告，此次揭晓各队长缴纳分数，颇称踊跃，计文荣队二百五十分，梅先队二百四十分，华龙队二百十四分，其余各队从略，合计三千五百零八分，并称此次征求，皆赖各队长努力，超过以上历届征求纪录，但愿再能尽量征求，定达原定目的。（二）本届征求会已经三次揭晓，应否展期案，付议，公决准展期二十天，至六月二十日为总结束期。（三）邬丁氏函请援助为邬挺生遗产案，当由执委陈忠皋谓，查邬丁氏并有函请宁波同乡会调解，则本会派员参加该会，共同讨论，公决，当委陈委员参加调解。议毕，联欢聚餐。（1937年6月5日）

奉化同乡执委会

奉化旅沪同乡会，昨日在本会所内举行第七届征求会员大会暨执委会，出席委员陈忠皋等四十余人，由委员长余华龙为主席，报告议案。㊀报告会务经过案。㊁会员毛公晃函称为何福祥母（即何顺花）因保证案，成立调解。㊂主席报告总揭晓各队长缴纳分数。议毕聚餐。（1937年6月27日）

甬同乡会函何德奎为摊贩请命

元芳路摊贩难负重捐　请予体恤　仍维持原状

大通社云，宁波、奉化旅沪两同乡会，昨致工部局副总办何德奎函云：径启者，敝会等前据奉化同乡会如庆等八十余人来函，以在沪元芳路老街一带，摆设蔬菜鱼肉等摊为生，每月每摊纳捐二元，历有年所。近因工部局定于本年七月一日起，变更纳捐办法，每摊每季纳捐国币九元，一次缴纳，较之前捐，计每月增加一元之巨。该同乡等，均系小本营生，每摊资本大则六七元，小仅二三元之数，借博蝇利，赡养全家，加捐已不胜负担，一次缴付，尤觉困难，函托敝会等设法救济。经于上月廿六日，由敝会、宁波旅沪同乡会，转请工部局，俯念该贩等实际困难情形，准予维持原状在案，迄未奉复，而该管捕房，忽派员向各贩征收捐款，照原捐每月二元征收。该贩等以为工部局允准请求，维持原状，均喜形于色，不料次日捐务处，复派员向

207

与爱国会奚陈二君素不相识，事前又无接洽，何表示赞成之有。想此系传闻之误。夫储金兴业为今日救国之要图，凡属国民莫不赞成。惟鄙人与爱国会实未预闻。特此声明，并请贵报登入来函门更正为荷。王士通启，七月六日。（1919年7月7日）

各业认款筹备废约·北市农业 [1]

北市农业同志会同人，于八日午后四时在公共体育场听朱念祖君演说救国认款筹备废约，以其确系目前最要办法。爰于昨晚邀集同志认款废约，全体赞同。兹将报告认额数目列后：

宝成、萃丰、德泰、元裕四衣庄邬志豪三百额，魏量泉二十额，沈伦宝十额，朱槿生十额，董钧堂五额，董学林五额，高德奎四额，胡润甫四额，孙正凤四额，王锡元四额，王培生四额，冯仁友四额，吴锡山四额，胡心斋三额，陆成康三额，康允林三额，徐泉卿三额，陈仲津三额，邱仲玉三额，孙张坤三额，孙贤彪三额，陈瑞祥三额，吴雅卿三额，潘德范三额，张迪生三额，张子康三额，范良发三额，贝金林二额，林友财二额，汤云生二额，吴吉仁二额，朱启林二额，周晋川二额，张鸿卿二额，张斌臣二额，沈孝兰二额，朱金才二额，张永生二额，杨忠全二额，徐恨倭二额，孙永清二额，邵春年二额，潘根华二额，陆立标二额，林连卿二额，许如明二额，李茂生二额，汪灶田二额，丁云卿二额，以上四百六十四额。

堃记衣庄查文桂二百额，张坤生六额，马增荣四额，丁金培四额，尹金林四额，毛鉴潮四额，金子良二额，黄桂生二额，蒋永源二额，叶云超二额，以上二百三十额。

---

[1] 1915年4月1日，为反对日本独占中国的"二十一条"，一名爱国志士在《申报》上倡议开办救国捐，并自愿捐献1/10的财产。应者纷起，虞洽卿等人在上海成立救国储金团临时通讯处（后更名为中华救国储金团总事务所）。预定筹集储金5000万元，专供国家添设武备之用。上海的倡议在全国迅速引起强烈反响，各地纷纷响应，这就是救国储金运动。

信余衣庄杜声扬十额，黄和笙十额，诸同友二十额，以上四十额。

一丰衣庄诸同友五十额，裕昌衣庄诸同友五十额，久大衣庄诸同友二十额，宏昌衣庄傅新发十额，泰和衣庄十额，曹葵翔十额，朱春荪四额，王菊泉二额，朱信良二额，林炳棠二额，杨少卿二额，徐良钦二额，周荣华二额，汪祝修二额，叶少椿二额，钱三图二额，程生元一额，凌锡文一额，徐月桂一额，以上一百七十五额。

公义衣庄傅芳逢一百额，芦世玉二额，黄善生二额，李瑞春二额，刘念先三额，虞根荣二额，张义镇二额，陈明生二额，朱思乔二额，沈荫伯二额，严鲁康二额，徐云处二额，王少伯二额，董赓元二额，章锡梧二额，以上一百二十八额。（1919 年 7 月 10 日）

赎约储金消息

洋货业

南京路荣昌祥呢绒洋货号同人认款一千零四十二额，合银洋五百二十一元正。姓名如下：荣昌祥四百额，王士通四百额，李国华三十额，王士楚二十四额，潘瑞章二十额，王嘉佐二十额，张年福二十额，黄采章二十额，宋琴舫十额，周世寿十额，王嘉记十额，王祥源十额，周振生六额，王正甫六额，沈左泉四额，刘万泰四额，金信孚四额，徐松龄四额，蔡继春四额，王振豪四额，王汝章四额，李彬夫二额，郁庆尚二额，王汝宾二额，陆庆裕二额，郑文斌二额，刘玉卿二额，庞荣卿二额，王嘉佑二额，王仁睦二额，李莲生二额，周富来二额，赵宏文二额，范宝林二额，胡月明二额。

南京路王兴昌呢绒洋货号同人认款五百额，合银洋二百五十元正。姓名如下：王兴昌二百额，王才兴一百额，王和兴一百额，韩道仁十二额，王徐仁十二额，王士祺十二额，冯维新十额，萧斌荣十额，陈礼训十额，俞安甫十额，李定槐二额，俞阿福二额，励阿昌二额，陈生财二额，林福祥二额，朱荣庭二额，忻和青二额，寿增法二额，汪文富二额，潘礼章二额，王汝芳二额，王祖英二额。

以上两号同人所储之款存上海商业储蓄银行，决定此款用于赎路，他事不得挪移。（1919年7月25日）

华商要求市民权纪

本埠公共租界华商要求市民权筹备已久，昨日（十二月一日）上午十一时将租界全体华商签盖之图记送呈交涉公署，实上海开埠以来未有之举，而为租界历史上开一新纪元也。兹纪昨日情形如下：

各马路悬旗表示：公共租界各马路西至静安寺路，东至杨树浦路，沿路各华人工厂、商店门前均悬有白布黑字"华人要求市民权修改洋泾浜章程"，飘扬空际，满目皆是，且有门窗内粘贴要求市民权等字者。

董事会集于总会：各马路商界联合会之董事于昨日上午九时先期会集于爱多亚路总联合会，讨论要求市民权之手续甚久。届时各乘汽车共计一十六辆，各处华人商店于汽车过时群向指手，以华人要求市民权之小旗相挥送，以表示群众一致之态度。

全体董事之姓氏：（总董）陈则民；（副总董）金馥生、俞国珍；（董事）王才运[1]、余华龙、沈永康、王宗藩、黄慎康、郑鹔鸹、金友生、冯仰唐、俞葆生、徐时隆、张炳臣、吕静斋、陆福生、张进云、王兆丰、汪堃□、陆文中、周之潢、曹梅勋、陈厚载、胡汝鼎、张缠堂、张慕曾、费良衡、潘东林、宋诚璋、唐继演、王肇祥、顾惠民、冯志卿、张华卿、朱一笙、黄次俊、胡鉴堂、顾观卿、冯文涛、陈鼎；（顾问）汤节之、朱赓石、沈卓吾；（会员）顾唐如，共计四十四人。（1919年12月2日）

---

① 王才运被认为是上海要求市民权的第一人。

王才运对于救时之意见书

最近学潮澎湃，瞬将数日，自军警殴击学生后，日前商界团体，特开联席会议，南京路商界联合会会长王才运以个人资格曾于联席会议中，提出意见，以供各界人士讨论。原文如下：此次学界之罢课，商界有欲罢市者，有不欲罢市者，虽彼此爱国则一，而方针容有不同。夫罢市为商人唯一之武器，屡发屡用，恐亦无足轻重，而反为外人所轻视，故除电达北政府外，无论有效与否，不欲忍痛须臾，要知媚外终有去职之日，卧薪尝胆必有雪耻之时，今日内外种种受辱，即养成将来救国之种种教训。顾我青年努力准备，救国之心，永矢无渝，俾从前天之大牺牲，免付流水，如果人人存改革之心，养成改革之实力，目今正宜宝贵精神，宝贵光阴，宝贵金钱，留待最后之大作为。盖吾国非独政府腐败，而社会腐败亦然，吾能处心积虑，实事求是，各尽其能，不到十年，必有雪耻之日也。处此穷困之日，非人人节俭不可，有志救国，非再筹救国储金不可，兴实业，育人才，练民团，项项要图，舍此莫属，故此计不可缓也。目今就吾人力所能为者，惟抵制劣货，万勿私贩粮食，苟力所能为者，尚违反良心，背道而行，只顾贪利，不顾亡国，此等社会蟊贼恨其不尽，吾人当共起设法声讨之，如能始终坚持，不出数年，恐侮我者将自不支矣，彼既不支，将不战而自败矣。同胞同胞，须知亡国之惨痛，急宜激发天良，不贪目前之微利，免至子子孙孙作他人之奴隶牛马，然以学生牺牲光阴，惨遭痛苦。我商界同是国民，岂忍坐视可敬可爱之青年，独任其劳，应请诸公妥筹援助之策。鄙人不才，聊述一得之愚，祈请公酌云。

（1920 年 4 月 29 日）

纳税华人会筹备处开会纪

讨论章程草案

纳税华人会筹备处昨日下午八时在爱多亚路十三号开全体筹备委员会，到者有陈惠农、袁近初、周渭石、何鹿山、朱赓石、周清泉、余仰圣、王正廷代表伍天木、邬志豪代表宋诚彰、张慕曾代表俞国珍等。公推陈惠农主席，报告上次议决之章程草案，尚须再为文字之修正，因将草案逐条宣读，至一二三条除定名两字改为名称外，余照原文。至第四条对于由理事部互选代表一语，宋诚彰、余仰圣稍有异议，旋经袁近初、俞国珍、何鹿山、周渭石、陈惠农讨论良久。多数主张维持原案，惟于文字上略事修改，加入"缺席时由当年次多数递补"一句。第五条照原文通过，第六条"办事程序"四字略加讨论，改为"理事之职责"，就原文加以修正。第七条将每年常会与理事会议分作两条，亦就原文修改一二语。第八、第九条无讨论，遂全案通过。主席又报告南京路商界联合会来函，捐助本会经费一百元，公决复函道谢。又报告宁波同乡会应季审来函辞职，公决应函该会另推代表到会。绍兴同乡会袁近初报告该会因闻广肇公所及宁波同乡会均备拨洋五百元，前日开会亦议决备拨洋五百元。又闻苏州同乡会亦已议决备拨洋三百元，袁近初又提议现在各处备拨之款虽已议决，并未送到，而本会正在积极进行之际，需款孔亟，应望今日到会者先行垫出若干元，以利进行并首先认垫洋一百元。陈惠农、何鹿山两君亦各当场认垫洋一百元。袁君又提议每日必须有人到会办事，请今日到会诸公大家认定。旋经袁近初、周渭石、陈惠农、朱赓石、邬志豪、俞国珍认定逐日开会。至此已逾十二时，遂宣布散会。（1920 年 9 月 1 日）

纳税华人会选举理事揭晓

王正廷等二十七人当选

上海公共租界纳税华人会前日（十月二十一日）在四川路青年会由各选举人投票选举该会理事二十七人，已纪昨报。昨晨九时，复在青年会童子部举行开票式，公推袁近初为主席，分为七组开票，各组举主任一人如下：（一）金馥生；（二）王才运；（三）沈佩兰；（四）唐祖镒；（五）胡熙生；（六）余仰圣；（七）杨枕溪。其监察管理各员如袁履登、汤节之、江湘浦、包世杰、俞国珍、邬志豪、朱赓石、吕静斋、张炳荣、郑鹧鸪、刘成璋、周渭石等共二十人。主席先将公同议决之检票规则（附后）宣示大众，嗣由交涉公署特派来会之朱斯蒂律师出钥开柜，将票检交各组逐一唱报登记。前共发出总票数一千五百余张，实投到票数计九百二十七张，直至下午六时检算始毕（结果另录于后）。遂当场摄影，并将票仍存柜，由袁近初、江湘浦、朱赓石、袁履登、俞国珍五人另行封固，请青年会暂代收存，即将开会情形专员报告交涉公署查照。该会之出席工部局顾问五人定即于日内开理事会复选，七时许始散。兹将开票结果及检票规则分录于左：

开票结果。（一）以最多数当选为上海公共租界纳税华人会理事者二十七人：王正廷（六百六十一票）、聂云台、陈则民、宋汉章、余日章、伍朝枢、史量才、包拯、袁履登、袁近初、钱新之、俞国珍、朱赓石、田澍霖、陆文中、穆藕初、谢永生、朱成章、徐静仁、周渭石、劳敬修、乐俊保、秦润卿、吕静斋、陈光甫、汤节之、郑鹧鸪；（二）以次多数作为候补人者十五人：邬挺生、吴寄尘、虞洽

报道影印件（部分）

卿、霍守华、潘澄波、简照南、陆费伯鸿、邬志豪、张炳荣、朱少屏、王才运、项松茂、许建屏、钱达三、方椒伯；（三）得票在九十票以上者为鲍咸昌、金馥生、马玉山、张让三、张慕曾、马倬云等。

检票规则（略）。（1920 年 10 月 23 日）

南京路集款赎路之提议

南京路商界联合会王才运昨因赎路问题提出议案云，赎回胶济铁路一事为我国在华会差强人意之事，政府肉食诸公何足与谋，且库空如洗，何从得此巨款，还我大好河山。本埠有储金赎路会之设立，主其事者为余日章。凡我国民对此千载一时之机会，岂容轻易放过，况此种挽回主权之举，责任应在全体国民。该路之能早日赎回与否，全视国民之能力充足与否。前此空言挽救，业经无限之牺牲，此时合力收回，尚恐及期而狡展。为此提出意见，务望本路同人加以赞助，尽力提倡，俾聚沙可以成塔，集腋可以成裘，尽国民一份子之义务，保国家数百里之主权，想诸君子必乐与赞成也。王才运提议，五月八日。（1922 年 5 月 9 日）

赎路储金汇报

南京路商界联合会副会长王才运对于赎路储金一事非常热心，昨提出商店赎路储金之议案一则，提交商界联合会云：敬启者，筹款赎路一事本路联合会前经首先发起，惟此事须定一确实办法，决非空言所能做到。鄙人拟有一简单方法，由小号办起，凡伙友中月俸在十元以上者，月出储金一元，二十元以上者，月出储金二元。每月发俸时由管账员按名扣除，汇存指定银行，存款折由本人自行保管。如月俸在十元以下者多少听其自便。本路各商店倘能仿照办理，日积月累，成数必有可观，且一可以引起国民对于国家之观念，二可养成国民储蓄之能力，三可减少国民无益之浪费，一举而三善备，筹款之法似无逾于此。用特提出建议案，请求本会诸同志加以讨论，采择施行，国家幸甚，社会幸甚云云。（1922 年 6 月 2 日）

商界裁兵委员会开会纪

上海各路商界总联合会之裁兵委员会，昨晚（二十六）举行常会，到委员丁朝奎、俞铭巽及新加入委员会之虹口代表竺梅先等二十三人。钱龙章主席，首由主席报告经过情形，并征求进行方针。成燮春主张应由本会警告吴佩孚，请其对于裁兵速表示意见及限期实行，如无答复，最后办法国民惟有不纳捐税以为抵抗。余仰圣主张用白话文字宣告军人种种不法行为，以促全国国民作同一之运动。潘冬林主张应与总商会等联络进行，并补助其不足。竺梅先主张先行拟定实行裁兵之进行大纲，并派委员或分函各省商业团体，请其组织裁兵委员分会，以厚势力。主席付表决，议决先行起草进行大纲，俟下次常会再讨论实行细目。当即推定邵仲辉、蒋梦芸、竺梅先、成燮春、余仰圣等五人为起草员云云。（1923 年 3 月 28 日）

邬志豪对苏浙平和会之提议

提出办法五项

苏浙平和协会会员邬志豪昨向该会提议云：苏浙平和协会诸公钧鉴，本会由两省耆绅发起以来，蒙张仲仁先生奔走吁求，幸蒙两省当道签定平和条约宣布中外报章，平和恪守，中外咸宁，夫希望平和者，人同此心，然亦有少数者幸灾乐祸挑拨其间，砌辞生事，似是实非，使社会怀疑，致当局误会，种种阴谋，殊多危险。志豪随诸公后，忝为干事，职在宣传，自知才绵力薄，恐不称职，然事关桑梓责无旁贷，兹有一得之愚，不得不供献于诸公之前，谨陈概略如左：1. 本会应电请两省各县农工商学团体推举代表并绅商乡老加入本会，由本会委为职员或名誉职，或召集大会，重行推选之，则群策群力，消息灵通，缓急有济矣；2. 凡两省驻防之地，本会应派调查员或派该地公正法团，将实在消息随时报告，凡有碍于平和者，本会召集大会，或推举代表，如张仲仁先生等，再向两省当道和解之；3. 平和公约欲保持永久，须两省于各县中振兴水利，建设道路，开办工厂，或移民垦牧，使兵士游民化为农工，各安生业；4. 召集两省法团代表及各

报道影印件（部分）

界人士，请于各县设乡村自治，创办民团商团，以互保治安；5. 劝告旅沪各省人士，凡被受兵灾者，务请各本省发起平和协会，将来各省成立，本会自当协助联络一致进行。以上种种办法，粗具大纲，是否有当，伏乞开会公决，并颂公绥，提出者邬志豪启。（1923 年 8 月 30 日）

淞沪警厅长问题之昨讯

邬志豪请苏浙平和会调解

苏浙平和协会会员邬志豪，昨提意见书云：苏浙平和协会诸先生大鉴，径启者，查本会既为谋苏浙平和而设，即不啻为两省人民谋安宁起见，果两省境内有丝毫不安现象，稍足妨害地方人民之安宁，本会均应起而维持，以符立会之本旨。鄙人忝随诸君子后，勉效驰驱，对于目前时局，有不得不为诸公告者，盖自淞沪警察厅长问题发生以来，一方为地择人，一方为职权起见，彼此均属为公，有何不可相解相谅，讵竟杯弓蛇影，市虎讹传，谓绅商调和之术既穷，故人心之恐慌益甚，以致影响金融，牵动市面，长此扰扰攘攘，地方将无宁日，平和前途，难保不发生障碍。诸君子既热心提倡于前，尚希贯彻始终，从速集会讨论，妥筹解决之策，务使两方各得其平，俾地

方之安宁，得以常保，大局幸甚，地方幸甚。此致即颂公绥，邬志豪谨启。（1923年11月24日）

余华龙等电阻奉军南下

各路商界总联合会副会长余华龙，议董张横梅、邬培因，以直鲁军先后入苏，影响东南大局，昨特电致张作霖云，天津张雨帅钧鉴，迭阅报载，奉鲁军乘机南下，貔貅十万，号令千里，以言声势，可谓至矣。惟是军旅之事，人和为先，运筹握算，自视何如。自上年郭氏兴戈，关外三省岌岌不保，至今金融枯竭，民怨沸腾，钧座整残振余，犹虑不及，何可劳师动众跋涉千里，染指江南，徒召覆亡而已。况奉鲁内部，未必水乳之相融，实逼而处，东南非屈服之地，此就大势言之，奉鲁军有不可南下者也。至于南军，自粤出发，以八万之众而驱吴孙三十万大兵，师行所至势如破竹，以言饷械，两俱不足，以言师旅，望尘不及，然而战无不胜攻无不克，其故果何在欤？即天心之所归，南军果何所恃，亦恃此一点民意而已耳，此就民情言之，奉鲁军亦不能南下者也。若谓救国决心，不计胜败，乃图统一，武力自视，则试问袁氏枭雄何自覆灭，曹吴之势至今奚似，大丈夫居民之上，声势赫然，诚非局促一方，便容止步，惟此经纶大计，非篝火狐鸣所可比，共和国家，宜以人民为主体，当此全国鼎沸之时，欲图解决国是，立功社会，非召集国民会议，实无其他妙策，惟钧座图之。（1923年11月29日）

甬皖同乡运动和平

甬同乡致李征五电

旅沪宁波同乡余华龙、张横梅、邬培因三人，为阻止奉鲁军南下事，昨代电天津第十二军军长兼远征军司令李征五云：国家不幸，兵祸迭起，水深火热十有五年，矧我东南经江浙两次之战，固已百孔千疮，流亡载道，抚辑未遑，言念及此，孰不痛心。讵知历劫未尽，兵端重启，征调频繁，民生益困，赣变而还，局势日岌。我苏浙皖三省人民，以大难在即，群起呼吁，运动自治，声浪弥高，满望厥功告成，共登衽席，不谓报章喧载奉鲁军将先后入苏，不胜惊惶。窃以自治潮流，于今为盛，主权在民之说，实为共和国家之通例。今苏浙皖三省，既均为中华国土，自当视同一体，断不容任何方面之染指，以自侪于屈服者之列，即就应援而言，胜负固难逆料。盖三省人民迭罹兵燹，知自治之不可以缓，奔走运动，不遗余力，其仇视祸国殃民之军阀，于焉可见，较之往昔之委蛇求全者，已不可同日而语，此胜负之难料者一也。据闻南军作战，先用宣传，主义颇足动人，故能以少数之奇兵下十百之名城，吴孙之败亦正在此。今奉鲁军之应援者号称十五万，为数固不谓不巨，然较之吴孙战前之兵力，尚觉此绌于彼，此胜负之难料者二也。苏浙之军自退归故土后方思整军经武，为亡羊补牢之计，其不拒援军入苏者，或亦别有所图，他日变化正未可测，此胜负之难料者三也。综上述三端以观，派兵应援究有何益，设不幸事出仓卒，抑将何以为计，如此覆败相寻，窃为贤者不取焉。素仰先生为光复军之元勋，今应旧部之请出任军长，对兹艰难之时局当亦有动于衷，惟远处津门，南中现状或有未详，谨敢以同乡之谊略陈一二，务请转达奉鲁军各将，俯念时艰民困，断勿轻启兵端，并迅饬部属停止军事行动以保国脉，而全民命，大局幸甚。（1923 年 11 月 30 日）

闽孙窥浙声中之各方态度

邬志豪提出意见

苏浙平和协会干事邬志豪，昨提出意见书云：苏浙平和协会诸公均鉴，径启者，自苏浙和平公约成立以来，皖赣亦继其后，数省人民，方额手称庆，以为从此可以脱离政争，长享和平之福，莫不载拜诸公之赐。讵墨沈未干，警报迭至，日来报纸纷载，谓闽孙军队抵浙，人心非常震骇。沪上商业，亦因之摇动，金融之紧，尤为历年所无。当此年终结束之时，不幸有此现象，固非力谋和平之诸公意料所及。但浙果陷入战局漩涡，公约亦等于虚文，是利害关系，东南数省，其不能坐视浙危明甚。诸君子既热心提倡于前，则爱护和平之心，定必始终弗渝，尚希迅即召集会议，作防患未然之计，首宜制止孙军，勿使前进，以免和局破裂，而保数省安宁，浙之幸，亦大局之福也。（1923年12月15日）

商会宴请葡萄大王

总商会副会长方椒伯，暨会董赵晋卿、邬挺生等，前晚在商会设宴款待美国葡萄大王，即美国生美葡萄干公司总理梅理特氏夫妇，及该公司远东总经理毕题氏夫妇、副经理施开伦氏。初由方等引导来宾参观商品陈列所。梅理特氏称美不置谓：中国商会极宜在美国如纽约等之大城建设此种陈列所，以扩美人之眼界，盖美人之未莅中国者，绝不知华人能精制如此间陈列之各物。小自电灯泡、大至机器，靡不完美，其成绩实足令人钦佩云云。参观毕，九时入席，宾主酬酢甚形欢洽，至十一时三十分始散。梅理特氏今晚将偕其夫人乘车北上，闻拟入京与当局磋商减收葡萄牙厘税事，并顺游各古迹，次拟赴奉天晤张作霖然后取道日本回国，毕题氏亦同入京云。（1924年3月30日）

邬志豪致总商会函
主张选临时委员解纷

总商会会员邬志豪，为选举事，致总商会函云：上海总商会会长暨会董会员诸公公鉴，夫当此外债日增，财政纷乱，遍地匪祸，商业凋零，六省水灾，哀鸿遍野，实业不兴，生计日促，当此危局，正吾商人振刷精神，卧薪尝胆之时也。夫上海为通商巨埠，总商会乃商业领袖机关，重轻施设。不胜枚举，举其大者，如改良税则也，收回治外法权也，收回会审公廨也，苏州河水利也，划一权量衡度也，恢复商团也，整理财政也，以上数端，具仗诸公同心协力，共图进行。上海总商会，乃各省各业领袖所组织，数十年来中外商人所信仰，此番为选举会长问题，而起纠纷，内则百事停顿，外则使人怀疑，会员所恐惧者，函电纷驰，更起误会。然当选会董，均多数会员所信仰，或德高望重，或精明干练，或淡薄名利而辞职，或牺牲服务而就任；会董中不无彼此信仰，或莫逆好友，何事不可谅解，且会董会员，亦不乏全体信仰之人，仰恳出任艰巨，解此纠纷，或万一谦让未就，可否通函由会员投票选举临时委员若干人，公开解决，法律应如何解释，手续应如何补充，则彼此误会，均可冰释，诸公苦心，亦可表白，使商人道德增高，信用卓著，而商会固结团体，共御外侮。当际局危急之秋，存同舟共济之会，得能政局清明，国家富足，实业发达，百废俱兴，裁兵化为农工，游民移垦旁陲，皆诸公之悉愿，亦诸公所能实行也，如此则国家幸甚，如蒙采纳刍荛，不胜馨香祝祷之至，此致，祗颂公绥，会员邬志豪谨启。（1924 年 7 月 22 日）

江浙平和协会召集会之提议

去年江浙战谣盛时，两省绅商曾组织江浙平和协会，从事和平运动。兹该会干事邬志豪以近日四省攻浙，有实现之象，特向该会提议，请速召集会议，谋商弭兵息谣方法。其提议函如下：江浙平和协会诸君公鉴，径启者，查去岁江浙两省风鹤频惊，地方人士曾仰体两省长官保境安民意旨，组织平和协会，并由两省官绅会订和平公约，其后壤地相接之皖赣，又复相继加入，吾人方幸从此四省，可以永息兵争，不谓息壤之盟，言犹在耳，风声鹤唳，又见报章。以两省当局之贤，虽不致背盟弃信，而报纸有闻必录，或不免空穴来风，惟地方人民形同惊弓之鸟，故一闻警讯，必起恐慌，以致影响金融，牵动市面，日来商界同人走相告语，平和协会，本为防患未然，若待已成事实，恐和平年代失其保障。志豪虽明知和平公约，早为天下人所共信，无如杯弓蛇影，易滋误会，为特函请诸公迅即召集会议，重申公约，以靖谣氛，

是所至幸，此致即颂公绥，提议人干事邬志豪。（1924年8月19日）

浙省旅沪各同乡会联席会记

预防浙省建兵工厂
主张裁兵废督　组织永久机关

昨日下午四时，民国路绍兴旅沪同乡会召集浙属旅沪各同乡会在该会开联席会议，讨论浙省各重要问题。到者除该会代表外，计有宁波旅沪同乡会、台州旅沪同乡会、定海旅沪同乡会、严州旅沪同乡会、奉化旅沪同乡会、新登旅沪同乡会、万年尊仓会、余姚旅沪同乡会、宁绍台工商协助会代表陈良玉、曹慕管、邵仲辉、袁履登等二十二人。开会后推王晓籁君主席报告，略谓前因报载孙传芳拟在百官建设兵工厂，当经本会去电询问，兹得孙复电否认其事。当将来电宣读（原文附后），并由主席提出四项议案：1.建设兵工厂问题。2.废督裁兵问题。3.组织永久机关。4.市政问题。请众讨论，即经到会代表陈良玉、王晓籁、曹慕管、邵仲辉、郑子褒、陈尢咎等先后逐条讨论，结果：1.再电孙传芳请勿在浙省任何地方设兵工厂并阻止赣军入浙。2.电段执政陆军部孙传芳赞成卢永祥感电主张。3.组织浙属旅沪同乡会联合会，推举曹慕管、郑子褒等五人起草会章，地点推陈良玉往商宁波同乡会暂假该会为会所。4.市政问题由各同乡分别督促改进，当推陈尢咎起草电稿，由曹慕管等修正通过。兹将各种电文录后：

（一）致孙传芳电杭州孙督办钧鉴：近日报载有谋建兵工厂于百官附近之说，窃念该地范围不广，轮轨又未衔接，揆诸事实当是子虚。惟内地居民顿起恐慌，迭书问讯，究竟有无前项计划，务请明白示复，以释群疑，不胜迫切待命之至，绍兴旅沪同乡会叩漾。（二）孙传芳复电：漾电悉，报载此间谋建兵工厂于百官附近之说，全系谣诼，望即转告贵同乡，万勿轻信流言，自增惊恐，专此布复，孙传芳冬印。（三）再致孙传芳电：杭州孙督办钧鉴，顷读尊复绍属旅沪同乡会冬代电开，在百官附近建设兵工厂之说全系谣诼，勿信流言。但同人意见，吾浙僻处东南，定海、严州、绍兴、奉化、台州、新登、余姚并非用兵区域。凡全浙地方原无建设兵工厂及类似兵工厂之必要。近日卢宣抚使感电主张废督裁兵，以定军制、划军区两大端上策政府，深符民意。江浙壤地相接，无异鲁卫，应请钧座开诚布公，萧规曹随，为各省倡，此尤全浙人民所仰望者，惟钧座竭诚履行之。再赣军杨以来、张庆昶残兵有窜入浙边说，如果非虚，应勒令出境，或缴械遣散，免留祸根。专电陈词，统希裁察。（四）致段执政等电：北京段执政陆军部钧鉴，诵卢宣抚使上钧座感电，请撤消宣抚及江苏军务善后督办等职，定徐州为国军区域，驻苏国军一律调赴军区，饷由部给，不干省政，苏省原有师旅酌量财力改编，概归省长节制，并请迅令浙省同时将国军调赴国防规定区域等语。贾太传上策治安，仲长统昌言时弊，凡有血气孰不赞同。窃以废督裁兵为今日救国唯一政策，而尤以编制国军省军为切要之图，应请钧座查照卢使感电各节，迅赐分别令行，非特江浙人民感受其福，统一之策，此为嚆矢，特电呼吁，无任迫切待命之至，全浙旅沪各同乡会微。（1925年3月6日）

组织市政筹备会之建议

邬志豪致商总联会函

福建路商界联合会会长邬志豪，昨致各路商界总联合会书云：敬启者，窃本商总联合会发起于民国八年间，不数月先后成立者三十四会，入会商铺三万二十余家，迄至今日，已至五十余会，东自引翔港，西迄七宝镇，横贯数十里，凡百商店，多在会员之列，由会员组成分会，由分会合组总会，谓为代表全埠市民，谁曰非宜。按当时各分会所推董事，于本会最出力者，为宋汉章、王才运、金馥生、陆文中、陈惠农、聂云台、俞国珍、吕静斋、项松茂、赵南公、潘冬林、王屏南、郑介塵、费良衡、金锦源、朱赓石、杜椿荪、张振远、冯志卿、虞洽卿、张口堂、余华龙等五十余人。夫当时之所以发起斯会，纯为谋市政发展，商业改良，唤起市民，有自治之精神，享自由之幸福，同参市政，无分畛域。适值是年秋季，增加房捐暨抚恤欧战伤亡军士之附加捐，本会全体会员，认为既尽纳税之义务，应享市民之权利，据理力争，坚持到底，终得当局之谅解，允于华董未产生以前，先推顾问五位，凡关于华人之利害，须征同意，所以民国九年春本会调查会员，有选举及被选举之资格，而组织纳税华人会，比即发起，此本会注意市政者一也。此后对于地方公益、教育、治安、慈善等事业，无时不注意，无事不进行，如创办义务学校也，施茶施米施医也，防盗也，反对彩票也，收容难民也，救济灾区也，筹备商团也，本会皆尽力而为之。即以教育一部分言之，各分会设立之义务学校，统计数十处，日夜学生数万余人。虽各种事业，不能达圆满之目的，谅亦可告无愧矣。今也政府俯从市民之公意，以制造局改工厂，百里以内不驻兵，划淞沪为特别区，设立商埠局，推举督办会，一般市民之心理，以为此后上海之发展，将无限量矣。试问巨大之事业，非一部份之人力所能有济，且上海为我上海市民之上海，本会为上海市民代表之机关，商埠局市政局应办之事业，事事关系我市民切肤之利害，本会代表市民责任甚重，事前对于市政之设施，应如何计划，人的问题，应如何精细考虑，百事待举，头绪纷繁，本会岂可忽略，应请速组市政筹备会，合群策群力，详细规划，以备将来之采用。至于该筹备会职员之资格，及将来主持商埠市政者之资格重要之点，另附意见数条，管见所及，是否有当，还请邀集会董公决施行，无任企祷，提议人邬志豪谨启。（1925 年 3 月 7 日）

公共租界罢市之第四日（十五）
本埠各团体之表示

奉化同乡会为邬金华呼冤

奉化同乡会昨为同乡邬金华被杀事，致甬同乡会函云：径启者，敝同乡邬顺宝报告，其子名金华，年十五岁，本年正月间入新世界为小西崽。于五月三十日午后出外购物，过南京路，突被老闸捕房捕枪伤毙命，力请交涉，泣诉到会。查邬金华有职业之市民，购物过南京路，并无越轨行动，竟被巡捕开枪击死，可怜可痛莫此为甚，公理人道扫灭已尽。敝会为邬金华声冤，类于邬金华者不知凡几，险象环生，非达惩凶善后目的不可。但兹事体大，务乞贵会召集理事会共商应付之策，一致援助，敝会同人不胜切祷之至。（1925 年 6 月 5 日）

余华龙等忠告国货香烟勿涨价

昨有余华龙、王廉方等致函南洋、兴业等各香烟公司，请该公司在此时机，切勿涨价。原函云：五卅惨案发生后，正诸君提倡国货香烟之好机会也，近来气象，大有一日千里之势，抵制方法，以改用国货为第一，外货跌价，仍无人过问，不得已用易名取巧，改头换面等伎俩，亦未见丝毫效果，此可见人民爱国程度之进步，远非昔日五分钟热度可以比矣。风闻近日各处（内地及小码头）国货香烟，趁势涨价，果尔，则诸君自杀之危机，又在目前。人家热心爱国，诸君图己发财，为良心计，为国家计，扪心自问，可以安乎？故在此千载难得之机会中，宜减价推广，成提倡者之志趣，当以多做营业为本旨，挽回利权为目的，如此则外货可以绝迹，铲草可以除根，复燃之虞，可以免矣！若只顾一时计，为自己计，诸君纵发财，恐诸君之子孙，仍难免为人牛马也。鄙人等但愿传闻不确，最好请贵公司明白宣示，以释群疑，或谓此系发售处另卖居奇之行为，与公司无涉，殊不知此为营业前途之障碍也，宜更注意之。（1925 年 6 月 17 日）

今日追悼甬籍死难同乡

地点在民立中学　时间为下午二时

今日为追悼五卅死难甬籍同乡诸烈士之期，会场地点已确定为大南门民立中学，时间为下午二时起至四时，灵堂设在该校同门厅内。昨日上午会场总指挥汪北平曾至警厅接洽，该厅并允届时派长警十人至会场照料，又宁波旅沪公学童子军亦全体到会维持秩序，会场内一切布置已于昨日下午就绪。与祭团体为宁波旅沪同乡会、宁波旅沪学会、奉化旅沪同乡会、三北旅沪同乡会、镇海旅沪同乡会、定海旅沪同乡会、四明公所、中华海员工业联合会等十余团体代表，公推李征五主祭。

昨日下午四时各筹备员开会讨论会场布置问题及分股负责，并议决到会同乡须一律臂缠黑纱，以志哀悼，同时并通告各同乡店铺于今日一律下旗志哀。兹将会场秩序照录如下：（一）摇铃开会。（二）主席致开会词。（三）鸣警钟。（四）奏哀乐。（五）公祭。（六）浙江孙督理、夏省长代表宋雪琴致祭。（七）家属答词。（八）演说。（九）散会。又该筹备处昨致各同乡通告云：敬启者，五卅惨剧，举国同愤。嗟我甬籍同乡邬传应诸君亦同罹惨祸，为国捐躯。本会同人鉴乡谊之攸关，起同情之悯恤，爰于本月十一日下午在民立中学，邀集同乡士绅开会追悼，表爱国之微忱，慰英魂于泉下，届时务请宝号下半旗志哀，至纫公谊。（1925 年 7 月 11 日）

昨日甬人追悼五卅死难同乡

各甬人商店下旗志哀

昨日下午二时，为宁波旅沪学会，宁波、三北、镇海、定海、奉化等同乡会及旅沪全体甬人追悼五卅死难甬籍诸烈士。届时天雨连绵，与会者仍极踊跃，均冒雨而至，会场为满。同时各马路甬人所设之商店，亦一律下旗志哀。兹将当时情形分志如下：

会场之布置：会场设在大南门民立中学内之同门厅，灵前悬傅方贵、邬金华、姚顺庆、应银寿四烈士遗像，下供鲜花，四壁悬挽对挽额四百余副，门首架警钟会之警钟，大门外竖国旗、会旗各一面。沿途要道，均立指导牌，使与会者便于交通。同时由总指挥汪北平及各职员会同宁波旅沪公学童子军，与淞沪警察厅长之便衣警察等，在场照料，故秩序甚为整齐。

到会之团体：宁波旅沪学会代表张静庐，宁波同乡会代表励建侯，镇海同乡会代表乌崖琴，奉化同乡会代表邬志豪，三北同乡会代表郑哲夫，定海同乡会代表陈翊庭、陆守伦，海员工会代表陈白涛，上海学生会代表金禄庄、总工会代表李立三，中华全国警钟会代表凌有光，书画保存会代表钱季寅，国货自坚会吴谔，宁波旅沪六公学代表施国祺，又官场代表为孙传芳代表宋雪琴、夏超代表顾君、沪海道尹代表王复、沪北工巡捐局李厚祚、上宝区特税局会办洪德畴等。又各团体代表及旅沪宁波同乡各海员等，人数在二千三百人以上，均冒雨而来。其中海员七百余人，均手持小白旗，上书"坚持罢工"等字样，不携雨具，排队游行，观者为之动容。

开会之情形：二时三十分开会，由主席励建侯致开会词。次鸣钟奏乐，袁明山司仪，由李征五代表张静庐主祭，王立冰读祭文。次宁波同乡会、镇海同乡会、定海同乡会、奉化同乡会、三北同乡会五团体致祭。次浙江孙督理、夏省长代表致祭。次沪海道张道尹代表致祭，乌人尧读祭文。次全体行三鞠躬礼。次家族代表致谢。次奏乐鸣钟，主席报告，浙江军民二长捐款五百元，又南洋兄弟烟草公司五百元，并代表致谢。次讨论第二次抚恤烈士家属问题，公决，准于十三日（明日）派汪北平赴各家抚慰，并酌赠恤。次讨论建筑纪念碑事，公决由宁波、镇海、奉化、三北、定海等各同乡会暨宁波旅沪学会、中华海员工业联合会等七团体，各推代表一人会同办理，设办事处于旅沪学会内。

演说之大概：一、裘由辛演说，略谓外交之压迫如此，政府交涉之迟缓又如彼，惟所可赖者民气耳。而我海员诸君尤为民气之中坚云。二、陈布雷演说，略谓英谓世界自日出至日没，无地不见英国旗。我谓自日出至日没，全天下无地无时不有宁波人。宁波人有特性，即一戆字，然能戆则又何事不可为。死者已矣，以后之责任，当全在生者云云。三、张传畴演说，略谓死者虽苦痛，而生者所感受之痛苦尤甚。吾人今后，当向诸烈士宣誓，各凭自己良心做去，务求达到目的云云。四、邬志豪演说，略谓工有工责，商有商责，各尽其责，无求不达。五、李立三演说，略谓吾人为反抗帝国主义而死，虽死犹生云云。次金禄庄、陈白畴均有沉痛之演说，至五时摄影散会。

孙传芳、夏超等祭文：人孰不死，然死或重于泰山，或轻于鸿毛。等是死也，胡轻重若是，夫亦任人自择焉耳。吾华民族，受帝国主义之压迫久矣。五卅一役，诸烈士为国捐躯，霹雳一声，震烁千古。甬籍死难者，尤为踊跃，非所谓重于泰山者耶。今日者宁波旅沪学会等以五卅惨死甬属诸公均为人道而以身殉，爰开会追悼，银烛含泪，生刍不花。敌人实怆于怀，然形式之追悼，固未足以仰慰英灵也。所望前者仆，后者继，努力奋斗，复仇雪耻，庶诸烈士不至含冤地下，而吾华民族，将来亦可以求立足地。吾吊烈士，吾更重有望于国民。爰为诔曰：民气不振，国无以存，哀我华族，将为狼吞。五卅惨案，烈士殉身，光我鄞江，取义成仁。诸公往矣，死而为灵，继起奋斗，期我国民。愚公移山，精卫填海，贯彻主张，矢志靡改。众志成城，激昂慷慨，仰慰先灵，责在我辈。呜呼噫嘻，甬海汪洋，浦潮泱瀁，神其有知，来格来飨。中华民国十四年七月孙传芳夏超

甬学会祭文：

维中华民国十四年七月十一日宁波旅沪学会代表李征五等，谨以香花酒醴之仪，致祭于死难乡先烈诸君之灵曰：彼犷不道，非我族邻，弹丸烈烈，歼我俊民。维诸君子，旅泊春申，或工或商，食于其群。亦有学子，动止莘莘，民义大法，是遵是循。彼犷实虐，酷无纪伦，履我食我，噬我狺狺。喧宾贼主，途塞荆榛，禽狝草雉，视我非人。维我诸烈，郁不得申，赍恨入地，畴雪其冤。念我同乡，昵若齿唇，闻难不动，何慰沉沦。同悲共愤，滴血在樽，敢以此誓，告我英魂。呜呼哀哉，尚飨。

各同乡会等祭文：

维中华民国十四年七月十一日，宁

报道影印件（部分）

波旅沪同乡会、奉化同乡会、三北同乡会、镇海同乡会、定海同乡会代表等人，谨以香花清馐，致祭于五卅死难同乡诸烈士之灵前曰：呜呼，城门失火，池鱼遭殃，五都之市，危于岩墙。巢幕燕泣，横海鸥张，敲吸肤髓，摧裂肝肠。五卅惨剧，倏忽仓皇，狡载非族，肆厥猖狂。喧宾夺主，凌弱逞强，生命草菅，奴隶豕羊。于惟烈士，无欲而刚，或迫义愤，或遇强梁。精灵化乌，碧血凝苌，允宜社祭，是为国殇。凡有血气，孰无天良，长江饮恨，郁日不光。荆卿匕首，胡韬而藏，勾践薪胆，盍卧以尝。云车渺渺，沧海茫茫，人谁无死，死亦何常。捐躯为国，志哀勿忘，灵其来格，用陈酒浆。呜呼尚飨。

（1925 年 7 月 12 日）

各界关于五卅案文电

邬志豪对于时局之刍言

五卅惨案，全球震悼，矧我华胄，事关存亡，苟具血气，敦不发指，奈对方顽强如故，迭经交涉，迄无要领，公理虽在，末由以彰，危机四伏，瞻顾堪虞，际兹千钧一发之秋，正我同胞猛醒之日，惩前毖后，来轸方遒，亡羊补牢，早固吾圉，爰抒刍荛，谨告各界：一、关于交涉者，此次交涉之胜负，关系国家之存亡，全国人士，宜捐弃私见，一致对外，认定目标，勿事纷扰，有始有终，永矢勿谖，其当注意者：（甲）本案须与对方单独交涉，不宜涉及其他友邦，否则树敌滋患，应付益难，且徒起国内之无谓纠纷，贻人以排外之口实；（乙）交涉之方针如何，进行之步骤如何，当公开讨论，详加研究，以收集思广益之效，而免临渴掘井之患，但事贵近情，勿涉空虚，议论不患其多，而主张不可不一，否则意见纷歧，人心涣散，内无团结之力，外有可乘之隙，偾事必矣；（丙）交涉责任，虽由政府负担，但政府之能力如何，为人民所习知，且本案交涉之重大，迥异寻常，故人民不得不严重监视，力为后盾；（丁）宜邀集国内各界领袖，朝野名流，及素为人民所信仰者，组织一大团体，为研究本案交涉之最高民意机关，以树国民外交之先声，

（戊）宜译成各国文字，分别宣传，俾友邦人士，明了本案之真相，不为对方诐词所蔽，而表同情于我；（己）国民程度，尚多幼稚，对外交涉，又非素习，自非四出演讲不可，其怯懦而拘于成见者，则晓以现代之潮流，与国际之趋势，其刚愎而盛气任事者，则晓以处世之途径，与交涉之程序，庶几不懈不激，无畏缩越轨之患。二、关于政治者，民国成立，十有四年，覆败相寻，迄无宁岁，中枢失御，友邦轻视，外患日亟，盖有由然，继今以往，当局者宜速痛悔前非，彻底觉悟，泯除私见，共图振刷，不过十年，可期郅治，政治修明，外患自弭，若仍逞私图便，罔顾国是，是自绝于国人也。三、关于教育者，国内学校，今年日形发达，固为绝好现象，但所得效果，不得遽认为美满，经费支绌，实为主要原因，宜筹集的款，以图进展。其所教授者，以职业教育为宜，尤当注重实习，不宜以粗解学理，即谓能事已尽，每观历来毕业学生，其所习为普通科，或政法哲理专科者，固无谕已，即号称工程等专科博学士者，一经毕业，往往赋闲，或弃其所学，改入他途，此虽系乎国内工厂缺乏，无相当容纳之所，要亦偏重学理之结果也。今以吾国地广物富，而人浮于事，正宜提倡实业，利济人群，故职业教育之举，实急不可缓，至若平民教育，尤为当务之急，就全国人口计之，失学者十九，此为最可怜最不平等之事，今当筹定的款，充分提倡，尽量发展，使平民均得受相当教育，日趋光明之途，是亦民族之无上光荣也。四、关于宗教者，宗教之势力，影响于社会者绝大，吾国现行之宗教，不一其数，利弊互见，隔膜产生，教徒之信仰其教，究竟至某种程度，其教旨如何，能否相当了解，均无从悬揣。惟为发挥人类之本能，与维护社会之安宁计，宜求宗教之统一，计惟邀集各教领袖，与国内名流，或素于宗教有相当研究者，组织宗教研究会，详加讨论，截长补短，兴利去弊，以辅助平民教育之不逮，收效之宏，当不能以道里计也。五、关于工业者，我国工业之幼稚，无庸讳言，影响经济，非可言喻，虽有提倡，徒托空言，间或试办，收效亦罕，故家常用品，莫非外货，利权外溢，可胜浩叹。据一九二一年海关华洋贸易报告册所载，输入超过输出银五万万两，中山先生谓据前十年输入增加率比例之，再逾十年，当增至十二万万五千两，以全国人口四万万计之，每人年须负担三两余，且输出者如故，而输入者日多，每人负担，亦从而增加，如小国之进贡大国然。换言之，如战败国所纳之无限期赔款，国民倘不自觉，即此一端，已足亡国而有余，其为祸之烈，且有甚于兵戎相临者。盖武力侵略，事属鲜见而易备，至经济压迫，则隐患于无形，国亡而始觉焉。我国苦经济之侵略，非伊朝夕，今宜乘机振兴农垦，提倡工业，以杜后患，存亡攸关，讵容忽诸，尤所希望者：（甲）对内的，政府宜改订奖励兴业之章，并免税减税之方（此法实施后，税收虽减，但社会经济，必形活动，间接的于政府绝对有利，且有逾于税收者）；（乙）对外的，须修改一切不平等之条约，至于关税，应由自主；（丙）国内资本家迅速猛省，创办工厂；（丁）办理工业者，勿拘旧习，宜聘用专门人才，加以研究；（戊）国民当本其爱国热忱，购用国货，以扶植工业之发展，而鼓办理者之孟晋，（己）国内中上级社会，往往矜新炫奇，穷极奢侈，实为购用外货之惟一原因，今欲劝用国货，首宜由中上级社会，痛改前非，提倡节俭，上者倡之，下者效之，相习成风，奏效自易，国货畅销，屈指可期。六、关于商业者，经济侵略之为害，既如上述，商界同胞，应先觉悟，实践经济绝交之宣誓，对于已买之某货，当由详确之调查，限期脱售，先后报销，以期肃清，如由私进该货者，则履行公约，分别科罚，要之勿忘惨案之耻，长作抵制之举，斯为幸耳。七、关于失业者，国人失业者，今日增加，当量其才力，分别安置，或使之习艺，或使之筑路，欲尽量容纳，则莫善乎移民垦植，微特尽其地利，且可以之实边，现虽有垦植东北西北之议，但事关重要，非实地调查，详细研究，得有力者之合作，为大规模之组织不为功，而为此次惨案罢工之工人，已由罢工而失业者，宜先予安置，若仅以少数款项援助，为暂时计则可，为持久计则不可。其理由如下：（甲）每人日得助款数角，或仅足供个人之生活，欲抚养家属，戛乎其难；（乙）以款接济工人，在稍知自爱者，暂则勉为接受，久必心有不安，其不良分子，竟安于坐食，徒养成娇惰之习；（丙）若为长期接济，款何从出，中辍而后，又将如何设法，此种难题，实不易解决，以此而论，则安置罢工者，为不可缓矣。上述七端，仅就其荦荦大者举其一二，非谓救国之术，尽乎此焉，而简陋之识，知所不免，惟天下兴亡，匹夫有责，苟有所见，敢安缄默，尚望国人同心一德，力图进展，则五卅惨案之奇耻，正为医我贫弱之良剂矣。（1925年7月13日）

邬志豪致工部局总董费信惇函

各路商总联会会长邬志豪君，昨以私人名义，致函工部局总董费信惇君，对于华董及种种问题之意见云。

费信惇先生台鉴：敬启者，吾中华民族，有四千余年之文化，地大物博，为全球最大最古之国，人民素爱和平，自海禁开弛，友邦商人，均以中国为贸易市场，厥后清政不纲，缔结种种不平等之条约，以致国权丧失。近来世变日亟，思潮日新，国际平等之声浪，弥漫全球，一切不平等之条约，实无存在之余地。虽吾国自革命以来，内政失修，战争未息，此固过渡时代之状态，各国无不如是，而吾民众之意志，与团结之精神，已大非昔日可以比拟，当能于最短期间，使政治入于正轨，所望友邦人士，各自督促政府及朝野人民勿输入军械，缔约借款以助长我内乱，或发生不幸事件，而牵涉国际战争，则星星之火，足以燎原。因奥赛之事，而引起欧洲大战，至今思之，犹有余痛，且天生人类，何分种族，博爱精神，即和平之保障，平等待遇，乃天然之公理，友帮人士果能以和平幸福为念，则须尊重我民意，以互助之精神，谋切实之亲善。至就上海之局部而言，为商业荟萃之区，国际贸易之场，凡种种不平等之障碍，尤当共谋撤除，华东问题即其一端。距今七年前吾华人为参预公共租界市政权，提议修改洋泾浜章程有不出代议士不纳税之宣言，结果人设顾问五人，吾华人当复郑重声明，顾问为华人之代表，凡市政之兴革，均须征求华人之同意，驻沪比总领事覆函亦以为然，无如顾问就职之后，徒拥虚名而无实权，因之中外情形，依然隔膜，误会时起，问题产生丛生，五卅惨案之发生，此实大原因也。自是而后，公正外人，已有逐渐谅解之表示，乃于四月十四日，西人纳税会议通过设华董三人，对于选举之方法，与会议之权限，均未明白宣示，此由不能使吾人无疑，夫无论何种选举，当以权利义务为比例，无分中外，按纳税之多寡，以支配董事之人数，始不失为公平之道。至市政之设施，与执行人员，当以共同议决为标准，非然者，假定有一议案，已经西人纳税会通过，应否再征华人纳税会同意，又董事会议之表决方法，是否以得全体董事之多数同意为表决，抑以华东西董双方同意为表决，凡此数端所关者大，固不得不明白规定者也。总之欲除中外之隔膜与误会，非双方合作不为功。今请略陈管见，夫上海居住人民，知识阶级仅十之一，而贫民占十之九，吾国人民之性情，素重道德，商业习惯，最重信用，向不考究形式上之规定，此虽普通教育尚未发达之弱点，然实为我国数千年来国民固有之美德，事实俱在，非可虚构，而虽久居沪上之西人，大多未能明其真相，故市民之痛苦与冤屈，尤非外人所能知也。狡黠之徒往往利用中外隔膜之处，欺朦当道，淆乱是非，于是无财无势知识幼稚之无告市民，含冤更莫伸矣，及至冤愤丛积，恶感渐深，忍无可忍，一旦爆发，以致不可收拾。虽当局事前设法避免，事后竭力挽救，也图为齐末之举，殊非揣本之道也。下列三事，实系免除中外人士种种之隔阂，消免以后种种纠纷之切要办法，兹为左右陈之，希采纳焉：1. 工商局董事应由中西人士共同组织，董事人数依各国纳税多寡为标准；2. 关于公共租界市政上一切设施应有中西董事共同议决执行；3. 以上两事果能实现，则中外人士共举一堂，互相切磋，互相提携，一切隔膜，不难消除。尚望友帮人士以远大眼光，变更向时不平之待遇，尊我民意，重我国权，则不特国际商业，可臻日盛，即人类幸福，亦得藉以增进。素仰先生纲领群董，所见远大，爰献所见，述陈如右，至希察核，并颂公绥不备，邬志豪谨启。（1926 年 4 月 28 日）

南京路商联会昨晚讨论华董问题

公宴纳税会发起人王才运

南京路商界联合会全体职员徐乾麟、余华龙、王廉方等昨晚在消闲别墅公宴纳税华人会原发起人、该会前会长王才运君，并讨论对于华董之意见及监督纳税华人会改选理事办法，到正副会长、董事及各科主任等三十余人。席间由王才运君报告第一次争市民权利时与聂云台、余日章、陈惠龙诸君奔走接洽之经过情形及工部局允许五顾问之历史。经到会各董事相继讨论，议决对于工部局华董必须由全体纳税华人市民依法投票公选，华董人数须依纳税比例为标准，对于纳税会改选意见会同总联合会一致表示，本路纳税人资格由职员负责调查，以免遗漏。宴毕十时，尽欢而散。（1926 年 5 月 14 日）

出席工部局华代表明日选举

邬志豪辞候选人

邬志豪致商总会函云：径启者，志豪承诸公公决，推为租界候选委员之一。查上次会议曾一再声明，不愿为候选人，此次因未曾列席，不获当场声明，为特专函奉达，并为诸公陈之。查争回公共租界市政权之始，在民国八年。当时为工部局加捐问题，界内市民主张不出代议不纳税，主持最力者如王才运、陈则民、宋汉章、王屏南、俞国珍、金馥荪、余化龙、赵南公、陆祺生、朱畊石、包世杰、聂云台、邵仲辉、王儒堂等。外人为图缓和市民之反抗，经数次交涉，主张加入华顾问五人；又得比总领事来函保证，凡关于华人利害之事，均先征五顾问同意。至此华市民乃组织纳税华人会。尔时折冲樽俎主其事者，除上列诸公外，复有袁近初、方椒伯、谢永生、史量才、许建屏、穆藕初、袁履登等。夫纳税会之后援以商总会为基础，而商总会之力量乃在各路会员之团结。自五顾问加入后，英人主持之工部局不容纳界内市民之公意，蔑视比总领事尊重华人公意之证函。此五卅惨案发生之大原因也。当时民众忍无可忍，商总会乃合工学两界一致议决罢市二十七天之久，提出十三条件，此国民外交之开始也。我商总会会员所受损失数千万，而交涉不能完全胜利。盖一则因在帝国主义势力之下，二则因军阀种种压迫，而所得结果不过收回会审公廨，改组为临时法院。外人方面主张加入华董三人，而全体市民则主张收回租界。其过渡办法董事额数应以纳税为比例，乃此次交涉之结果，委曲求全，华人虽得执行界内市政之设施，而外人方面是否能尊重全体市民之公意，未能预决。所可恃者全仗界内市民之力量耳。志豪一再声明，愿为多数市民之喉舌，不愿在租界未收回之前执行市政之职务也。除请将此函转陈纳税华人会声明放弃候选外，敬希查照。此致，各路商界总联合会邬志豪敬启云。（1928 年 4 月 9 日）

邬志豪建议工商法规

以适合时代与环境之要求为立法之原则

全国各地商会联合会监察委员兼市商民协会常务委员邬志豪君，近以我国工商各种法规，正在审查起草之中，应由各省各业分别研究，联合讨论，俾合立法"以适合时代与环境之要求"之原则，昨特致函上海三商会、市商民协会、商总会、各省商联会等六团体云：径启者，国府工商部召集工商法规会议，聘任贤硕，共同研究，以拟制各种工商法规草案，现在分别审查与起草之中。此项工商法规之制定，诚为训政时期紧要之工作，对外为示工商业者之方针，对内为揭工商业者之准绳，销免外人经济之侵略，促进国内经济之发达，一切纠纷之解除，与劳资间之合作，胥惟此是赖焉，惟所拟制之各种草案，如保险法、交易所法、海商法、公司条例、各种工商法规，非惟为工商业之司命，实亦合乎民生主义之基础，即衣食住行四者是也。志豪蒙各省商联会推为代表出席，自维才疏识浅，难胜重任，惟念我国幅员之广，超出欧美各国，全国工商情形，省省不同，而各业工商组织，复业业各异，为求适合时代与环境之法规应用起见，务请贵会联合商业团体召集各省各业代表，将各种草案联合讨论，分别研究，除利去弊，兴革改良，提出法规会议详细陈述，订定大纲各案。以上副孔部长博采广征之大计，与适应工商业者急切之需用，实为今日急不容缓之举。诸公或为工商业之领袖，或为实业界之专家，研究素深，关系尤切，务望不惜精神，乘时兴起，贡献计划，并

伸宏论，为党国效其劳，即为工商业造福利，国家前途，实利赖之。邬志豪启，八月二十六日。（1928 年 8 月 27 日）

甬三同乡会之号电

甬三同乡会电云：南京第三次全国代表大会钧鉴，统一伊始，望治甚殷，理宜共济同舟，与民更始，奈迭阅报载，湘鄂误会，又起纠纷，设不幸战祸重开，微特影响民生，抑且腾笑邻国。务乞钧会顾念大局，力予制止，保全和平，共图建设，至深企祷。宁波旅沪同乡会、奉化旅沪同乡会、定海旅沪同乡会同叩号。（1929 年 3 月 21 日）

昨日之特别区市民会

余华龙答词

今天是我们上海特别市特别区市民联合会筹备委员举行就职典礼之日，荷承市党部、市政府，或致训辞，或予指导，并蒙各团体代表惠然莅临，参与盛典，使敝会非常生色，同人等无限光荣。不过今天就职，顾名思义，吾人责在筹备特区市民联合会成立，换言之，即今天以后，我们的任务，就是在这个特区地方范围内，组织一个特种集团，严审我们的组织，充足我们的精神，集中我们的力量，完成这个特种集团，以便开始向帝国主义者奋斗，但是责任重大，恐怕我们的力量有限，事业众多，恐怕我们的学识不敷，然一念到我们为特区市民整个的利益起见，为收回租界之先锋队起见，那末我们一息尚存，实不敢推诿了。所望今天到会上级及各团体，时加指导，以期早日组成这个特种集团，完成我们所负使命，兄弟今天拉杂讲几句即作我们散会的谢辞，完了。（1930 年 5 月 7 日）

市民一区分会成立纪

本埠南京路一带市民王廉方、屠开征、司徒尚乐等发起组织之上海市特区市民联合会第一区分会,于四月一日下午三时假座大东酒楼举行成立大会,到会员一百零八家,超过全数三分之二。市党部派委许也夫,社会局派委孙咏沂,市民联合会派委胡凤翔、虞仲咸莅会指导监选,并有各区分会代表及化妆品公会符可铭等观礼。开会时行礼如仪,公推张一尘主席,倪古莲纪录。选举结果:张子廉、冼冠生、王廉方、刘锡基、屠开征、何广生、李健良、王才运、孙雪泥、黄鸿钧、张一尘、费杏庄、计健南、林炜南、史宗堂、乐振葆、孙文毅、周菊人、余颜庭、庄智鹤、徐梅卿、乐辅成、胡立夫等二十三人当选为执行委员及候补委员。揭晓前并提出议案二件:(一)反对工部局估价收捐案。(二)请求国府、市府确定居住权之法令或条例案。当场议决通过,交新委员会办理,最后茶点摄影而散,已万家灯火时矣。(1931年4月3日)

各界抗日工作·西服业同业公会分区检查日货

西服业同业公会日货检查组,为加紧抗日工作起见,于十月二十八日分区检查日货,计王汉礼、邬根福、陈宁甫、岑德发、王善福、王才祥、张翊祥为东区检查委员,王廉方、王和兴、王宏卿、侯国华、夏振声、夏筱卿等为中区检查委员,洪信甫、黄星仲、徐宝珊、张水根等为南区检查委员,江辅臣、邵联三、尹秉璋、江绍恩等为北区检查委员。数日以来不辞辛劳,昨闻该组东区已告结束,其他三区尚在检查中。(1931年11月6日)

邬志豪对于救国之意见

邬志豪致全国商联会上海市商会函云：敬陈者，民国成立于兹，二十有一年，丧乱频仍，饥馑洊至，扰扰攘攘，迄无宁岁，驯致民不聊生，国势日蹙，瞻顾前途，不寒而栗，今则东北烽火，昼夜频惊，锦绣山河，沦为异域，苟不枕戈待旦，摧彼劲敌，则茫茫禹□，国亡无日，皇皇华胄，胥为左衽。志豪一介商民，罔知治术，爱国热忱，讵敢后人，谨本天下兴亡匹夫有责之义，贡其管窥蠡测之见，务请贵会邀集各界贤者，共同商榷之。一、吏治。国之强弱，视乎内政，内政良窳，视乎吏治，我国二十年来之吏治如何，固已昭示于国民。今为巩固国家安宁社会计，亟宜鉴辙前车，改弦更张，励精图治，纳于轨物，至其进行步骤，首要当局者捐弃前嫌，设的同趋，分工而合作，安内以攘外，秉兹大无畏之精神，求达天下为公之目的，而文武官吏，尤宜以不爱钱不怕死相勉，庶几弊之可绝，守土之责能尽。惟是国家政务，经纬万端，措置或有未周，考虑不厌其详，故宜征集各省贤才，组织政治讨论机关，使各抒其见，各尽其力，微特集思以广益，抑且拾遗而补缺，即社会民情，亦得上达而不壅，夫然后吏治澄清，内政修明，富强之域，盖奠于斯。二、国防。当此强权即公理之际，尤宜注意国防，我国受列强炮舰攻击之教训者，于今数十年，但事过境迁，淡然若忘，即就九一八事件而言，时阅三月，地失数省，彼则凶焰方张，如火如荼，且有深入内地之趋势，而我则政治纷歧，未遗一矢，无异秦越肥瘠之相视。夫国家养兵二百余万，岁糜公帑，不谓不巨，今国难如此，而竟坐观成败，各固吾圉，吁可慨已。故为国家谋生存计，亟宜整顿国防，打破封建思想，将全国军士积极训练，充实军械，早为之备，并须有统一之指挥，俾得一致对外，无自乱步伐之虞，尤宜各自相戒，莫启内衅，致召外侮。凡一年为国牺牲之阵亡将士，应予以褒扬，并抚恤其遗族，用旌有功，且使现役军人，知所鼓励，尽力于卫国守土。三、自治。现代自治潮流，日趋澎湃，总理之三民主义建国大纲等，虽品类万象，要以民治为指归，今吾党秉兹遗教，以党治国，施政方针，尤应励行自治，使党国建立于民众之上，以求达民有民治民享之目的。至于村里制度，实为自治之根本基础，尤宜推行为利，以植本奠基，凡地方之建设事宜，如教育、水利、农工及卫生等，若者宜兴，若者宜革，均宜次第举办。此外如商团及保卫团等，为自卫所必需，亦宜由各该地方筹费组织，一旦对外作战，亦可为御敌之准备。又查近年以来，灾祸迭告，百业凋敝，失业游民，日多一日，设不安抚，后患堪虑，故亟宜广设游民乞丐工厂，以资收容，使消费者能尽力于生产，固亦自治问题之要务也。四、法令。我国幅员广大，甲于全球，风俗民情，各不相同，立法者颇感困难，欲以同一法令，求适用于全国，难乎其难，故立法时须博询周谘，详加考虑，务求适合民情，推行尽利，使人民得早受法律之保障，否则闭门造车，徒使人民受法律之拘束，而反蒙其害，其不肖者，自将舞弊弄法，夤缘为利，是以立法国不可不慎，而尤宜有确定性，勿事纷更，与其密而不周，不如周而缓行。五、财政。我国财政窘迫，于今为甚，亟宜力加整理，以固国本，如整理内外公债，厘订税则，尤为根本要图。兹就税务而言，宜增加消耗税及奢侈税以裕国库（例如全国卷烟消耗，年达二万万元以上，现行统税，税率为值百抽五十，如加征三成，即值百抽八十，每年可均收税款六千万元，能提存保管，作为救国赈灾之用，虽云重征而不至病民），实行保护税及倾销税，赖以维护实业之发展，抵制外货之输入，凡因人设事之骈枝机关，与夫名异实同之税收机关，均宜裁并，以节公帑，严惩贪污，以儆效尤。至于税收之收支，尤须绝端公开受人民监督，行政费用，须恪遵预算办理，不得视同具文，庶几浮费可节，款无隐匿，财政前途，可望富裕。六、外交。世无公理，国难方殷，当遴选外交人才，扩充国际外交经费，对于国际间之宣传，尤宜积极办理，并联合以平等待我之国家，共同奋斗。七、教育。我国民智浅薄，由于教育之不普及，故宜注重平民教育，以提高国民之程度，其贫寒者，则设义务学校以容纳之，广设流动学校及补习学校，俾失学者有受教育之机会。提倡旧道德，以建设国民之心理。至于小学课程，须农工化，以养成刻苦耐劳之习惯；中学以上，宜科学化，使以学贵实用相尚，并施以军事教育，以植征兵制之基础。凡成绩优异者，应予以奖励，得免费升入中大学校，借昭激劝，而造人才。八、实业。我国实业幼稚，经济落后，欲图富强，亟宜振兴实业。其已创办之矿业航业渔业及电气业，政府应予以维护，不宜横加摧残，或收归国有，凡已收归国有，而中途停办，或办理不善者，应即发还民有，使人民产业，有充分保障，而乐于经营。并奖励金融界，投资农工实业，以扶助其发展，苟为民力所不能举办者，政府当竭力资助，共底于成，如是数年，实业前途，必呈兴盛之象，即民生问题，亦可从而解决焉。九、民食。我国以农立国，农民约达二万万，比年以来，因受战事影响，民食时感缺乏，社会经济，亦行枯竭。自上年各省水灾后，民生益觉艰苦，来□孔亟，自非速善后不可，宜修筑堤防，疏浚河道，以兴水利，提倡森林，以调和气候，导淮导河，尤宜积极进行，并整理社仓，以备饥荒，设农民借贷所，以利种植，庶几岁丰民足，国亦兴足，十、节俭。奢靡为社会之大患，况我国实业幼稚，尤宜以奢靡为戒，故当局者宜以身作则，提倡节俭，便上行下效，养成醇厚之风。盖全国人民生计，已到山穷水尽之境，若在上者不急为提倡节俭，恐国民经济，日濒破产，即就从政人员而言，处此奢侈之环境，亦难望其廉洁而不贪也。以上数端，就其管见所及者而言，是否有当，敬请公决。（1932 年 1 月 9 日）

报道影印件（部分）

各界致慰劳品不绝·西服业同业公会

上海市西服业同业公会，于昨日由该会主席王廉方，执委夏振声、王宏卿、王和兴、洪信甫、王汉礼、王善福、蒋奉倩等分投劝募，在半日间已募得国币五百元，即日送达前敌将士，以资慰劳。（1932年2月1日）

各地援助义勇军

上海东北义勇军后援会昨日接到直接致函捐助者两起如下：

棉衣一千套：该会昨接华胜军服厂陈元福函称，兹由竺梅先、陈元福、王如心、周福栋、叶荣钧、范少珊、王和兴、王宏卿、茂雄华、徐清心等合捐助东北义勇军棉衣裤一千套。（1933年1月30日）

全市充满航空救国空气

分队征求努力进行

中国航空协会上海市征求队第二五六队队长王廉方氏，自进行征募航空捐款以来，业经聘定江辅臣、胡汇源、孙文毅、洪信甫、袁全和、邵联三、岑德发、王财祥、乐辅成、陈锋鸣、黄鸿钧、胡立夫、王正甫、屠润材、王和兴、侯国华、王飔庆、林正人、程养恬、王汉礼、夏筱卿、史宗堂等为队员，为时虽未久，成绩已斐然可观。尤以江辅臣、胡汇源、孙文毅、洪信甫等为最优。王氏以第一次征求揭晓之期将届，昨日分函各队员催报成绩，期于本月十日第一期征求揭晓之前汇集具报。（1933年3月15日）

国货巨子邬志豪宴各界

揭破日人在美阴谋　唤醒同胞服用国货

本市国货界巨子邬志豪，于前日下午六时，为协助芝博出品协会及筹组华北西北国货展览会，柬邀各界热心国货人士，在宁波旅沪同乡会，举行春宴，计到席者，有秦润卿、周贯虹、许世英、查勉仲、胡成相、沈九成、徐新六、邬志和、王晓籁、奉化胡县长、邬志坚、王延松、周苨南、邬文敬、裴云卿、李组绅、张子廉、袁端甫、许廷佐、王启宇、闻兰亭、娄少白、诸文绮、张申之、沈田莘、何德奎、卓雨亭、张祥麟、项微尘、薛笃弼、薛春生、徐采丞、孙梅堂、徐永祚、程守中、董伯英、陈济成等一百余人。当由邬志豪报告，谓自九一八以还，日本为淆乱国际视听，拟凭借美国举行芝加哥博览会各国参加之机会，作有组织整个破坏我国家之宣传，并有意实现其一贯劫夺我国所有市场之主张，不惜重金厚利，引诱我汉奸，输运大批仇货，力事倾销，此证之逐月海关日货进口报告，可以知之；顾日人尚嫌不足，更且于侵吞我东北四省之后，复威胁华北，拟再攫夺平津，进取西北与豫鲁各省。志豪暨各同仁，鉴于国难临头，若不急起直追，待亡必不在远，爰于去年，政府因热河失陷，平津告急，军费支绌，议决停止参加芝博会之后，呼请金融界张公权、陈光甫、林康侯、徐新六暨实业界虞洽卿、王晓籁诸先生，力集经费，呈准实业财政两部，补助国币五万元，组织出品协会，如期前往参加。旋据该协会报告，日人果在芝博会场雇用美人冠伦演讲，公然侮辱我国体，并故意作种种反宣传，以我过去陈旧最次出品，与彼最新货物，按置同处，驱众往观。嗣经中国专馆运用种种方法，极力向芝博会交涉，始由大会正式致函禁止。最后日方因恼羞成怒，曾买通该冠伦，以手枪恫吓该馆张代表，只此一端，即知日人之野心矣。是则此行价值，不特揭破日人之阴谋，取得欧美人士之良好同情与赞美，抑且增进国际上之地位，及造成对外贸易之基础，亦所不鲜。乃者芝博会已决定继续展览一年，同仁等除继续进一步协助该会外，为推销国产治本计，已呈得政府实力之协助，并蒙全国各界一致之发起与赞助，组织中华国货产销联合公司于上海，以冀支分全国，造成生产推销人材经济之大集团。兹该公司除办理应行工作外，复以日人虎视华北，仇货充斥西北为虑，于去腊今春，先后函征平津及甘肃省府，暨各界当局之同意，组织大规模国货展览会，藉资唤醒同胞，服用国货之观念，以建设经济网，为东北西北各省之壁垒。惟上述三事体大，自非群策群力，不足以臻全功，故今日志豪特备菲酌，敬请诸公光临，务恳本国家兴亡匹夫有责之义，一致奋力协助，志豪不才，自当追随骥尾，以供鞭策云，语意深远，全场动容。次有周贯虹、沈九成、王晓籁、王延松、李组绅、张子廉诸氏，相继演说。末有上海国货公司女职员之趣剧，任潮军之花拳术，锡藩影片公司之歌女恨，芝博会全场日夜景影片，以娱坐众。时至十一句钟，始欢尽而散。（1934 年 3 月 24 日）

虞洽卿等呈浙省府请划治嵊泗岛

（申时社云）崇明县（今上海市崇明区）属之嵊泗岛，划归浙治问题，于去年十一月，经浙省府呈奉军事委员会核准照办后，尚未正式划治。不料最近忽有该岛乡镇保甲长及南通等十三县渔会及水产会等，登报反对。本市宁波、定海、奉化等同乡会主席虞洽卿等，昨特缮具说略，上陈浙省府主席黄绍雄，请主持公道，迅予划治云，谨将嵊泗岛应归浙辖实在情形，缮具我辖，呈候鉴核。窃本于上年十二月间，钧府奉军事委员会办公厅第三虞函开，委员长交下浙江省鄞县行政督察区行政督察专员赵次胜报告一件，为请将崇明县属之嵊泗列岛，划归浙治等情，经奉批照办等因，除分函江苏省政府，相应抄送原报告，即希查照办理为荷等由，环岛渔民，闻讯欢跃。近阅报载，有声称嵊泗各岛乡镇保甲长等二百余人，南通等三十一渔会及水产界学术机关等，登报反对，其中尤以自称苏人陆养浩其人，所呈民厅条陈最力。如此颠倒黑白，易淆听闻，用敢逐项驳正如下：陆养浩呈（以下简称陆呈）一、根据康熙二十九年所立小羊山之碑。（甲）查该呈所持不应划浙之理由，以小羊山一碑，为最强有力之证据。殊不知地理沿革，初无一定，例如嵊泗之属苏辖，清代始有此制，试上溯至明而元而宋，该岛本隶镇海，见于浙江通志及各县旧志者，凿凿可考。以彼例此，即可见康熙时会勘所立之碑，不能指为一成不可变易。共和建国，庶政更新，改制易朔，及各省州县之易隶者，不一而足，何独于此碑文视为神圣不可侵犯耶。（乙）恭读总理实业计划：东部江苏浙江福建三省之海岸，应建六渔业港。六^①、新洋港在江苏省东陲。七^②、吕四港在扬子江口北边一点。八^③、长涂在舟山列岛之中央。九^④、石浦在浙江之东三门港之北。查嵊泗列岛与长塗港，距离甚近，亦即属于长塗渔业港范围以内。观此在该列岛与吕四港距离既远，更无联系之可能。陆呈二：援引内政部省市县勘界条例之规定云云。（甲）交通。查各岛距崇明一百二十余海里，离定海仅一百海里，其间一部分，且与定属黄陇，仅一水之隔，如轮船往来定海与该岛间，朝发可以夕至，以视由崇往嵊，必须迂道沪甬，往时需四日之久，孰便孰不便，显然可见。又邮件往来，向来划入宁波，更可见划归浙辖之便。（乙）户籍。查该岛户口，据私家调查，总计户三七〇〇口，一六六三全数浙人，尤以甬属为最多，几占三分之二，台温属占三分之一，至苏籍则可称绝无一人。全岛中，风俗习惯语言，皆沿浙地，从未与崇明人订为婚嫁。平时足迹不入崇明县治，该政府徒有管辖之虚名，从无乡土关系。（丙）行政。该岛与崇明距离既远，上下隔阂，居民受狡吏地痞之苛扰，下情无由上达，因是激成惨案，时有所闻。又该岛居民，有涉及司法案件者，身在崇明，人地生疏，万一因案被押，例须取保。欲觅一亲戚故旧，四顾无人，此中困难，亦所难免。（丁）海防。该岛常为海盗循迹之所，前清江浙两省水师，常会哨于此，民国成立，会哨制废，每遇渔汛，所有水上保护皆由浙江负责，苏省至未顾问。（戊）剿匪。查近来海上盗案绑票抢劫之举，层见迭出，其中以泗礁岛之剑湖及南北间鼎新等处，尤为匪党鼠

---

①②③④　原文如此。

缪爱莲、唐月恒、徐俭甫、周蒋兴、傅文梅、傅方元、竺龄年、毛兴财、陈耕莘、张高法、吴新法、张绍春、张仁华、张兴德（汇丰呢号同人）、孙永锵、庄仁财、毛孝茂、蒋罗廷、马明康、洪阿忠、林先尧、李文林、王阿当、王阿怀、王慕祥、李文明、侯友廷、邬信甫各一元，沈宗英、徐觉宏各一元五角，王厚兴、毛赉富、张阿发各五角，孙通扬、王长发、胡文定各二角，均经掣据函谢云。（1936 年 10 月 21 日）

日浪人击伤关员案各团体请抗议

昨发宣言分致各公团

本埠日本浪人，因国内制造子弹，需要原料，秘密收买吾国铜元，私运出口，期图厚利，于本月廿日晨有大批浪人，用特制巨型口袋，满装铜元，送上大洋丸轮船，当被海关缉私人员查获，上前阻止，浪人抽出武器，殴伤中西关员七人，后经某领馆派人到码头调解，缴出一小部份私运铜元，受伤关员，分别送往医院治疗。事后，全体江海关缉私人员，发表宣言，要求政府予以武装，各界持以正义，以保国权而重税收等情，曾详见本报。兹悉南京路商联会、市民一区分会、奉化旅沪同乡会、西服业同业公会等若干团体，昨为该案联合发表宣言致各公团云，中日为同文同种之国，中国尤为宽厚和平之民族，彼此互尊主权，崇尚国际信义，则东亚之和平基础，自此确然，而共存共荣之期望，亦不难如愿以偿。两国有识之士，固未尝见不及此，但以翳障未去，恒种荆棘于坦途，野心不戢，常起风波于平地，设不幸而两败俱伤，又何益乎。中日国交，裂痕重重，无可讳言。最近邻邦明达，如儿玉谦次先生等，专诚来华，参加中日贸易协会开会事宜，高唱亲善提携，似欲拨云雾以见天日，然事实最雄辩，枝节横生，终恐昙花一现，倏成泡影耳。年来吾国各地，走私甚盛，不特税源遭巨亿之亏损，而工商界均将有破产之虞，可惧孰甚。海关缉私，虽属周密，而所谓浪人者，依然有恃无恐，是可忍孰不可忍。上海为国际观瞻所系，缉私人员之宣言，此种事故，已连续发生十余次，则破坏关务行政，妨碍国权，断不能再容忽视。凡吾海上各公团各界，均应起而主张正义，一方吁请外交财政主管长官，提出数种抗议，保障国权，则吾商民，庶保安居乐业，而民族复兴之望，庶不致半途被摧焉，谨此宣言。（1937 年 3 月 29 日）

工商界热烈捐输救国·西服业同业公会

上海市西服业同业公会，昨在该会所举行第七次执行委员会议，出席者有江辅臣、王廉方、夏筱卿、洪信甫、唐琼相、王宝庭、王渊如、邵联三、林正人、王介甫等十余人。主席江辅臣报告，大意以国难严重，人民应尽救国义务。次讨论劝募救国捐方案，除当场有江辅臣认捐国币五百元，王廉方、洪信甫、汇丰号、余昌号、惠利号、兴康祥各认捐百元，林正人认捐五十元，夏筱卿认捐四十元，王和生、王和福、王正甫各认捐三十元，又复拟具长期募集方案，亦经提会通过积极进行。（1937 年 8 月 17 日）

各地通讯·奉化旅甬同乡会

奉化旅甬同乡会第二次理监事联席会议决议，一致拥护俞飞鹏、毛秉礼、王徵莹为国大代表候选人，王正廷、毛翼虎为立法委员候选人。（1947 年 7 月 29 日）

四、慈善公益篇

上海商务总会经收江浙振捐第三次清单

朱德新小儿汤饼移助一百元，邬挺生先生交来演戏助赈二千零九十六元一千二百四十九角、铜洋七元、钱一千二百四十五文，又当场写捐内地电灯公司十元，紫汤桐主五元、无名氏三户各二元、无名氏九户各一元……制给收照，汇解灾区，合亟登报，以扬仁风。（1909 年 8 月 4 日）

议筹宁绍新船股款

二十一日午后二时宁绍帮四衣业在塘山路北长生公所开会，集议宁绍公司新船股款，到者甚众。由柱首乌品瑞、郑信德、王才运、朱伦记、包荣生等竭力劝股，除已认缴二千数百余元外，再向同业分头劝招，亦足见该业之热心公益矣。（1911 年 7 月 17 日）

英美烟公司邬挺生启事

昨由中国赤十字会递来募捐启数纸，诵读之下，实深钦佩。想女医士张竹君为川鄂战事发此宏愿，前往救护被伤之人，仁尽义至，千古罕有。缘是敝处同事观感所及，咸愿捐输。谨于西历十一月一号起，各在薪水项下撙节慨助，兹已集有洋蚨二百三十九元。每逢月终按名收集，汇缴赤十字会收捐处，以尽涓滴之义。想我沪上行号林立，其中不乏仁人君子，素抱热诚，同具恻隐者。苟能共相劝勉，乐为输将，或多或寡，视力所至，则是惠而不费，功亦甚伟，得有一家以树其先声，吾知闻风兴起好善者正不独一行已也。敝处同人敬为伤痍者馨香祷祝以望。（1911年11月11日）

中国红十字会时疫医院捐款志谢

兹承荣昌祥号王才运君热心慈善，鼎力劝募，无任钦佩。兹将各大善士台衔列下：荣昌祥号洋十元，王才运君洋十元，张孝悌君洋二元，洪旱霖君洋一元，张惠庆君洋一元，王兴昌号洋五元，永泰呢号洋十元，陈守功君洋五元，仁义公洋五元，洪记洋五元，恒和号洋五元，公兴号洋五元，信义公洋五元，东升洋五元，老生记洋五元，咸昌洋五元，升昌洋五元，荣源祥号洋三元，美发洋三元，嘉泰洋四元，黄顺泰洋一元，以上共计洋一百元。当即汇交本会会计董事朱葆三君核收外，特此登报，以扬仁风，中国红十字会时疫医院院长沈敦和、朱佩珍同启。（1913年9月15日）

孤山梅讯

静眼通信

南屏山重建两浙节孝祠由奉化孙玉仙君集资兴建，顷已开始，六月内可竣工也。凡各县之守节妇女均可入祠，闻赞助者颇多。（1916年3月8日）

宁波同乡特别大会纪事

宁波同乡于昨日下午二时在四明公所开特别大会，为筹议建筑宁波同乡会新会所组织募捐团事，到会者达六百余人，极为踊跃。首由会长张让三君报告开会宗旨，次公推朱葆三君为临时主席，复由朱葆三君托钱达三君代表。

次方椒伯君宣读募捐团章程，全体赞成通过。次俞宗周、赵晋卿、沈仲礼、陈良玉诸君演说，大致说明宁波同乡会建筑会所之必要并劝告同乡踊跃输捐，众皆鼓掌欢呼。次由到会同乡认捐，集洋六万五千余元，至散会已钟鸣六下。兹将募捐团章程及捐款细目照录如下：

宁波旅沪同乡会建筑会所募捐团章程

第一条　本团以群策群力募集捐款建筑本会新会所为宗旨。

第二条　本团组成后凡为团员一致进行，以达建筑会所之目的。

第三条　建筑会所之捐款总额预定为银元二十万元。

第四条　本团设团员六百人，督请同乡各业之热心者，担任分向同乡行号店铺或个人广为募捐，如更有愿任团员者，得本团之认可，得随时增加之。

第五条　本会各职员均列入团员并推举募捐总主任一人、主任六人办理捐务以专责任。

第六条　募捐之期限定为一个月，自夏正七月初一日起至七月底为止。

第七条　每一团员募集之捐款定为至少伍佰元，多则益善。

第八条　团员募到捐款定一星期汇缴一次，开列名单并捐款送交本会募捐事务所，制取收据。

第九条　捐款及收条加盖本会团章，并由会稽董事会同盖章，以昭慎重。

第十条　收到捐款指存殷实庄号，妥为储蓄，非建筑会所不得动用。

第十一条　凡热心助款人姓名随时标示本会门首，以资表扬。如本人愿登报者另行照登。

第十二条　本团事务所内设坐办一员，由总主任聘任，专办募捐一切事务，其他办事员由坐办选派。

第十三条　本团定每十日开会一次，全体团员务必到会讨论募集方法，考察捐务进行状况，遇有特别要事则临时召集。

第十四条　会所落成时，凡助款人及各团员各项纪念奖章另有专章规定。

第十五条　募捐告竣会所落成后刊印征信录分送助款人及各团员，以示核实。

第十六条 本章程未尽事宜得由团员提议开会，议决修正之。

宁波旅沪同乡会募捐员名誉奖章

本会建筑会所募集捐款端赖热心诸同乡广为劝募，合群策群力，襄成斯举。本会对于出捐者既定有纪念条例，以答盛意。然不有劝募，款何由集，是对于募捐员不可不有奖章，以示鼓励。爰议定募捐员名誉奖章，俟会所落成依照施行。今日募捐诸君子一片热忱，他年永享隆名，与本会所同垂于不朽，当亦我诸乡老之所赞成也欤。

①募集特别巨款者：（甲）认为本会永远会董，不收会费。（乙）赠大银杯一只。（丙）本身及后嗣遇有生命财产关系时，本会共同设法保护，以示优异。（丁）特刊照相于大议事厅并勒姓名于铜质纪念碑。

②募集捐款在一万元以上者：（甲）认为本会永远会董，不取会费。（乙）赠中银杯一只。（丙）享会中优待之荣誉。（丁）特刊照相于大议事厅并勒姓名于铜质纪念碑。

③募集捐款在五千元以上者：（甲）认为本会永远会董，不收会费。（乙）赠小银杯一只。（丙）特刊照相于大议事厅并勒姓名于铜质纪念碑。

④募集捐款在三千元以上者：（甲）认为本会永远会董，不收会费。（乙）录刊照相并汇列姓名于铜质纪念碑。

⑤募集捐款在一千元以上者：（甲）认为本会永远特别会员，不收会费。（乙）录刊照相并汇列姓名于铜质纪念碑。

⑥募集捐款在五百元以上者：录刊照相并汇列姓名于铜质纪念碑。

民国七年七月二十二日议定

当场认捐题名：（捐一万元者）屠景三、（一万元者）虞洽卿，（五千两者）宁商总会，（五千元者）谢蘅牕、孙许夫人，（一千元者）董杏生，（五百元者）美华利、何绍裕、何绍庭、恒昌祥、张延钟福和烟公司、老顺记、顺昌煤号、钱达三、万顺丰、恒丰、昌丰记、方叶桂轩、蔡同浩、何积璠、永泰成、张志方、姜品良、凌鞠龄、柳钰棠，（四百元者）陆维镛、绥厚堂、瑞昌顺，（三百元者）陈文鉴、瑞隆号，（二百五十元者）复泰顺记、新顺泰，（二百元者）周仰山、陈椿源、计寿松、中英药房、五洲药房、润兴成、董洪茂、惟康号、朱世恩、广泰祥银楼、同义堂、孙子雯、董梦槐、徐忠信、应子云、陈学坚、沈仲礼、新顺记，（一百五十两者）吕耀庭，（一百五十元者）唐华九、华美大药房，（一百二十元者）元昌号，（一百元者）康锡章、项松茂、万生盛、毛维三、隐名氏、丰和、李廉荪、美泰药房、陈秀惠、李子良、孙纯甫、胡景扬、申大号、何元通、永昌泰、夏唐三、毛全泰、元昌成、中法药房、裘小竹、华庆号、同昌号、顺利号、中洋药房、大陆药房、陈如馨，（九十元者）同义和，（七十五元者）元生号、慎泰号，（六十元者）同春和、鼎康号、美昌号、恒源泰、干泰祥、新义和、老顺泰锡记、鸿源顺，（五十元者）商韵赓、沈莲舫、陈莲新、何永昌、同生泰、陈茂堂、爱华士药房、陈玉书、林全华、陈韵笙、钱雨岚、合兴号，（三十元者）洪益珊、顺泰昌，（二十元者）紫宝怀，（十元者）俞云卿、金安卿、曹森华、蔡方源，（五两者）李子美，（五元者）吕子珊、丁玉山、陈玉树。（1918 年 8 月 4 日）

宁波同乡之急公好义

昨日下午四时，宁波旅沪同乡会开鄞奉公益医院成立大会，到者二十余人。系张让三君为临时主席，首由江北溟君宣布开会宗旨。次由江西溟君宣读草章，经众逐条讨论修正。当推孙玉仙君为总董，孙梅堂君为副董，何绍裕君、徐颂华君为查账董事，江西溟君为理事长，全体赞成。该院现已开办，假方桥公所为诊室，装置完备，极合医院规模，更在左近

报道影印件（部分）

购地，拟筑洋式病房五幢。其经费之已募集者，如何绍裕、何绍庭昆仲捐助洋一千元，又担任捐建病房洋约五千元，徐颂华、徐宝生叔侄捐助洋一千元，汪周逊君捐助洋五百元，孙梅堂君、何鹿山君、阮如川君亦各认捐洋五百元，江西滨君认募洋一千元，孙梅堂君又担任置办病房内一切应用各品。是日到会诸君尚多，有捐助巨款及愿代劝募者俱极踊跃。宁波人之急公好义于此可见一斑矣。（1918 年 8 月 10 日）

甬团体为盐民请命电

宁波旅沪同乡会，昨致北京电云：北京盐务署张岱杉、李赞侯先生鉴：兹据奉化定海乡耆纷来报告，自今岁试办鱼蜒盐廒，朦耸增加鱼盐税率骤至二十倍左右，且必经秤放局及缉私营种种手续，方准验放。渔民板户受害叫苦，无可告诉，遂致冲突肇事。幸米统领老成持重，到地查办，意颇镇定，得免扰累。今该廒耸支所长周宗华及缉私营在岱山建筑缉私营房，左右瞭望，为一网打尽之计。现值秋汛渔期，在山板户鱼厂目击心惊。沿海渔民因前次冲突裹足不前，求为设法代达前来。查甬属海岛人民在半倚海为生。两公仁慈，洞知板户渔民之苦，今搜括极于海山禁令，苛于内地，使该民无一线生路，有不恻然动念者乎。昨见定海知事布告，虽似招徕奉帮渔民来岱采捕，乃一味威吓，甚于专制，而照章购票捆盐听候查验。种种手续，仍多困难，并有派兵剿办，玉石俱焚等语。是招之适以拒之，渔民多不识字，益滋误会。要知岱山板户并非私枭，桐礁渔民岂是窃匪。今盐廒利用支所，支所又利用缉私营，铤而走险，谁实使之，伤哉吾民，受此荼毒，应请台端立饬盐运使撤销盐廒，规复旧办渔引，并请缉私统领缓筑营房，免滋疑惧。一面电请督军省长立饬奉定两县知事布告，晓谕渔民依汛放洋，力任保护。至前次肇事尽可另案办理。总之，浙东产盐与浙西行盐情形迥不相同，年来海盗不靖，岛民渔船被劫伤人岂止一次。若再迫令渔盐穷民走投无路，生计尽绝，非特后患无穷，恐于苏五属原有引课税有损无益。为小失大，徒供中饱，似乎非

非由大学出身而致此者，实际教育之力也云云。次邬挺生起言，今日本请四人演说，兹因为时太晚未能如愿。苟对实业大学有疑问者，请随时质问应君尚德。时应君复要求发言，声明此次所筹备大学非形式上之大学，乃实际上之大学，在美则谓为 Industria Univerity Misaion，即大学会。本会所谓大学者亦即此类。譬之宁湘铁路开办至今，未见成效，无他办事不得法耳。苟以之为实业大学之基础，则一切所用之工人、卖票人均得实地练习。至该大学之组织，系完全为利益分配制 Prkfit Sharing，使工人得分红利，非若有一种特别之职业教育，专为资本家培植人材，而劳动家与资本家仍无调和希望也。且此大学决不致侵害他人职业，简言之其主义在使大家多发财，不可使资本家多发财云云。次有袁履登起立，言今日本会通告言不筹款不募捐，而应君报告中有发行四厘信用证券之说，又所分送之愿书上记有购证券预约事项，似与通告不符。又应君言应分红利于劳动者，则购信用证券如何能图发展，希即说明云云。应君复起言，购买证券本为吴博士计划，吴博士现已在美进行，已设有筹备会。但此系我中国人之事，凡中国人均宜竭力帮助，所以欲在中国亦发行者，无非为中国人争体面耳。至大学中所得利益当提成分配若干分，作为扩充大学，而若干分给劳动者也。次汤君松起言，应君既言在华发行证券，系为维持体面，则各人均宜尽力。一方面可邀集多人签名表示赞成斯举，使吴博士在美进行较易，一方面致函吴博士，询其在美筹备情形。主席谓此举因时过促，俟下次开会再议，即分送入会愿书与入会人。最后报告该会通讯处暂设于三马路中国银行楼上，时已六时三刻，遂摇铃闭会。（1919年11月5日）

南京路商界联合会会议夜校事

昨日南京路商界联合会会员在该会事务所开义务夜校讨论会，到者十余人。公推潘锡范主席，报告义务夜校募捐册分送各会员已经多日，想各号捐数谅已认定，拟于明日分段出发催询，全体通过。继多数主张今日到会诸君先行认定捐数，全体一致当场认定捐款数千元。由王才运起立，谓义务夜校成效之良否在正副教务长之胜任与否，如果教长得人，足以造就本路人材，亦可谓根本救国之基础。现有友人俞希稷曾游学美国，富有商业学识，素抱救国主义，现任各大学教员。本席以私人名义邀请数次，恳其担任正教务长之职，已得俞君允可，未识诸君以为然否。言毕全体通过。又推余华龙、陈亮公为副教务长，全体赞成。继由王廉方提出泥城桥有洋房一所，是否合用，请公决。结果推数人前往与房主接洽，再行定夺，并闻所有捐款先请各店自由认定，明年正月初十由会中会计以正式收条前往收取，所定学额约计二百六十名。（1920 年 2 月 6 日）

各方面之筹赈声

邬志豪君述奉化水灾惨状

宁波奉化北溪口地方上下七八十里，田舍相接，阴历七月二十一日，忽起狂风大雨，三昼夜至二十三夜半，山洪暴发，再以屚水助之，平地水起丈余，沿溪所居之民，从睡梦中惊闻水声已不及避，随屋漂流，百余家男女老幼尽沦没水中。余如庐舍冲坍，堤塘撼崩，堰坝倒坍，不可胜数，农田子粒无收，膏腴变为沙砾者计有千余亩之多。尤堪伤者受灾之民安身无所，饥不得食，寒不得衣，扶老携幼，沿途觅食，嗷嗷声哀殊不忍闻。际此冬寒已近，饥寒交迫，命何以堪，且堤塘堰坝急于待修。旅沪宁波同乡绅商素称乐善好施，对此桑梓危灾，当能设法以援之也。（1920 年 9 月 25 日）

各方面之筹赈声

商界筹赈协会

商界筹赈协会昨在爱多亚路事务所开职员会，讨论一切。邬挺生主张劝募捐款期于普及，每一捐册最好以十元为度，每人只发一本，以期轻而易举。

朱赓石提议赈灾是一种消极的办法，我国历来办赈施衣施食施钱，均从消极一方面做去。鄙意除老弱妇孺外，凡年力富强者应想一种积极的办法，如以工代赈亦为积极办法之一种，又办赈者多从普及方面做去，其结果反不能实济一人。鄙意本会此次办赈应缩小范围，期达救人救到底的目的，否则区区一二十万元不足供全体灾民一日之餐。众赞成。邬挺生、俞国珍均主张先从调查入手，以便进行。邬志豪、朱赓石主张与各慈善机关合力调查，分别进行。次讨论捐簿，朱赓石主张先两万册。邬挺生主张捐簿只印普通的一种。俞国珍、宋诚彰主用两种捐册，一普通，一特别。邬挺生主先从普通入手，众赞成。捐册收据印刷由各职员分别担任。又讨论募捐办法，邬志豪主张各路用募捐队办法，以专责成，祝志纯附议。陆文中提议募捐队所发出捐册两星期为一收结期间，旋略谈他事而散。（1920 年 9 月 29 日）

各方面之筹赈

南京路联合会出发募赈

南京路商界联合会昨为商界筹赈协会委托募捐事，于上午八时在事务所召集推定之募捐各职员讨论劝募计划，到会者有余华龙、王廉方、陈亮公、范承鋆、王才运、周宪章、费芸荪、胡锦香、费祖寿、孙紫临、蔡雨生、陈励青、邬挺生诸君。旋经议定即由该会出发，分为南北两部，十时起自西至东两边，挨户照簿送册，由各商店一一盖印，以昭郑重并演说八省灾情惨状。各店员莫不动容，咸允量力捐助。闻南京路除南洋烟草公司已慨捐十万元、简氏昆仲合捐十万元外，其公司同事不下千人，又有永安、先施两公司多数职员并兴业烟草公司、新世界南北两部同人亦均将有巨款捐助。是日募捐各员均抽忙服务，枵腹从公，迨事竣返事务所时已钟鸣五下，旋复议决三日后再向各店收回已认捐册，汇交商界筹赈协会，俾该协会自行派员凭册收取，以便将款汇解灾区云。（1920 年 10 月 20 日）

奉化水灾善后会

奉化旅沪同乡前夕在二马路太和园组织该县水灾善后会，到者鄞县知事（即前任奉化知事）姜证禅、宁波同乡会会长张让三等二十余人。由邬志豪主席，余华龙记录，先由杨藩卿报告灾况，略谓奉邑被灾二次，俱因山水暴发，下流沙石壅，积水不畅行所致。第一次在县南各乡，第二次在县北各乡。其时山陂水深丈余，旷地亦七八尺，急流奔湍，桥梁房屋田地冲坍者甚多，人民不及趋避而遭淹毙者亦到处皆是，情形至惨。现则膏壤变为沙地者数千亩，而沿河农田亦秋收绝望，转瞬冬令，卒岁堪虞，尚望诸同乡鼎力施救云云。次姜知事、邬志豪、陈益卿、张让三、赵晋卿、袁履登等相继讨论善后办法，均主标本兼治，惟宜先从劝募捐款调查灾区为入手。于是姜首先倡捐二百元，在坐者云起，一时集有四千余元，如张云江一千元，何邀月五百元，何绍裕、何绍庭五百元，王才运二百元，邬志豪四百元，邬挺生、孙经培各二百元，孙梅堂、袁履登二百元，王儒堂、陈益卿、孙天孙各一百元，赵晋卿、江北溟、余惠民、毛茂林各五十元，邬焕文三十元，王廉方、俞国珍、林之翰各二十元，单槐庭、陈韵笙各十元。并闻奉化知事袁玉煊现正在省，请拨公款，俟回申后尚须另开大会云。（1920年10月21日）

各方面之筹赈

商界筹赈协会

商界筹赈协会昨日开会，主席邬挺生出席，报告推举甘爵一为文牍主任，并报告添沪书记一人，业已到会办事。又民国路商界联合会业已成立，议决赞同。又大马路筹赈捐册，第一交到者为泰昌行乐俊葆，共捐得洋六百四十元正；四川路陆文中交来捐册各物，共计值价洋二百八十一元二角四分，议决移交游艺会应用。又报告佛教筹赈会来函，寿县平粜办法议决，交由赈务理事办理。主席又报告袁履登提议赈务理事权限问题，当即议决四款：（一）赈务理事部专管放赈事宜，本会议专管筹款事宜；（二）放赈执行权由理事部办理，议决之权由本会议办理；（三）每日所来各灾区报告计划放赈事务，由理事部提出交会议施行；（四）理事三人，至少一人每日出席，接洽一切。邬挺生又咨询游艺会，新世界须取费若干，此次费用应否由筹赈会负担，遂由俞国珍报告经过情形，略称：新世界应有费用，由新世界捐助各种游艺，如女学校之西文、新剧，商务印书馆之影戏，均由各方协助慨捐。和平社社员更声明，各人买票进门，可见热心筹赈，至深钦感。由斯预算，当所费不多，并述及当日又有童子军维持秩序，谅无妨碍，云云。当经议决，照俞国珍君报告办理各事，议毕遂宣布散会。（1920 年 10 月 27 日）

商界筹振协会消息

商界筹振协会昨日开常会，由邬挺生主席。（一）邬君提议，本会原议筹振由本会，放振由北京佛教筹振会。今后应照原议，速将一切捐款支配清楚，以后放振自有佛教筹振会负责，本会只处监督地位，任务既轻，干系亦少，议决通过。（二）宗诚章提议，为和平社演戏助振一事，请会计科将本会戏券及花楼除已收外，亟应赶速收取，以清手续。又新世界应去会计一人，并随带收据，以便助振者来场即可随出收条，以简手续。又北京路商界联合会来函称，募捐队已经组织，请本会印送捐册。议决推俞国珍接洽办理。总主任简照南提出意见书云，此次灾区北方最重，上海为筹振机关，北京佛教筹振会为放振机关。前经十六日会议公决，直鲁豫晋陕浙六省各拨一万元，而南洋公司所捐之十万元，又鄙人兄弟二人各五万元，共计二十万元，除应拨六万元外，尚余十四万元。鄙人视北地灾情甚烈，急不待缓，拟将其余十四万元悉数汇交北京佛教筹振会便宜办理，并派王秋湄、江味农二君就近监察一切云云。钱雨岚、陆文中、陆祺生、邬志豪、邬挺生、潘励绅、王才运诸君均有讨论，议决照原提案意见办理，汇款处及存款处仍照从前议案，均由各地中国银行主持，以昭信实。又吴亮生提议，本会应为各分会备木牌一块，以便随时将劝捐各员陆续报告募得款数，揭示大众。议决交庶务科办理。又主席报告聘请律师及其他会内零星事务均照议通过，散会已七时矣。（1920 年 10 月 31 日）

各方面之筹赈声

商界筹赈协会

商界筹赈协会日昨在事务所开会，主席邬挺生报告简照南来函，请江味农、王秋湄二君代表简君亲赴灾区办理赈务，通过。邬君因事先退，陆文中代为主席，报告和平社关于演剧助赈来函（报销和平社经手各账目），应备函致谢。郑鹧鸪提议和平社演戏助赈，热心善举，本会应制匾额相赠，全体通过。潘励绅提议转托青楼代募捐款，公决请由潘君主持办理。各案议毕，钱雨岚君报告今日收到捐款数而散。（1920 年 11 月 10 日）

商界筹赈协会开会纪

商界筹赈协会昨日下午二时开职员会议，公推邬志豪主席，宋诚彰记录。当由主席报告邬挺生因公北上，本会应请其将灾区所得随时报告。钱雨岚调查鄞东水灾及工赈事宜，拟于今日赴甬，众赞成。次陆祺生报告日前八省急赈会游艺会，蒙诸慈善家助来物品，除当时在商场售出外，尚有余存各物，本拟当时拍卖，因估价只有数百元，同人等因估价太少，若将货存留而结束手续未免延长，因此当场公决作价洋一千五百元，业经登报声明。现已有本会多数通过职员担任分消一千二百元，其余三百元，再请诸公公认。王才运主张限三日请各界莅本会看货，统计作价一千二百元，我等愿牺牲三百元，补足一千五百元，以清手续。如果无人购买，由各职员负担，以抽签分派。众亦赞成。又袁履登报告派到八省急赈游艺会捐款一万五千余元，已将一万元并入本会，凑足一万五千元，业经交沪中国银行汇至北京中国银行，代购小米散放北五省最重灾区，其余五千余元拟拨陕西、湖南、福建、浙江等省。全体赞成（下略）。（1920年12月4日）

组织教育实业演讲团纪

昨日（星期四）下午六时，中华教育实业演讲团会员借座马玉山公司西餐室开发起人会，到者有王儒堂、张让三、谢蘅牕、周佩箴、邹梅生、沈戟仪、朱体仁、黄警顽、朱一笙、王立才等二十余人。首由沈戟仪报告组织本会缘起，大致谓南通张季直先生先办实业，继办教育，所以教育基金充足，而人才众多，实业亦愈益发达。现同人组织教育实业演讲团，期于教育实业同时并进，各省实业大兴，经济既足，然后可谋教育之普及，识字人日多，人民咸有常识，然后可望实业有进步。幸得谢君蘅牕等诸君子赞成此议，担任组织演讲团协会，筹划经费，为中国大局前途计，实有远大之见地，今敬请谢君发表意见。谢蘅牕君言，沈君历办五省教育，服务社会二十余年，颇为热心。现发起教育实业演讲团，余极愿追随其后。中国教育不发达，无知识之人居多数，实业不振兴，游民占半数。故此时演讲鼓吹极为重要。沈君所宣布进行方针数条，与国家极有关系，人民能自强，国未有不强者。现请沈君起草将宣讲团组织法及演讲大旨编成一册，再请张君让三斟酌修饰，印就千册，征求名人赞助，并呈黎前总统等列衔提倡。希望全国俱有此项宣讲团之发起，则中国前途庶有一线希望云云。次王儒堂起立言，余极赞成斯举，惟如何使之实现，有二要点须注意：第一为人才问题，须有人专司其事，尤须确有经验，如各省青年会办事人均极一时之选，所以成绩大佳。宁波青年会胡咏骐先在上海青年会练习办事二年，然后到宁波组织会务，入会者非常踊跃，此干事人才之当注意也。第二为经费问题，人才既得，必须另有人筹划经费，使办事人专心办会务，不纷心于筹费，如此既可达其补救社会之宗旨，尤可使人敬仰，不致疑其有自谋私利之心。所以筹费一层当多求会员共同担任。鄙人阅历多年，略举经验之谈如此，请诸君注意。末谢君与张让三等复讨论片刻，乃散会，时已八点三十分矣。（1920年12月24日）

各方面之筹赈声

商界筹赈协会

上海商界筹赈协会昨日下午二时开会，比时到者十一人，公推邬挺生主席，先由主席报告此次北上调查放赈情形，计已拨出山东、河南、陕西、山西、直隶、浙江各一万元，及河南另拨五万元外，计拨与佛教会者近九万元，并承商学政各界协同散放，成绩颇有可观。前次议决南洋烟草公司名下，每箱香烟抽助洋五元，以五个月为限，照四千箱计算，每月计洋二万元，过数照抽，预算现已超过原数。故除公司名下拨助十万元外，该公司另在丰台及河南许州两处设施粥厂，收留灾民。各厂每日赖以生活者数千人，皆本会委托由南洋分公司直接办理，该款不在二十万之内。际此气候严寒，灾民同居泥室，既不觉寒冷，又无疾病之患，深为可慰云云。主席报告毕，宋诚彰提议本会所募捐款以及经过事实，应造征信录，报告一切手续。邬志豪提议，公推俞国珍、宋诚彰办理此事，以专责任。钱雨岚提议，凡热心本会者如新世界等应赠纪念物，以示热诚，众赞成照办。议毕，宣布散会。（1921年1月15日）

奉化水灾善后消息

旅沪奉化水灾善后会捐集赈款约共一万元，业经旅沪同乡会员于昨日开会讨论办法。当将捐款酌量分配，函知道尹、知事及各乡自治员。其函如下：谨启者，同人等前以本县各乡今年迭遭水灾，禾稼漂没，收获无望，田塘冲坍，后患靡穷。逖听之余，不忍坐视，爰集同乡之旅沪者，组织水灾善后会，分头募捐，聊尽棉薄，并公推庄崧老莅奉勘灾。一面函请各乡热心诸公共策进行，藉资补救。不图本年沪上市况萧条，银根奇紧，竭力筹募，仅得捐款一万元。而据庄崧老报告，致灾原因全由发源之山森林太少，水难停蓄，下流溪河淤塞过甚，水不畅行。欲图根本解决，必非培养森林疏浚河道不可。今以此区区之捐数，而欲改良大而且难之工程，不惟挂一漏万，无济于事，抑且待赈孔殷，不容或缓。同人等再三商榷，计无可施，姑择其事之至要而急应举办者条议如下：

一、培补工程。溪河沙洲为拦阻去水之最大障碍物，农民不顾大局占为私有，并有于涌起之初即栽竹木，因而密植成林，愈被阻而横流泛滥，遂致冲决堤塘。今拟请各乡自治会呈请县署，将沙洲之竹木尽行铲除，其已升课者由县详蠲粮额与无粮沙洲一律收回公有，永禁栽种，然后渐图挖掘。至于决口堤塘属诸公有而又当要冲者，尤不可任其崩坏。此种斫树修堤工程，本会据调查所知，斟酌补助分配如下：计长寿八百元，剡源八百五十元，禽孝四百元，金溪四百八十元，进化六百五十元，忠义七百二十元，连山四百元，松林五百元。

二、筹办平粜。据崧老调查，以奉化田亩计口授粮，按诸本年收成，不敷之数多至十七八万石。除旅外同乡不计外，至少亦须有数万石之补助，方无饥饿之忧。但本会捐款不多，放赈则力有未逮。计维请各乡同人另行设法募捐，预储的款，以备来年平粜之用。本会则即以在沪捐集之数提出半成，借作提倡，并按灾区大小公同分配。计长寿八百元，剡源七百五十元，禽孝八百元，金溪七百元，进化五百元，忠义六百元，连山四百元，松林四百元。以上二项分配各款，为数至微。然鉴于捐集之难，不可不格外慎重。本会特召集旅沪全体会员，对于将来承领款项之人，不能不有所倚重。因公推长寿归江西溟先生承领，剡源归康锡祥先生承领，禽孝归何鹿山先生承领，金溪归郎韵玉先生承领，进化归丁忠茂先生承领，忠义归庄崧甫先生承领，连山、松林一时无人接洽，公推县知事承领。台端熟于本乡情形，务请酌量应行举办各端，权其轻重缓急，与领款人公同酌办。一俟定有确实办法，即行报告本会，领取款项，事成后再将详细账目函送本会，以便汇刊而资征信。至于培养森林，乃求治水灾之根本办法，本会已印成书册一千本，呈请省长道尹知事布告劝导。其已垦之山可于山麓栽植杉林，山腰补种茶树、山查、黄栀等灌木，以免沙石崩颓入溪，尤为至要（下略）。（1921年1月19—20日）

南京路山东路募捐情形

昨日（十九）联合急赈会第一至第五募捐队全体至南京路募捐，先至该路商界联合会，由该会职员余华龙、王才运、蒋梦芸招待，茗坐片刻，即出发分段捐募，并由联合会推举职员王才运、余华龙、王廉方、张秉森随队协助劝募。自泥城桥至外滩止，直募至午后二时始竣，总计各队约募得七八百元，尚有南洋公司等数家则认捐巨款自行送会不在数内。（1921年3月20日）

教育实业演讲团协会组织概况

谢蘅牕、王儒堂、邬挺生、沈戟仪等鉴于我国教育之未能普及，实业之未甚振兴，组织教育实业演讲团，拟多请演讲员，周行各省内地，实行讲演，以为革新教育发展实业之导线。去年十二月间，借马玉山公司开发起会并组织演讲团协会，以维持经济。周佩箴、欧灵生、陈光甫、钱新之、贝润生、邬梅生、丁纪涛、朱体仁等最先入会，其后陆续加入者，得数十人。旋公推谢蘅牕为主任董事，王儒堂、邬挺生为副主任董事，邬梅生为会计董事，周佩箴等二十余人为评议董事，沈戟仪为主任干事。自上年十二月起至七月止，沈戟仪兼任演讲员，不支薪水，亲至江苏、浙江、安徽、江西、湖北、湖南六省到处开会、演说，提倡职业教育，颇受学商各界之欢迎。沈君又酌带国货数种，以资印证而作谈助，有时并备留声唱机以助，与故每次开会听者，恒数百人。本年八月二十八日，借宁波同乡会开董事会议，谢蘅牕主席略谓：浚发民智，注重民生国计，实为当今切要之事。本会从小规模实行做去，不

至陷于绝地。而第二法尤为当务之急，惟需费浩大，灾区无力自谋，非赖旅沪同乡资助不能成事云。现该会已调查告竣，办振方针大致定夺，已特派振务主任庄崧甫暨慈善委员俞宗周，分赴鄞江桥、奉化等处，相度地方情形办理矣。（1921年9月6日）

甬人筹振记

官绅设宴募捐

会稽道尹黄涵之、鄞县知事姜证禅、慈溪知事马国文、奉化知事袁玉煊暨宁属急振会会长陈南琴诸君，因筹募振捐来沪，阴历初十、十一两夜，会同朱葆三、虞洽卿、傅筱庵、谢蘅牕、李征五等十余人，在宁波旅沪同乡会叙餐室公宴旅沪各绅商，即于席间讨论办振计划，并募集捐款，至昨夜止共募得三万五千元。兹将认捐人姓氏及款额列下：虞洽卿捐洋五千元，又认募洋五千五百元，张延钟捐洋一千五百元，张云江连前共捐洋一千元，何绍庭及何绍裕合捐洋一千元，又认垫洋九百元，王才运加承垫洋五百元，项松茂认垫洋五百元，洪承祁加捐洋五百元，邬志豪加捐洋五百元，楼恂如认捐洋一千元，黄玉书募捐洋五百元，毛全泰认捐洋五百元，孙天孙认捐洋一千元、盛竹书、孙衡甫合认募洋四千元，李云书认捐洋一千元，李咏裳认捐洋一千五百元，薛文泰认捐洋一千五百元，袁履登认捐洋一千元，谢蘅牕认捐洋一千元，袁祖怀认捐洋五百元，周茂兰加认五百元，洪贤钫加认五百元，陈子埙认捐洋一千元，袁庆云认捐洋二百元，陈文鉴认捐洋一千元，吴梅卿认捐洋五百元。（1921年9月13日）

热心兴学之请奖

奉化县金溪乡庙后周永镇国民学校系周永升独自出资，创建校舍，培植同族子弟。现在校舍落成，拟于秋季开学，先于暑假期内开成立大会，由族

众协议进行。届时请就地官绅莅会，并将周永升热心办学禀县请奖，颁给扁额，俾资矜式云。（1922年7月29日）

浙奉化知事袁玉煊致旅沪奉化同乡函

径启者：查奉邑近年以来，灾祲迭告，民苦颠连。上年水灾，募捐办赈，幸赖贵同乡诸公大力扶持，灾民得登衽席，感激莫名，方期上天默佑，从此岁稔时和，民安物阜，不意上月六日（即阴历六月十四日）夜，狂风暴雨，山洪暴发，剡源、忠义等乡又受巨灾，死伤二百余人，田庐漂没无算，堤崩塘决，路毁桥坍，比比皆是。最可惨者，马村人烟二百余户，房屋三百余间，仅存十分之二，几至全村覆没，而灾后生计困苦者，则以环潭、白璧及山僻各村为尤重，哀鸿遍野，待哺嗷嗷，满目疮痍，笔难尽状。业经电蒙会稽道尹准予拨款，购办苞萝薯丝各五百石，先放急赈，而善后一切，正待妥筹。玉煊自维凉德，未能上迓天和，挽回浩劫，良深内疚。现虽奉调孝丰，受代在即，然在职一日，当尽一日之心，只以绠短汲深，智浅能鲜，尚乞阁下垂念桑梓受灾奇重，广为设法劝募义赈，俾灾黎得资救济，不致流离失所，则感荷大德于无既矣，专此布达，敬颂善祺，惟希霭照不一。弟袁玉煊谨启。（1922年9月3日）

旅沪人士筹振浙灾

浙属各县水灾惨状曾屡志前报，兹悉宁波同乡会会董何鹿山曾亲往奉化等邑遭灾区域察看，昨已回沪。据云，灾情重大，生命死伤之多，为历来所罕，有遍地泽国，几难成步。此次回沪除携有道尹等求振之公函数件外，并携有灾区实地摄影二十余帧，即拟制版印刷，分悬各处。又绍兴同乡会自举行筹灾会后进行募捐颇为积极，昨特商诸大世界经理黄楚九，请假该游戏场举行筹振会一日。黄君以桑梓关系，业已允诺，惟筹备费时，日期尚未确定。

又宁波同乡会除议决于本星期日下午举行筹振会外，并拟商借新世界游戏场开筹振大会云。（1922 年 9 月 9 日）

宁波同乡会乞赈之两电

致杭州卢督办沈省长电：杭州卢督办、沈省长钧鉴：宁属各县自八月六日、十三日两次风雨奇灾，正在设法筹赈之际，不料三十日、三十一日又连遭飓风，各乡山洪暴发，田庐人畜重复漂没，即平原之地一望汪洋，棉禾亦被浸腐烂，其他堤防溃决，桥路坍损者更不计其数。现奉化鄞县镇海慈溪以及象山南田定海无不函电纷驰，同来告急。查此次迭遭奇灾为数十年来所未有，本会同人闻之殊深恻然。但商业凋敝，呼吁力竭，现虽组织宁波急赈大会，而灾重且广，捐款殊无把握。素仰钧台关怀饥溺，视民如伤，为敢恳求俯念灾黎，设法先拨巨款以资救济，临颖不胜迫切，并候惠电。宁波旅沪同乡会朱佩珍、虞和德、王正廷叩齐。

致各埠甬同乡电：宁波旅沪同乡会昨致电汉口、天津、北京、营口、苏州、杭州、福建等处宁波旅沪同乡会乞赈。其原电云：（衔略）宁属各县三次风灾均遭大害，灾情奇重，为数十年所未有，本会迭接各县函电纷纷告灾，庐舍大半淹没，田禾化为邱墟。同人等回顾家乡，能无恻然，爰特组织宁波急赈大会，准九月十日下午二时在本会演讲厅开会筹商办法。惟沪上年来商业凋敝，呼吁力竭，不得不求将伯之助。贵会谊属一脉，拯灾济难具有同情，为此仰恳贵埠同乡诸君协募捐赈，源源汇寄，使吾乡无数灾民共沐大德于无既，不胜迫切待命之至。宁波旅沪同乡会朱佩珍、虞和德、王正廷叩佳。（1922 年 9 月 10 日）

宁波急赈大会纪

当场认捐者万余人　商店学徒之节食助赈
小学生之慷慨解囊　毕竟宁波人热心桑梓

旅沪宁波同乡会以今岁宁属各县迭遭飓风大雨，各县纷纷告灾，特于昨日召集会董会员开急赈大会，到者五百余人。午后二时，摇铃开会，首由方椒伯宣开会辞，公推袁履登为主席，由乌崖琴报告各县灾况。次江北溪代表何鹿山报告何君在奉调查所得之灾况。略谓：此次灾情，较上年更重，而以马村为最，全村二百余家，房屋三百余间，仅存十分之二，几至全村覆没，其他如剡源、忠义等乡，亦死伤二百余人。灾后生计之最困难者，则以环潭、白璧以及山僻各村为尤甚。次奉化剡源区代表张文洲、镇邑李云书、鄞县大咸乡钱雨岚（励建侯代表）、莫枝堰穆子湘均先后报告灾情，颇为详晰。当场推定各职员如下：会长朱葆三、傅筱庵、盛竹书，经济董事秦润卿、孙衡甫、盛筱珊、陈子埭、傅洪水、乐振葆，捐务主任李征五，总务主任陈良玉，会计主任陈蓉卿、楼恂如，文书主任江北溪、励建侯，交际主任袁履登，调查主任钱雨岚、何鹿山、康锡祥、洪雁宾，庶务主任任矜苹，干事冯芝汀、胡孟嘉、方椒伯、张申之、孙梅堂、徐芹香、张延钟、石运乾、项松茂、盛丕华、李志方、洪贤钫、陈伯刚、邬志豪、薛文泰、应季审、李孤帆、陈谦夫、厉树雄、骆怀白、陈文鉴、沈佩兰、朱卿锡、马省学、赵沧蓉、袁明山、周干康、金润庠、洪锡范、朱锦康、黄杏荪、穆子湘、徐其相、俞宗周、冯子艿、朱哲甫、顾文耀、赵叔孺、江觉斋、刘耀庭、曹兰彬、凌鞠龄、楼其梁、胡甸孙。推选毕，屠景三即当场送来现洋一千元，充作捐款。于是当场到会员纷纷认捐，至此，有一年约十五六岁之商店学徒虞瑞棠者，登台演说。略谓：瑞棠系一小商店学徒，平日所得无几，焉敢言捐助二字，不过瑞棠连日闻家乡灾情，不禁恻然有感，兹敬将平日店中所予之早膳费按日节省，共得大洋三元，恭呈本会，充作赈款，以尽寸心，言毕鞠躬而退。寥寥数语，实引吾人好善之心不少。又有小学生名章挺生者，手持扑满到会缴捐，由方椒伯君携之台上，当众将扑满敲开，得铜元一百七十九枚，付以收条，欢跃而去。次讨论募捐方法。首由李云书提议江湾跑马厅向有慈善款项，请本会商恳叶子衡将跑马厅提议演剧水灾游艺会等，由干事会另行讨论。兹将当场认捐认募者列下：李咏裳捐一千元，屠景三一千元，袁燮元一千元，何绍裕、何绍庭一千元，陈学坚五百元，何邀月五百元，张延钟五百元，王水金四百元，朱哲甫五百元，王才运三百元，张云江三百元，邬志豪二百元，毛全泰二百元，吴海卿二百元，穆子湘二百元，董宝康、何立卿、徐永炎、王朝聘、庄鸿皋、康锡祥、钱庠元、孙泉标，以上各一百元，谢其潮、钱锦华各五十元（以上自捐）。李云书、李征五二千元，邬志豪、曹兰彬、竺梅先各五百元，袁祖怀、袁庆云共五百元，周干康二百元，同义储蓄所一百元（以上认捐）。江圣绪二元十角，虞瑞棠三元，夏绪勤一元，蔡念恃一元二角，吴根宝六角，章挺生一千七百九十文，蔡宝珍四角，乌统锐一元，乌统钊一元，蔡宝庆一千零四十文，周明德一元，邬春苗一元二角二百文，刘乃南一元，夏绍虞一元二百五十文，宋佰川、王金茂、董学富合四元十一角三百五十文（以上小学生之捐款）。（1922 年 9 月 11 日）

宁波急赈会之昨讯

宁波同乡会前日举行急赈大会，认募捐款，非常踊跃，详情已志昨报。兹悉该会现已入手进行募捐，进行手续，约分数项：①举行游艺会，请南北新旧名伶会串戏剧及各团体表演游艺。②派代表分赴各埠同乡会，劝募赈款。③仿铁路加收赈款办法，行驶宁沪轮船暂时加收赈款数成。④恳请官厅议会设法增收附加税。上列各项已由募捐主任李征五会同各职员分头进行矣。又闻该会定于今日（十二）下午四时召集干事会，讨论募捐进行事务。又该会会董朱哲甫君所认募款五百元（昨误自捐），今日已来函报告，募到李友睦君六旬大庆筵资四百元。又宁波七邑信家联合会认募二百元，柳钰棠君捐洋一百元，其他会员之来会索取捐册者亦数十人云。

该会自得宁属各县报灾后，着人前往灾地实地调查，昨各调查员已先后回沪报告。兹录其调查所得之情形如下：

奉化：奉化此次连被大风暴雨之灾，以剡源、禽孝两乡灾情为最重，阴历六月十四，第一次被灾之区，以剡源后路马村为最重，全村房屋尔去十之八，屋料家具，一扫如洗。次为环潭、白璧沈家岩、毛家滩、驻岭下以及亭下等处，人口淹毙二百数十名，沿溪民屋坍毁者不计其数，道路冲坍数十里，田地漂没数万亩，灾民困苦情形，实已惨不忍闻。讵料本月初九日，风雨叠至，以上各处重复被灾。前所残留房屋，又多被冲毁，而亭下以上如董村，则亦被重灾，此外六绍、三石、柏坑、踏驻前次水势较杀者，今亦巨流冲激，倒屋坍塌伤人之事亦随处皆是。溪口被灾亦重，沿溪一带街房全被尔去，墙垣门窗坍毁者多至百余间。此剡源、禽孝两乡后次之情形也。若萧王庙以下统属长寿乡，前次风水所损失者尚少，初九日以后，则田禾淹没至四五日，秋收全然绝望，其余各乡尚未得有报告。闻所被灾情，亦轻重有差，俟调查实况，再行详告。此奉化县灾况之大略也。

鄞县：鄞县居民房屋坍损甚多，商民多人惨遭压毙。同时江北岸及江东停泊商船亦有因风浪冲激致遭覆没者，工业学校房屋坍倒损失巨大，至今不能开学。各乡以大咸乡及莫枝堰一带受灾较重。大咸乡之俞家塘岙、陈杨家、钱家山、叶公山、芝山、童家岙、上周岙、童夏家诸村，竹木摧折，生计断绝，民房倾倒千余间，俞家塘桥堰坝无存，上周桥、童夏家堰坝亦全毁，道路桥梁堤塘损坏更不计其数。莫枝堰尚在调查，各处航船交通已断，未得报告者正复不知如何，此鄞县灾况之大略也。

象山：象山风灾以东乡之汤桥、峙桥、西泽，南乡之石浦、老东门、土泥塘，西乡之排头、下沈、淡港为最重，死伤人口约计二百余人。

慈溪：慈溪第二次风灾较第一次为尤甚，城内水溢出地面尺余，至三四尺不等，叶家、丈亭等处，弥望汪洋，几成泽国。

镇海：镇海各乡田稻棉花损失不资。

定海：定海堤塘溃决，咸潮倒灌，晚稻废槁，番芋棉花一律无收，盐田盐板冲决漂没不计其数。

南田：南田亦有波及茅舍，穷民狼狈无依，情甚可悯。（1922 年 9 月 12 日）

宁绍台水灾筹赈近讯

宁属七邑三次水灾待赈孔亟，旅沪同乡会理事邬志豪前特赴京，向京同乡劝募赈款。旅京同乡非常热心，如沈吉甫、张咏霓、陈艮初、贺德邻、童今吾、李祖绅、贺荇芳、李祖恩诸君共捐万金，一俟其款汇齐，即径汇本埠同乡会收款处，赶解灾区散放。尚有未发捐册，由张咏霓、王儒堂保管并委托张申之、张着卿、沈椿年、吴熊渭、邬深儒、周永升诸君分头劝募，待集存成数再行如数汇申云。（1922 年 9 月 26 日）

宁波同乡会集议取缔土匪

宁波同乡会为讨论土匪问题，昨午二时特开全体委员大会，到者三百余人。方椒伯报告开会宗旨，略谓：今日之会，专以讨论对付土匪问题，请众公推主席。众推盛竹书君。盛主席缕述宁属匪扰情形，略谓：积月以来，吾宁土匪蜂起，掳人勒赎，烧杀抢劫，日必数起，尤以奉化、象山两县为甚。惟各区遭匪之后，兼之去秋水灾元气未复，民不聊生，救济方法非办理春振不可。夫盗非生而为盗，实迫于饥寒有以致之，所谓饥寒生盗心，故正本清源之方法，惟有筹集赈款，办理春振，实为当今之急务。抑或一面春振，一面另议治匪之要图。概括言之，分两步办法：一、款如何筹法。二、匪如何治法。次陈蓉馆报告甬匪猖獗情形。袁履登演说残忍之匪类皆当铲除，不必加以春振；然确系迫于饥寒者，情有可原，不妨予以春振济。故对付宁属土匪，须分剿、振两步进行：一方面电请浙当局，派专员会同地方长官严剿；

一面筹办春振，请各同乡抱救人所以救己之心，慷慨解囊，踊跃输将，以竟全功。继由主席宣读预拟电稿，加以详密之说明，将原文郑重付表决，全体起立，通过。主席请华洋义赈会代表孙仲英报告振务，言之颇详，并谓华洋义赈会为浙灾计，现拟从事募款，组织四十队，每队先认一万元，望诸君加入。次即讨论筹办赈款，当场认捐者颇为踊跃。兹附致浙当局电云：杭州卢督办、张省长钧鉴，积月以来，吾宁土匪蜂起，奉象尤甚，掳人勒赎，日有所闻。地方军警职责安在，涓涓星火，后患无穷。本日敝会因各处报告，特开紧急大会。金以桑梓之乡，任其糜烂，岂忍漠视；除暴安良，惟地方长官是赖，应请特派专员会同水陆军警，合力剿除，以重责任。匪氛早靖一日，地方元气早复一分。谨为公众请命，无任惶迫之至。宁波旅沪同乡会朱佩珍、虞和德、王正延等叩齐。（1923 年 4 月 9 日）

旅苏甬同乡会议放赈

旅苏宁波同乡会正副会长林梅卿、刘正康、沈礼门，会董邬厚如、李允式君等因去年宁波七邑被灾奇重，特发起水灾筹赈游艺大会，计得洋五千余金。当派员赴宁波各县发放赈款，惟奉化被灾特重，待赈尤急。本派邬厚如君赴奉放赈，因该邑匪氛不靖，阻碍进行，正在设法。适有该邑绅士江西溟君与该邑商会长邬志豪君到苏筹赈，因之该同乡会长等与江邬二君会商放赈办法，议定除放赈各县外，余款汇交会稽道尹指定专赈奉化灾区云。（1923 年 4 月 29 日）

旅沪宁绍台人请除匪患

浙省宁绍台三属人士旅沪颇多，近念梓乡迭遭匪患，至今靡已。省军之剿治虽殷，股匪之猖獗仍甚，已由诸暨、嵊县二处蔓延。至余姚、上虞、奉化、象山等处，值此春季茧茶正在上市，若辈掳人勒赎，到处骚扰，致使商贾裹足，民不聊生，且足以阻滞春耕，殊为梓乡之患。故特发起宁绍台三府公民请愿团，向浙江省政府请愿速平匪患，并请省政府先行表示办法云。（1923年5月9日）

甬同乡会今日讨论奉化事件

宁波旅沪同乡会昨有奉化下凉亭难民代表吴安杨、吴凤池、陈尔仪、陈南寿等四人来会呼吁，略谓下凉亭地于初七日被大帮嵊匪与官兵激战二小时，匪徒因不敌官兵，归恨人民，将该处民屋纵火焚烧，并大肆杀掠，计焚去民屋一百零四间，斫毙妇女一人、男子二人，重伤者不计其数。现该地人民不但无衣无食，且无安居之所，应请援助等语。该会得报后准于今日下午召集全体理事开紧急会议，讨论善后办法云。（1923年5月10日）

宁波同乡讨论弭匪

宁波同乡会以奉化盗匪焚掠为灾，特于午后四时开理事会。到会理事有袁履登、李征五、任矜苹、邬志豪等十余人。李征五主席先报告奉灾民来函，续请奉化灾民代表详述被难情形。经各理事讨论，结果分函华洋义振会、宁波王道尹、奉化县知事及当地绅士请为援济痛剿云。（1923年5月11日）

奉化灾民代表来沪

请宁波同乡会抚恤

奉化剡源乡地方日前有嵊匪一股窜入，焚毁民房八百余间，死伤人畜无数。昨该地灾民代表四十余人，由甬来沪，向宁波旅沪同乡会请求抚恤云。（1923年6月20日）

甬同乡会抚恤奉化灾民

按户先行补助四十元

宁波旅沪同乡会，昨因奉化剡源乡地方，被大股嵊匪掳掠一空，民房被焚八百余间，死伤人畜无算，会由该乡灾民推举代表四十余人，来会要求抚恤，当经该会各理事会议，准按户先行补助四十元，以解危急，一面由该会联络绍兴同乡会等，筹议匪患善后办法，并奉化耆绅孙玉仙氏，昨有消弭匪患意见书提出该会云。（1923 年 6 月 21 日）

甬同乡会新职员成立会纪

宁波旅沪同乡会于昨日午后四时，在该会四楼聚餐室开新职员成立会，到者有会长朱葆三，理事袁履登、陈良玉、应季审、董杏生、任矜苹、余华龙、陈子埙、邬志豪、江北溟、石运乾等，事务监方椒伯、孙梅堂、徐芹香、洪雁宾等，基金监秦润卿、楼恂如、袁庆云等。当由朱会长主席，由理事票选李征五君为理事长。次提议傅会长及理事骆怀白、蔡仁初二君来函辞职案，公议一致挽留。次由该会第一科主任励建侯、第二科主任乌崖琴二君，报告会务经过情形及经济状况，并学务概况。次公推王儒堂、乐振葆二君为特别名誉会董。次由奉化代表庄崧甫、邬志豪二君报告奉邑匪扰情形，拟筹办民团，以资防护事。当场公推孙玉仙、庄崧甫、邬志豪三君为代表，晋谒当道，筹商办法。其余尚有重要议案，定下星期四开会公决云。（1923 年 8 月 4 日）

甬同乡会派员赴甬筹办民团

宁波旅沪同乡会前因迭接各属会员报告，四乡土匪横行，掳人勒赎时有所闻，近日又以江浙风云，谣言群起，市面不安，请为维持等语。该会得报后，当即召集全体理事，开会讨论。结果，派员赴甬，与宁波总商会及城自治会等，共同发起筹办民团，以资自卫。昨该会已派应季审、陈屺怀二人先行赴甬，与该两团体筹商组织办法云。（1923年12月28日）

甬同乡会筹办民团之复电

宁波旅沪同乡会前日派员赴甬与宁波总商会、城自治会、县议会各团体接洽，发起筹办民团。昨得宁波电讯，各属县议会联席会议及慈、镇、奉、象、定、南各县商会等，均以同乡会此议，实为切要之图，一致赞成。宁波总商会，亦于本日（二十八日）召集全体会员开会讨论，业已通过云。（1923年12月29日）

甬同乡会电阻奉化陆军调防

宁波旅沪同乡会昨得奉化商会来电报告，谓原驻该地之陆军现奉省令调防他处，请为电阻止等语。该会得电后，特致浙当道电云：

杭州督办、张省长钧鉴：顷奉化县议参商会电称，该邑冬防吃紧，陆军奉令他调，防务空虚，人心惶恐，嘱饬请缓调等语，乞俯准，希示复。宁波旅沪同乡会会长朱葆三、虞洽卿、傅筱庵江。（1924年1月4日）

筹办民团之集议

鄞县县议会准宁波旅沪同乡会来函，于四日下午召集甬属各县议会开会讨论筹办民团事宜。到者有鄞县县议会代表赵钵尼、徐矞青，慈溪代表周宪和，象山代表谢素圆，奉化代表庄崧甫、张松僧等暨旅沪同乡会朱傅两会长代表邬志豪，虞会长代表庄莘墅，理事长李征五代表陈屺怀，同乡会代表应季审、陈良玉等。公推鄞县县议会代表赵钵尼为临时主席，报告开会宗旨后，即请旅沪同乡会代表陈良玉报告发起筹办民团之原因（略）毕。慈溪代表周宪和谓经费枪械等，为开办民团之要素，应先有具体办法，然后可以入手，奉化代表庄崧甫附议。同乡会代表邬志豪谓此事关系七邑地方治安，应由七邑代表共同合作，先行推定常驻筹备员。庄崧甫谓同乡会人员亦属七邑人民，应请共同负责。应季审亦谓自应相助一切，然此事关系地方，需由各县代表为主体人员。陈良玉主张先推定筹备员以便进行。主席咨询今日尚有镇海、定海、南田三县代表未经到会，应如何办理，众以到会者已过半数，可先推定筹备员，将已决议事件，函告各县。陈屺怀主张同乡会方面推出朱傅虞三会长、李理事长四人为筹备员，众赞成，并请各县议会议长为筹备员。徐翥青谓县议会代表依法须由大会产出，除各县已经大会推出代表外，应请自行补推，众无异议，通过。庄崧甫谓筹备处成立后，经费何处支取。应季审谓同乡会既为此事之发起者，约可担任临时组织费之半数，余由地方自治设法。象山代表谢素圆谓筹备事宜已有端绪，立案事宜亦宜讨论。经众讨论结果，具呈都督两长，请其照准，并将议决情形，推定邬志豪、陈良玉、赵钵尼为代表，于明日（六日）分头报告镇道两署。主席又咨询筹备地点，赵钵尼谓不如暂借郡庙西官厅为妥，众赞成，即推定赵钵尼前往接洽。议毕时已五钟，遂散会。（1924 年 1 月 7 日）

杭州快信

朱葆三、虞洽卿等由沪电张省长，据奉化各法团联电，谓该处军队现奉抽调，时际冬防，商情惶急，应请转商缓调。闻张已电复，防兵调讯系军事计划，即有其事，亦未便遽议变更。奉化区域已饬警备队妥为设备，足纾廑系。（1924 年 1 月 7 日）

士绅呈请举办清乡

会稽道黄道尹昨接朱葆三等函云，查鄞县奉化各乡自上年入冬以来，盗劫之案时有所闻。（中略）近如梅墟勒拔陆童、宝幢劫去张晋丰店主尤属骇闻。鄞东横街毕家、奉化江口商铺等处被盗之事，又复层见迭出，崔苻隐伏，存在堪虞，自非办理清乡，不足以杜乱萌，拟向省垣请拨保安队二百名，分驻鄞奉各乡办理清乡，庶宵小无以匿迹，而闾阎得以安枕。为此合词呈请钧座核准转呈等语。当由黄道尹据情分别转呈督省两署暨咨商警务处，照拨保安队二百名并派委员二人，以一员带至奉化，会同知事及管带办理；一员带至鄞县，会同知事及警察厅办理。所有开拨之费则由绅商筹办，未知督省两署准如所请否。（1924 年 2 月 27 日）

乡民请奖修路建桥

奉化距城五里有避水岭，上连削壁，下临湍流，俯仰之间，不啻千仞，距离又仅数尺，危险万状，行人苦之。沪商郭永澜君，慨解囊金，另辟新路，计五百余丈，需费数万金，今又于避水岭下游之金钟桥，捐金数千，建造钢骨水泥桥，险巇一变而为康庄，行人便之。近闻乡人士，拟具文请奖，立碑纪念，以昭激劝。（1924 年 7 月 21 日）

甬人筹备平民教养所公宴纪

旅沪甬绅，昨日午后六时，假宁波同乡会宴请宁台王镇守使及旅沪同乡百余人，讨论筹办七邑平民教养所进行事项。公推虞洽卿主席，首由主席宣布发起七邑平民教养所之原因，并申谢王镇守使热心赞助之意。次王镇守使演说，略谓前闻旅沪诸同乡有发起七邑平民教养所之议，颇为忻喜。因宁波地方当务之急，无过于此。如贫民生计之困难，七邑地方之不靖，亦莫不与此举有极大关系，现在办理，诚不宜缓。鄙人在宁邑添绾兵符，自当尽力提倡。初犹虑事大款巨，恐非一蹴可及，迨此番来沪，一睹进行之成绩，捐款之踊跃，殊觉贵同乡之热心毅力，洵为可惊。惟事属七邑要图，规模务取宏远，最后成功，固有赖于群策群力。曩者贵同乡会无论何种建设事业，征求成绩，尝超过目的。证诸往事，以例今日，但期贵同乡共同努力，循例各组一队，分头进行。以沪上同乡之众及平日对于桑梓之热心，则十万之款，何难立集。吾辈有地方之责者，不禁拭目俟之，且亦乐于效命云云。次邬志豪报告旅沪同乡捐款已有四万余金。七邑常年经费，如纸烟特捐项下，每年约有二万余金；各商店号行、殷富住户月捐等，亦有三万余金。一俟开办，经费及基本金募足十万，将来教养所内，可容纳乞丐游民病废妇孺二千余人。数年之后，分利之人，化为生利，贫苦无告，亦可各得其所云云。次杨诵仁、董杏生两君相继报告，请到会者分队担任募捐，将队名队数，各自认定。当场认定五十六队，每队募捐一千元，并推定募捐职员朱葆三、虞洽卿、李征五、袁履登、方椒伯、陈蓉馆、江北溟、楼恂如、钱雨岚、乌崖琴、邬志豪、袁孟德、王廉方、王才运、孙道胜、蒋梦芸、陈子埙、陈良玉、应季审、戴传耕、陶辉庭、黄筱堂、王东园、钱龙章、任矜苹等三十余人，当场认捐者有楼恂如、虞洽卿等数十人，共认捐一万六千四百元。所有未列席之同乡，亦有来函认捐者。末议定再行分头接洽，以期超过目的，十时乃散席。（1924年7月26日）

上海各路商总联会兵灾善后消息

决定助赈办法

十五日晚商总联会开兵灾善后会议，到者邬志豪、谢惠廷、吴仲裔、陈筱荪、陆文韶、虞仲咸、张贤芳、陈蔚文、许云辉、范楚臣、李晴帆、胡子厚等十余人。由邬志豪主席，报告募捐已缴款者有汉口路陈筱荪、范楚臣、李晴帆三君所募之一百元，浙江路虞仲咸君所募之六十七元，曹家渡俞紫标君所募之九十元、小洋一百三十角，文监师路潘冬林君所募之一百四十七元零九分，福建路邬志豪君所经募康锡祥、康福水二君洋八十元。沪北六路陆文韶君报告谓该路已募得一百十二元，百老汇路许廷佐君代表胡子厚君报告该路已募得每石价值九元八角之米八十六石五斗三升，计洋八百四十八元，该米连收容所余米十七石，议决由下次会议散放，收容所余款一千七百九十六元三角五分五，除已做就棉被五十条每条三元三角计洋一百六十五元外，浙路证券票面一千五百元、北京中国银行钞票一百二十四元，照前议决以兵灾善后名义指定在浏河设无利借钱局，以款借给极贫灾民，一年归还，三月一查，借资救济。至收容所余下物件如线毯四十七条及厨房用具，议定线毯改做棉被放赈，其余如单夹旧衣四十八件、棉被十条、线袜三十双、面盆二十只、臭药水三听、痧药水二十一盒、桅灯四盏、席子一百七十条、饭碗四百七十只、茶叶十五斤、胶布手巾九条，议决助入太仓兵灾善后会散放。议毕散会，闻十七日晚尚有会集讨论善后云。（1924年11月17日）

奉化旅沪同乡会致浙孙电

为奉化驻兵事

奉化旅沪同乡会为奉化驻兵事，致孙传芳及孟昭月快邮代电云：杭州孙巡帅、宁波孟镇守使钧鉴，报载闽军第十混成旅一团二营，开赴奉化镇防等语，披阅之下不胜骇异。吾奉自去秋江浙衅起，军队迭次过境，闾阎惊扰，已属非鲜，且闽军习尚不同语言迥异，设令驻防，转滋纷扰，且吾奉原有防兵，驻扎重镇，巨村大市，复有民团为之

报道影印件（部分）

辅助，兼之地瘠民贫，于古已然，无山川之险隘，非兵革所必争，更无镇防之必要。敝会同人，旅居沪滨，睹桑梓为患，殊难缄默，为此恳请巡帅准予撤防，恳请镇守使俯念民瘼，速将一团二营调回原防，以安人心，敝会幸甚，奉化幸甚，临电惶悚，不胜急迫待命之至。（1925 年 3 月 6 日）

奉化警察捉赌伤命案之沪闻

奉化西埠汤警佐四月十一日派警七名在三板桥地方越界捉赌，酿成人命，业已报明县公署讯办。兹将该地县公署与奉化旅沪同乡会来函志下：

奉化吴知事来函：径复者，接准大函，嘱将三板桥警察捉赌伤命一案经过情形函告等由。准查此案先于本月十二日据王董氏以昨夜十一点时，氏夫王位正在东车门下于月光中见有外路口音者七人，内二人身着警服，肩负洋枪各一杆，未点灯，氏夫疑是盗，大声喊捕，突被枪柄敲断右脚踝骨，请予验究等情，据经开庭验得王位正右脚腕木器伤一处，骨断，询据供谓是被警察打伤，那一个警察所打指认不出等语。当庭填单附卷，并谕令抬回医治，俟医愈再行传讯，同时并传被缚来城之西坞警察冯贵仁等七名到庭讯验，詹柏卿等四名各受轻微伤害。其时押送警察来城之乡民，由县警察所当场扣留王小生友、王才兴、王汤佐、王寿生、董开寿等五名，带庭讯问。王小生友公认开赌不讳，其余王才兴等四名经警察冯贵顺等指系在场殴缚，当以案关开赌殴捕，将王小生友等发押候讯。嗣于十五日据王董氏状报伊夫位正伤重毙命，即派承审员往验，委系生前因伤身死，验毕回署，立即责成西坞警佐对于肇事警察不准任令他离，并迭次传提该警冯贵仁等七名，隔别预审。对于击伤王位正说是警察打伤，究竟是谁下手，位正亦未说过等语，当将认有嫌疑之警察詹柏卿一名发押候查。至在押之王小生友等内有王寿生、董开寿、王汤佐三名，以讯无证明先后保释，此敝署办理本案之经过情形也，鄙见以为乡民缚警固有应得之咎，而警察伤人自无可逃之罪，事关人命重案，似非详加研讯不足以昭信谳，现正继续推求，稍具端倪，一俟侦讯终结即当依法办理。惟四月二十二日、二十四日甬报曾有王小生友等五人被县警所刑讯之记载。宁波同乡会原函所云绳吊棍击各节，不知是否指此而言，如果事属实在，何以王小生友等五人既未请予验伤，敝署迭次讯问，亦始终未有一语供及，其为传闻失实，不辩而明，因承垂问，先布崖略，此致奉化旅沪同乡会。

奉化旅沪同乡会复吴知事函：敬启者，接奉大函，敬悉一切，惟承示王位正右脚腕木器伤一处，骨断，核与内地乡民报告到会警察以枪托猛击，击伤王位正之骨腕，仆倒于地，谓是诈死，又用枪托猛击肋部，致断肋骨二根等语。其因伤致死，似觉互异，今王董氏既为夫声冤，自当依据法律，无容敝会为之辩论，至绳吊棍击一节，叠询内地来沪一般乡民，咸谓用绳悬吊棍夹其足，言语间流露感愤。敝会同人以为舆论中具有公理，似应采取。吁请知事以民命为前提，秉公律办，地方幸甚，敝会幸甚。（1925年5月2日）

中华烟公司热心教育

本埠中华烟公司，系纸烟界泰斗邬君挺生等与政府合办，以挽回利权为目的。诚以纸烟一项在吾中国之销数，每年多至一百数十万箱，统计价额约在万万以上，若不亟谋补救，金钱外溢将无底止。邬君对于平民教育尤具热心，特于董事会提出议案，公司售烟一箱，提出大洋一元，移充平民教育经费，以为纸烟界赞助公益之先导，此案已经通过。现该公司中华万岁牌业已出世，选料精美、色味均佳，一般社会极端欢迎，以故销路畅旺，大有供不应求之势。闻每日提出之款均在数十元，倘各纸烟商咸能如此，则不但平民受惠无涯，即他项公益亦可借以举办矣。（1925年6月16日）

关于沪惨案之昨讯（十三）

关于输捐之消息·皮鞋业公会募捐讯

上海皮鞋业公会执行董事顾承德、顾文卿、谈玉成等因援助五卅案劝募同业捐款，计得复新公司三十五元，又复新同人十六元九十八角，申申公司周福兴、谈裕昌、顾德昌、顾焕章、陈财记各十元，龚顺兴、元康、五九社、唐才记、新成、盛顺昌、公兴、费永记、李德茂各五元，大顺、利大、徐福昌、张镒锟、复兴各三元，精华、慎新、中和、鸿锟、杨培卿、王永泰、王春兴、新锦昌、杨新记、孙顺发、唐茂垣、周泰兴、龚昌兴各二元，顺泰、大昌、同兴、顺兴、祥兴、福昌、春华、瑞昶、祥泰、德顺、新茂、中法、俞顺兴、陈顺兴、严荣兴、颜顺昌、徐万兴、陆顺兴、顾祥和、蔡鼎昌、张复兴、中革和、陆顺发、张洽兴、沈顺兴、张荣昌、吴聚兴、庄裕兴、乔海荣、夏老太、周新怀、沈春泉、崔金荣、吴裕兴、蔡顺兴、复昌祥、丁万顺、蔡牲昌、马永兴、张宾泉、祝义兴、新荣茂、唐源茂、宝兴祥、高天元、张顺兴、张阿陶、金吉人各一元，共计大洋二百四十五元、小洋九十八角，于日昨由顾承德君汇交上海工商学联合会收，并闻尚须继续劝募，以资援助罢业者之生计而期外交上胜利，借洗积耻云云。（1925 年 6 月 27 日）

甬人函请赞助创办孤儿院

奉化旅沪同乡会昨接该邑孤儿院筹备主任庄嵩甫来函，请予赞助云：启者，吾奉地瘠民贫，孤苦童稚流离失所，无人赡养，流转沟壑者比比皆是。同人等目击心伤，爰特发起创办孤儿院，业于四月十六日借县议开第一次筹备会议，决邀请贵会诸公尽力襄助，共策进行。想贵会诸公关怀桑梓，热心慈善，无不乐予允诺也云云。（1926 年 4 月 23 日）

奉化同乡为孤儿院募捐

奉化绅士庄崧甫为创办孤儿院事于昨晚（二十八日）在消闲别墅宴请旅沪同乡筹商募捐方法，兹悉旅沪奉化绅商何绍裕、邬志豪、何绍庭、孙性之、何鹿山、周炳文、张云江、王廉方、邬挺生等以举行桑梓孤苦子弟之教育问

题实有重大关系，解囊输将，义不容辞，业已决定组织二十队分头捐募，每队目的伍佰元。（1926 年 5 月 1 日）

奉化旅沪同乡集议本乡路政

奉化旅沪绅商孙玉仙、邬志豪，为劝募修理普济桥路事，前晚在功德林素食处，宴请同乡，到者王儒堂、何绍庭及嵊县旅沪巨商王晓籁等。席间由邬君报告，略谓：吾邑连山乡普济桥路，为出入要道，西通嵊县，东通鄞县，自前年为山洪冲坏后，交通顿形不便，乡人苦之，现议捐资修理，全路工程计分六段，请旅沪同乡担任一段，需费约二千余元，鄙人以事关乡邦公益，已允负劝募之责，故特邀请诸公讨论，请随意乐助云云。除当由邬君自捐二百元外，王儒堂、王晓籁、何绍庭、何绍裕、张云江、何鹿山、何耿星诸君亦各捐二百元，孙经培君捐五十元，共计银一千六百五十元，不敷之款，尚待续募。继又讨论建筑长途汽车事，由邬君报告，略谓：吾邑僻处山陬，交通不便，现由邬挺生、丁忠茂、邬韵玉等发起，建筑鄞奉长途汽车路线，自奉化县城，经西坞姜山等镇而达宁波为干线，一自奉化县城至嵊县西底，一自西坞至莼湖为支线。拟先自奉化县城至西坞试办一段，计程约二十里弱，预算十万元，俟办有成效，逐渐扩充。业于旧历七月初十日在宁波奉化同乡会开发起人会，组织筹备会，敝人忝为主任，儒堂先生为全国道路协会会长，对于路政，必甚熟悉，今事属乡邦交通，请为规划进行并望同乡诸公竭力赞助，王何诸君，佥以事关便利交通，自当力底于成云云。至九时许尽欢而散。（1926 年 5 月 1 日）

甬人筹建教养所之热烈

赴甬代表之报告

宁波旅沪绅商虞洽卿等，前以筹备宁波七邑游民教养所事，特推邬志豪等返甬进行，前日邬君等已回沪。因旅沪同乡对于此举均甚关心，为特报告进行状况。略谓：到甬后曾在普天春开会筹议，段司令、朱道尹等均莅临，对于此举咸愿赞助，募捐队预约可合同三十队，每队目的一千元，现在已认定者，计段司令、朱道尹、林厅长、张知事各一队，张申之、胡叔田、陈季衡、南洋公司王大黻一队，李霞城、赵芝室一队，陈南琴、金臻痒一队，裘珠如、唐沛然、刘振春一队，丁忠茂、陈富润、杨诵仁一队，袁书霖一队，韩乐书、洪宸笙、史镜涵一队，忻汰僧、左竹士、毛稼生一队，奉化同乡会（孙表卿代表）一队，余润泉、孙祥簋、严子钧一队，县议会参事会一队，王怀云、陈桐芝、翁济初、蔡鉴堂、丁耘夫一队，江东公会一队，袁端甫、梁竹垞一队，特税公栈一队，银行界一队。倘能达到四十队，则加之沪上六十队，共得十万金，基础巩固方可承乏。至于所址问题，初拟租借南社坛，唯恐占地不广，不敷所用。闻浮石亭现江一带有某氏隙地，有出售说，曾由毛稼生君邀同邬志豪、杨诵仁诸君前往该处察看，地凡两方，一约三十余亩，一约十余亩，颇堪适用，惟地势低洼须填高数尺，需费颇巨，似又未便。故甬地各界讨论结果，主张仍租借南社坛为所址。（1926 年 5 月 11 日）

南京路将组特别巡逻队
斐总巡允该路商联会办理

南京路商界联合会会长余华龙，以该路各商店迭被盗劫，特于昨日下午至工部局诣晤总巡斐立德，商议预防办法，至一小时之久。斐总巡当允余君以南京路商联会名义，雇用巡捕二十名，组织特别巡逻队，枪械由工部局发给，号衣则任该会自制，分甲乙两班，日夜巡逻，以资戒备。又余君为该会会员时新昌被印捕入内滋事并伤及伙友，向斐总巡陈述，斐亦允严行究办。余君返会后并拟择日召集会议，讨论特别巡逻队进行手续云。（1926 年 7 月 17 日）

汽车新闻消息

蒋总司令以谋桑梓交通便利起见，竭力提倡建造宁波奉化间之汽车道，余已两次记于本栏。顷闻蒋总司令又来电催办，令浙省政府克日开筑，除由建设厅径拨二十五万之外，其不敷之款拟由省政府向甬商借款五十万元，以纸烟特税收入作抵。蒋总司令尝柬邀旅沪同乡讨论经费问题，当日推定张申之、陈子埙、何绍庭、孙梅堂、楼恂如等二十七人为借款团，从事进行云。余尝游蒋总司令之村中名胜雪窦山者，若妙高台、隐潭、千丈岩、雪窦寺等，风景清幽，雅宜消夏。余已撰文载《钱业月报》中以为"地灵人杰"之证明。忆余往游时，以筏代步，始抵雪窦。它日汽车道既成，不特商旅称便，即吾人欲游览雪窦者岂不望鄞奉省道之速成哉。（1927 年 7 月 23 日）

鄞奉省道借款已着落

鄞奉省道长途汽车段，经蒋总司令电饬浙江省道局，会同两浙盐运使积极筹备。刻已在宁波拨借省道款五十万元（由旅沪甬商认借十万元，地方公款十万元，宁波总商会亦认借三十万元，合共五十万元），公推费善本、陈南琴、董维扬三人为省道借款保管委员，昨已呈报省道局及周运使矣。（1927 年 8 月 6 日）

鄞奉长途汽车之进行

三四月前蒋总司令以桑梓交通阻塞之故，与奉化周枕琴、庄崧甫，鄞县张申之诸士绅发起鄞奉长途汽车，筹款七十五万，以宁波纸烟特税收入为担保品，期以十月竣工。当由省务会议议决计划路线，厘订章程，并特派省道局工程师胡国钧组织测量队，着手进行，实施测量，以便早日竣工。徒以变更路线发生阻碍，于九月二十八日乡人于溆浦镇开会议决，联合各村人士，呈请省当局请求依照原线建筑。兹闻省政府已令宁波纸烟特税局速拨十二万元，于鄞奉长途汽车公司以为进行筑路之用，并闻鄞城南门外板桥埼业已动工，由此经江口、大埠头、畸山下、萧王庙、溪口、雪窦寺、奉化县城大桥等处，交通便利，运输货物，顿行发达，山乡水国汽车可通，其利便可胜言哉。矧夫蒋总司令得来服务党国梓乡福利，讵不关心，然则鄞奉长途汽车之告成直指顾间事耳，不禁为甬人前途贺也。（1927 年 11 月 19 日）

鄞奉路进行近况

近今浙省对于建设道路事业进行不遗余力，最近省道为建筑鄞（宁波）奉（奉化）线事，于前月招商投标，以沪上李润记为合格，即由李润记承包是项路线工程。于一月四日由省道局总工程司蔡彬懿派工程师王文捷、工程员许光延率领监工、测量夫等，以及李润记所雇之筑路小工八百余人抵宁波之江口镇。时适旧历年尾，职员工役亦不因年关而稍事休息，努力工作。先筑由江口至溪口一带，该路计长十英里，约计土方五万余方，预定三月筑竣。兹据确讯，该路因工程师许工程员每日亲自到场查察，一面复督饬监工、测夫、小工等勤加工作，无问风雨，按日建筑，故进行甚速。惟自江口至溪口一带多山，为全路最难施工之地，在工作上不无困难。包工李润记已于前日到杭，面谒省道。厂长叶记元将已成及未成之建筑情形详细报告，并拟到沪再招开山小工数百人前往，以期早日完竣。计该路全线共长三十余英里（合一五九一一九呎），待全路筑成，即当行驶长途汽车，拟设各站地点，计为宁波、梁家、栎社、黄张桥、西城桥、江口、大埠头、畸山下、溪口、入山亭、溇村塘、奉化十二站。（1928 年 3 月 17 日）

奉化匪灾后之救济

奉化旅甬同乡会，于昨日下午一时，召集临时委员会，主席孙表卿，首由报告莼湖镇被灾情形，谓四月十一日下午一时起，迄十二日卯正止，尽日夜大焚劫，焚毁民房一千五百余间，商店一百四十余间，周围达四五里之广，损失在百万以上，事后无家可归者二千五百余人，失业待哺者五百余户，葬身火窟者三十余口。次阎阿高报告晒网灾户八十余家，民房被毁一百六十余间。后由吴珠兰报告吴家埠灾户四百余家，民房被毁者千余间。后决由旅甬同乡会发起西忠义区匪灾救济会，从事救济。当推王文翰、孙表卿、周枕淇为常务委员，庄崧甫为募捐主任，并拍电六通，一致华洋义赈会，一致宁波旅沪同乡会，一致奉化旅沪同乡会，一致奉化徐县长，一致海门台属各场办事处应梦卿，请各筹款赈济。（1928 年 4 月 28 日）

浙水灾筹赈会开会记

浙江水灾筹赈委员会，于九日下午二时，开第一次常会，到委员二十一人。主席虞洽卿，开会如仪，议决要案如下：1. 本办事处既已组织成立，开始办公，须否函达各机关查照，请指遵案，议决，分函各机关查照。2. 本办事处星期例假，是否休息，仰仍照常办公，请核定案，议决，循例休息，惟为办事便利起见，应各职员转流值日，以免贻误。3. 杭会所发捐册前经第二次临时会议决，一律缴还，由本办事处另印一种以示区别，并定收据为三联式，每本一百页，先印一百本，转瞬开募，编号盖印，手续殊繁，应早为筹办案，议决，收据照印，捐册定廿页者二百本，十页者三百本。4. 第二次临时特会议决分函浙属各同乡会，推举代表四人或十人加入本会以利进行，当即分函去后，现据奉化同乡会推举邬志豪等十人（查邬委志豪本为该会所推，不必再聘），余姚同乡会推举徐乾麟等四人，绍兴同乡会推举王晓籁等七人

（查王委晓籁、胡委熙生、裴委云卿、袁委履登、李委济生、严委成德，或系杭会聘请，或系本办事处添聘，函报杭会有案），内中仅鲁委员正炳一人系新推者，此外如宁波、台州、定海、杭州各同乡会，尚未准复到，应否再函催询，及已推各委下届常会，应否函请出席，请讨论案，议决，未复到之各同乡会，应再备函催询。又三北同乡会，系在劳合路，亦应补函请催。5.第二次临时会议决，指定代收赈款之中国等八银行，福源等六钱庄，已分函知照，除交通、浙江兴业、劝工等三银行，尔源、怡大等二钱庄，已先后复到允为照办外，其余各行庄，用否函询请指示案，议决，未复到之各银行请徐委寄屑、钱庄请胡委熙生分投接洽。6.本会委员李孟博、邢聚之二君地址错误，无从投送，此后函件如何寄递，请指导案，议决，按李孟博君即李垕身，为沪宁杭甬铁路局长，应选送路局，邢聚之系住天津路恒源里，此后发信，按址投送可也。7.查杭会所发委员证章，共六十枚，现在新委逐有添聘，是否将来汇齐报请核发，抑就目前分批请发，请指示案，议决，新聘各委之证章，应开其名单，分批函请杭会照发（以上各案系文牍朱平提）。8.黄委员涵之提议，查昔者本人在会稽道尹任内，办理赈灾，计台属尚有余款七千九百十五元，另温处属九千零八十五元另，可备函请拨，移作本年浙江水灾赈济之需议决，交文牍股函请拨。（1928年11月11日）

旅沪浙籍同乡之赈灾委员讯

浙水灾赈委会自组织以来，诸委员积极集议，规划筹募方法，并议决添举新委员。兹旅沪浙籍各同乡，以赈灾事务颇关重要，亦召集会议，推举代表十九人，计谢其潮、何绍裕、何绍庭、何耿星、徐乾麟、蔡华堂、余华龙、谢衡熄、李咏裳、俞樵华、楼怀珍、陆蓉馆、盛安生、严仰山、刘聘之、乐振东、周宗良、鲁正炳、王曾甫，浙水灾赈委会已呈请省政府另函敦聘，并请颁发证章。该会已定于本月十一日起至十五日止，假座大舞台演剧，筹备会昨在张啸林君寓所开重要会议，商议进行，出席者计虞洽卿、王晓籁、姚慕莲、张啸林、杜月笙、秦通理、魏廷荣、谢葆生、黄楚九等，结果议决总务组推虞洽卿，票务王晓籁，剧务杜月笙、张啸林。（1928 年 11 月 16 日）

鄞奉汽车道近况

汽车股份已告满额：鄞奉长途汽车公司额定十五万元，分作三千股，每股五十元，除发起人毛懋卿、方济川、孙梅堂、邬志豪、蒋介卿等四十余人认定外，所有余额，自上次登报公开招股后，不及半月，即告额满，日来正筹备各站镇兴筑车站，以及选购车辆之工作。（1928 年 12 月 8 日）

汽车新闻（二则）

其一·宁溪段

首先通车自宁波至溪口段，正式通车已有两月，其间自江口至奉城段，路身尚未尽行完毕，车站方在兴建，通车之期想亦不远。在兹时期内，奉城市民欲往甬者，或往甬转沪者，俱可乘人力车至江口，费时一句钟，车力小洋七角，而由江口坐长途汽车抵甬，较诸以前绕道乘轮，其利便已二三倍矣，左为今年十一月一日起实行之行车时刻表（略），想亦为宁波奉化旅沪同乡诸君所渴望而乐闻欤。（1929 年 3 月 21 日）

其二·鄞奉线

查奉化至宁波市为宁台交通要道，又自溪口接至本线，为旧属南部各县及本省西南各属至宁波之通路。宁波为通商巨埠，行旅络绎，而自宁波溯奉化江而上，汽船仅通至江口，陆行甚为困难。故于十六年夏即奉令修筑，六月开始测量。时本省军事初平，经费至为竭蹶，于是息借商款，于十七年二月开工，至十七年冬建筑临时路面，逐段通车，一面仍改建永久路面，迄十八年五月，正式开始营业。本路自宁波市至溪口六十里，自溪口至入山亭九里，又自江口至奉化县城十五里，共计八十四里，路宽二十四尺，路面用六寸厚碎石，桥梁四十三座，共长一千三百八十尺，最长者为元贞桥，二百四十四尺，江口桥二百三十九尺，涵洞三十一座，共计建筑经费约七十三万元。（1929年8月20日）

彻查侵吞莼湖灾款案

奉化莼湖前年被匪焚掠，全镇遭劫，嗣由该县士绅庄崧甫、孙表卿、王文翰暨旅沪甬各同乡会筹募巨款，在该镇设立赈灾委员会，由大生庄朱阿复经理散放。讵该经理营私舞弊，侵吞灾款。兹被灾民朱厚谱搜集舞弊证据多种，呈报县党部，并具控该县政府。闻该县政府已令委公安局前往彻查，一面函旅沪杭甬各同乡会将该项报销情形及清册抄示，若为事实即行核办。（1930年6月9日）

奉化同乡关怀桑梓

请王指挥官早日肃清土匪

奉化旅沪同乡会，近为鉴于桑梓匪警叠出，全邑几无净土，曾于日前函电宁波王指挥官限期肃清，昨已接到指挥部复函，露布如下：径覆者，案准贵会函，以奉化近来盗匪猖獗，希即迅派得力军队，早日肃清等由，查本部前因温防吃紧，奉令抽队驰援，致有顾彼失此之虞，揆诸职守，实深惶愧，惟近已陆续由温调回应援部队，增驻奉化扼要地点，责令限期

报道影印件

肃清，准函前由，相应函复，希即查照为荷，该会亦于昨日将王指挥官来函，通告各避难同乡云。（1930 年 11 月 20 日）

浙省公路近况·鄞奉段

鄞奉段起自宁波市，迄于奉化，为浙东交通之重要路线，本段所经地点，生产丰富，除载客以外，兼办货运，以为工商发达之助，自十八年五月通车以来，逐渐发展，现在每日收入平均约

鄞奉路江口桥照片影印件

五百余元，全线之中，尚有支线数条未筑，如能一一完成，则交通既更便利，营业日益兴盛也。（1931 年 6 月 15 日）

救灾会赶制灾民寒衣

关于赶制灾民棉衣之进行，闻由军衣联合会周永升君等集议后，决由各军衣厂家负担赶制，所有棉花，系该会派人在鲁省接洽，均采用上等黄花，铁道部并允免费运输。关于布匹等项，均由荣宗敬、聂潞生等所接洽，所有上海各厂家，以其机台数目之多少，分担此项任务。现邬志豪君为此事奔走甚力，所有一切事宜，均已大致接洽妥当，约于本月二十六日左右，即可开始制造，预算每日可出万余套，价目亦极为低廉。（1931 年 9 月 17 日）

各界助赈消息

西服业公会募款二千余元

本市西服业同业公会，为筹募水灾急振事宜，曾经召集会员代表大会。

除当场募得捐款七百余元外,并推王廉方、王容卿、王和兴、夏筱卿等十余人,分头劝募。闻经前日结束,共计经募赈款二千余元云。(1931年9月20日)

奉化同乡救济难民

本埠奉化同乡会常务委员陈忠皋君,于沪变发生之翌日,即个人出资组织救护队,成立以来,营救难民,已达数千,除分送各团体收容所外,尚有千余在该会收容所内,同乡目视救护有力,助款累累,孙鹤皋、严汉圣、同义泰各助洋一百元,汇丰号、王顺泰、周永升、李泉才、汪宝堂各助洋五十元、邬志豪助洋四十元、白米一石,宁波同乡会助饼九大包、面包五大包,南京路商会助面包一大包,严汉圣助土司面包一大包,孙任氏助年糕七十五斤、白糖十斤,汪帼敏、毛女士各助年糕一百五十斤。连日该会同乡捐助踊跃,以期如厚救济力量。(1932年2月12日)

奉化同乡会救护伤兵

奉化旅沪同乡会救护队,昨雇卡车五辆,至闸北浏河、罗店、大场等处,往返数次,救济难民二百余人。下午一时,途经中山路,猝遇六十师军官一名和蔼婉商,要求将该队救护车开赴真茹装运伤兵,该队长陈忠皋及救护股主任康年,以我军拚命血战,屡奏捷音,不得不竭棉力,以答孤忠,即派车二辆,队员十二名,由该军民导赴目的地,救回伤兵多名,并即分送各医院医治,迨返车抵队,已万家灯火矣。(1932年2月18日)

奉化旅沪同乡会救护队募集资物启事

敬启者,自日寇犯境,我同胞惨遭浩劫,载道流离者何可胜数。敝会因此组织救护队，连日向战区救护之被难妇孺。除给资遣回原籍外，概行收容，供给伙食。但自成立以来，倏经两旬，食品既感缺乏，经费益见困难，恐有竭蹶之虞，难以持久，祈请各界仁人善士恻怛为怀，踊跃输将。如蒙捐助资物，请直送劳合路宁波里奉化同乡会救护队，给取收据为荷。（1932年2月28日）

集义善会组织虹口时疫医院

中有病床五百余只

本年战后，时疫必多，上海集义善会有鉴于此，以虹口一带工厂林立，平民众多，战事期内，死亡不少，故由该会董事窦耀庭、竺梅先、金廷荪、李泉才、周永升、静庵等，热心发起组织上海集义善会虹口时疫医院，现已觅定虹口塘山路澄衷学堂隔壁房屋四五十间，作为院址，可容床位五百余只，聘请医师西人保得力扁礼师及林春山、朱筱舫等俱属对于医治时疫颇有经验，现正积极筹备，不久即可开幕，造福平民，实属非浅，惟该院经费，均由发起人自行筹募，需费浩繁，尚望各界大善士予以同情，热诚捐助。（1932年6月7日）

上海国货公司提成振灾

南京路上海国货公司，自开幕以来营业颇称发达，足征我国有志人士，已不尚虚言爱国，而实行提倡国货矣。近悉该公司鉴于东北被难同胞，在冰天雪地之间，为国忍饥耐寒，应予设法救济，又鉴于豫皖鄂三省灾区扩大，灾民众多，亦拟分别振灾，故业于本月十九日起，举行特别大减价三星期，拟将营业总收入项下提出千分之二十振灾。闻该公司营业，连日异常踊跃，如余杭白丝棉每斤只售二元九角，雁羽绒每尺四角半，素心绒每尺九角半，雪花棉每尺八角半，加阔湖绒每尺五角，直贡呢每尺一元一角，头号各色华达呢每尺九角半，素哗叽每尺六角六分，条素骆驼绒每尺三角半，美丽毛绒线每磅二元八角，买一磅送半磅，灰背外统每件二百五十元，芙蓉豹皮褂统每件三元，金丝獾绒袍统每件九十元，羚羊滩统每件三十元，全双藏

报道影印件

獭每只二十八元，其余如棉织匹头针线五金钟表眼镜橡胶套鞋新装西装玩具食品料器等部，莫不利市三倍，因其货物精良，定价低廉，顾客皆称满意云。

（1932年11月21日）

邬志豪昨晚宴请朱萧

萧代表朱将军激昂报告　当场集捐一万三千余元

上海国货公司总经理邬志豪君，昨晚假座功德林，宴请朱子桥将军及宋总指挥代表萧仙阁先生，列席者，有许世英、褚慧僧、郭永兰、闻兰亭、俞佐廷、金润庠、薛笃弼、陈松源、乌崖琴、邵达人、竺梅轩、胡西园、邬文敬、任矜苹、张子廉、哈少甫、殷杰夫、唐子华、孙仲平、洪绍尘、薛春生、陶乐勤等百余人。席间，有邬志豪、朱将军、萧代表深痛之演说并当场募集振济东北难民及义勇军国币一万三千三百六十元及绒裤各一百五十套。兹采录其演词如左：

邬志豪谓，今天宴请朱将军及萧代表诸位先生之意义，一为就民众之立场，慰谢朱将军为国驰驱，劳苦奔波之功绩，及萧先生所代表宋哲元总指挥之军士，上月在喜峰口，以大刀杀退敌军，其勇于牺牲之精神，尤可敬佩；二为前方伤兵颇众，难民猬集，一切给养，均付缺如，我后方民众，理应设法援助，务使前敌健儿，再接再厉，抵抗到底，凡我同仁，愿捐资接济

者，则可在朱将军去沪之前，带往北方，或朱将军择购急需物品，运往前方云云。

萧代表报告二十九军在喜峰口荣誉战之经过情形，谓本军应战之前，敌军已攻喜峰口一带重要山地，居高临下，利用重炮与唐克车之掩护，向我阵地猛轰急冲，来势凶险。我枪械残缺之二十九路军，自觉应付困难，斯时宋总指挥即召集全体将士训话，略谓，日本之强，实为日俄战争中，二万健儿，肉搏牺牲所造成，倘我四万弟兄，俱愿流血之牺牲，即可使中国转弱为强，况我们幸而不死于内战，今日为国死难，庶我子孙，为强国之国民。全军闻言，皆义形于色，争为前驱，当场遂颁发"有进无退死而后已"八字军令。全体大刀队，即由赵旅长负伤拜命，亲率出发，绕道铁门关及某地，于昏暗之夜，兼程赶趋，越敌军阵线，直达重炮队阵地，以四野放火为号，三面同时挺进，以大刀夹击砍杀，倭敌于屡胜之后，遇此劲敌，手足失措，故不料瞬息之间，杀声震天，血流成渠，尸横遍野，倭寇咸跪地求恕，弃械而窜。此役激战三昼夜，计夺获重炮十八门，械弹无算，日皇亲授军旗一面，并击毁唐克车多辆，敌方死亡万人，我方死伤四千左右。至此，喜峰口一带，完全为我军夺回，惟是伤兵一批，多至五六百，后方医院，极为缺乏，又无汽车运送，致受伤士兵，多有因路途迢远抬至半途而气绝身死者，此为我方痛心之事，亦为可叹之损失。现闻后方民众，对于设置医院及一切军用物品，尽力予以援助云。

朱将军报告八个月经过工作：一、东北民众，经处于暴日控制之下，均不为暴敌所屈服，有一次，平金山村民约二千多人以日主恨之入骨，被逐至山头，以机关枪全数扫射死之，所剩者只有一孩童，尚受重伤，其惨无人道之举，诚使人发指。二、敌人粮食非常缺乏，常以无限之伪国纸币，强令国人换给食物，嗾令伪国军队作战之军饷，亦以伪币充之，彼之用意，乃欲以无价值之伪币，劫我粮，驱我愚民，其手段之恶毒，可想而知。三、最近吾军在敌人中夺获满洲地图一张，上面所绘内蒙及满洲之边境，皆有极粗之国界线，独毗连我长城一带河北等省，不加线条，分析界限，是则日方之用意，非特侵占热河及长城一带为限，即再进而取我河北、山东等省，或且企图将我版图变色，以遂其并吞野心梦想，国人可以醒悟矣。四、每遇一伤兵抬至医院，因其久战沙场，对于衣裤鞋袜等，皆热血泥水所浸尽，干而复湿，湿而再干者，无止数十次，故一经受伤，其所穿之服装，坚贴于皮肉之上。若欲理其伤处，非得用铁剪刀剪开其服装不可，则其所受之痛苦，犹须再一层痛苦云。

末由列席慷慨认捐一万三千三百六十元及绒线衫裤各一百五十套，交请朱将军运带北上，暂为应用。计衣业同业公会五千元，俞佐廷、竺梅轩、金润庠、薛春生、乌崖琴、胡西园、任矜苹五千元，闻兰亭一千元，暂定补助北平广化寺慈善团体组织之伤兵医院之用；棉布业同业公会一千元，张子廉五百元，药品五六百元，绸业公所五百元，邵达人绒衫绒裤一百五十套，郭永澜三百元，邬文敬二百元云。（1933 年 4 月 7 日）

教部褒奖捐资兴学人员

九月分共九十余万元

教育部对于各省市九月分呈报捐资兴学人员，已分别发给奖状。九月分据报捐数达九十余万元，为以往所少见。兹将捐资人姓名探录于下：

发给一等奖状者十四名：（略）（一）浙江奉化竺泉通捐一万三千元，（一）浙江定海朱葆三捐一万元。

发给二等奖状者五名：（略）。

发给三等奖状者九名：（一）山东高密任汝学捐三千九百七十二元，（一）浙江吴兴陈其寿捐四千九百余元，（一）浙江宁海胡居端祀捐四千五百元，（一）浙江安吉陈嵘捐四千余元，（一）浙江嘉兴陈警先捐三千三百余元，（一）浙江鄞县周传赓捐三千一百五十元，（一）浙江余姚胡连苏捐三千余元，（一）浙江奉化竺梅先捐三千余元，（一）四川长宁罗席珍捐四千余元。（1933 年 10 月 25 日）

奉化同乡会关怀桑梓

请函禁拆永丰亭

奉化旅沪同乡会为请求制止拆毁宁波外濠河永丰亭及衙头事件，曾函请浙江第五区行政督察专员及鄞县县政府核准，兹已得复，分录往来函件如次：（去函）径启者，顷据敝会委员长邬志豪兼同乡陈粹甫及各船户等纷纷函称来会，兹因宁波外濠河永丰亭及衙头，为铺设临时江桥，将该凉亭并衙头，勒令拆毁之举。查该处为奉化水运之要道，仅为数千船民唯一之生路，如果拆毁，杜绝奉化水运，兼船民之生计，且该处距离临时江桥尚远，尤无阻碍铺设之工作，应无拆毁之必要。为此具函奉恳贵会，转函浙江行政督察专员并鄞县县政府俯赐怜悯，制止拆毁等情前来。据此，敝会准函前由，除另函鄞县县政府外，相应函请仰祈贵办事处察核，准予制止拆毁，以维民生，实纫公谊。（复函）接浙江第五特区行政督察专员办事处公函之字第一零三号，径复者，案准贵会函略，顷据邬志豪暨同乡等函称，为准予制止拆毁外濠河永丰亭及衙头以维民生等由，当由本处据情令饬鄞县县政府斟酌情形妥为理处在案等复，并接鄞县县政府函复。准此，案奉第五区行政督察专员令等因，经派员勘明该永丰亭尚不十分妨碍交通，为体恤船民计，在滨江路未兴建前，暂予保留呈复在案，相应函复，即希查照为荷。（1933 年 12 月 28 日）

竺长杜遭骗劫投浦遇救

奉化人竺长杜，现年三十二岁，向在蓝烟囱轮船世界班，充当机间助手。此次由新加坡来沪时，遇有操不纯粹之宁波口音张某其人，年约五十左右，在轮上与竺通殷勤，谈话间意气甚洽。七月二十六日，该轮到沪，竺长杜因奔父丧，告假登岸。携有箱笼衣被及钞洋二百三十七元。适值夜间，甬轮已开，竺长杜因沪地生疏，上岸后，投奔何处，甚为踌躇。张某见其可欺，诡称有友人寓居沪南，借宿一宵，既可省费，又复便利。竺长杜信以为真，当由张某先行上岸，约二小时左右回轮，邀竺雇车同往。不料车抵半淞园路，忽有短衣两人，各执手枪，吓令停车。竺长杜处此暴力之下，无法抵抗，被逼至一树丛中，目击张某等席卷其所有而去。竺长杜则被短衣暴徒缚于一矮树，身上仅一短衫蔽体。长杜至此，始知被张某诱劫，垂头丧气，迨天明，有一老妪经过其地，始解缚放下。长杜由悔生怅，且两手空空，无颜返里，遂萌厌世之念，步行至金利源码头左近，投江自尽，幸遇水巡船经过，设法施救，得庆更生。即由水巡捕房送请宁波同乡会救济。该会当为购买衣物，留宿一宵，于次日资遣回籍，并函奉化长寿乡乡长，详述其被劫投浦经过，请念其遭遇不幸，特予维持云。（1934 年 8 月 2 日）

浙属各同乡会筹议赈救旱灾

定期召集筹备会　电省府请办工赈

浙省本年旱灾之巨，灾区之广，为百年来所未有，全浙公会迭接各地告灾请赈函电，已达二十余县。本月一日，邀集浙籍各同乡团体，假宁波同乡会联席会议，除严属外，各属均有代表列席。经推屈文六先生为主席，由褚慧僧先生报告各地来函，并由各属代表报告当地被灾状况，讨论结果：（一）决定组织赈灾会，定星期五，再开筹备会，本日到会者，均为筹备员，再征集发起人，请旅沪各属同乡会推举，并由本筹备会另行征集。（二）由各同乡会名义，电呈省府，请将新发行之公债，举办工赈，兴修各地水利。电文录左：

杭州浙江省政府钧鉴：浙省旱灾之巨，为百年来所仅见，比岁农产物价格低落，人民早已十室九空，兹复遭空前巨灾，民生困苦，更不堪设想。钧府呈准发行救灾公债二千万，以救济灾黎，具仰厪念民瘼，莫名钦感。惟是灾区广阔，是项公债，全数分配被灾各县，一县所得，亦仅数十万元，仍难免粥少僧多之虞。敝会等于东日联席会议，佥谓，除办理急赈外，应请将是项公债，悉用之于兴复水利，实行以工代赈，庶水旱咸有备无患，为一劳永逸之计。一面由敝会等劝募义赈，以为钧府壤流之助，迫切上陈，伏候鉴察。上海全浙公会、湖社委员会、宁波同乡会、绍兴同乡会、台州同乡会、温州同乡会、上虞同乡会、奉化同乡会、定海同乡会、金华同乡会、余姚同乡会、平湖同乡会、崇德同乡会同叩冬。（1934 年 9 月 4 日）

纳税会请工部局注意公共汽车安全设备

屡次纵庇致九路车近又肇祸

公共租界纳税华人会，昨函工部局云：径启者，准奉化旅沪同乡会函闻，"据敝同乡费胡氏来会泣称，渠子费冉源年十八岁，木匠为业，依之生活，不幸于四月二十五日上午八时半，偕同费森惠者，行经百老汇路华记路时，适有九路公共汽车疾驶而来，不及避让，致被撞倒，辗伤颇重。当由该处值岗巡捕赶至，将受伤人车送同仁医院，未及抵院，即因伤毙命，于四月二十日，已经法院检验在案。窃今被害人上有年迈祖母及氏二人生活企赖其赡养，今一日死于非命，一家顿失依靠，势已陷于绝境，为此恳请设法援助，转函公共汽车公司抚恤等情前来。据此，查公共汽车伤人事，报章屡有记载，核其原因，不外乎：（一）驾驶者恃洋商，视人命如儿戏，毫不留意。（二）与电车争先到站，遂不顾行人，致肇事端。（三）公共汽车撞伤行人，工部局每加偏护，不提起公诉，使司机者胆大妄为。以上三端，应请贵会有以设法，向工部局交涉，而对费冉源被撞身死一案，并恳贵会赐予救济，俾该公司从优抚恤，免致冻馁，不胜感幸"等因。准此，查公共汽车之肇祸，已属司空见惯，而该汽车公司之当局为之纵庇，对于赔偿与抚恤，竟靳靳不负应有制裁之必要。至汽车之安全设备，本会已一再相告，而贵局仍听其依然故态，殊负纳税人之重托。准函前由，相应函请贵局迅令该公司对于一切伤人致命之事件，负赔偿抚恤之责任，并装置安全设备，是为至要，此致上海公共租界工部局总董。（1935 年 5 月 8 日）

商轮碰撞并志

海元撞沉民船

国营招商局新海轮海元号，由南华开沪，船至浦江，适有装运垃圾之民船一艘开出黄浦，船到东洋码头前，被海元轮猛撞，该民船立时沉没江中，船主夏学根及舟子等均落水，幸为附近小火轮得信赶到，将落水之舟子救起，幸未伤害人命。今夏学根已报请本埠奉化同乡会向招商局提出严重交涉，要求赔偿损失。而招商局已询问当班之船主，谓该民船横驶而来，不听汽笛警告，其沉失之责，咎由自取，海元轮不负碰撞之责，已拒绝夏学根之要求。（1936年4月21日）

陈忠皋寿仪移充善举

虞洽卿等发起

奉化陈忠皋氏，旅沪经商，垂三十年，热心公益，一二八沪变，陈君主奉化旅沪同乡会事，组织难民救护队，身历火线，不稍畏葸，为同乡所称誉。新年一月十四日，为陈君五十诞辰，亲友拟为称觞上寿，陈君感时事多艰，严词拒绝。甬人领袖虞洽卿氏等，乃以寿仪移充宁波七邑教养所、鄞县救济院教养所、鄞县救济院残废所为请，陈君以该所等在甬举办教养救济，成绩优良，谋桑梓福利，谊难推却。闻已积极筹备，并托宁波旅沪同乡会及宁波七邑教养所两处，代为收礼，凡陈君友好有未周知，可将意图，送交上开两处云。（1937年1月1日）

陈忠皋五十初度并不举行仪式

寿仪悉充善举

今日为奉化陈忠皋氏五十诞辰，诸亲友以陈君热心公益服务社会，垂卅年，本拟称觞上寿，悉为陈君所议辞，因是并不举行仪式，所有寿仪，全数移充宁波七邑教养所、鄞县救济院残废所、鄞县救济院教养所等慈善机关。盖该三机关办理教养，卓著成绩，第艰于经费，未能扩展，素为陈君所关切，诸亲友投其所欲，创谋斯举，造福乡邦不浅，所以连日其收礼处、宁波同乡会工作非常忙碌云。（1937年1月14日）

陈忠皋寿仪移充善举

奉化陈忠皋氏，热心公益，本月十四日五十初度，经沪甬领袖虞洽卿、张申之、金廷荪、邬志豪、王文翰、俞济民等发起，将筵资移充宁波七邑教养所、县救济院教养所、县救济院残废所等各慈善机关经费，借为寿翁及诸亲友造福。兹悉该项寿仪，业经陈氏全数移交该所主任林德祺君接收，蒋委员长亦致送百金。（1937年1月29日）

宁波设计建筑中正桥

建造中正桥筹委会总干事竺梅先、设计组主任陈寿芝等，二十六日晨由沪乘轮抵甬，将拟改建为中正桥之新江桥历勘一过。据竺等意见，新江桥长四百三十英尺，改建时为稳固计非用三洞桥不可，但对于经费及船路皆发生影响，故拟改建独洞环形大铁桥，将桥之南端移置于甬东司巷道头，由此桥身将可缩短二十英尺。竺等当日原轮回沪，将拟定设计书提交大会核议。（1937年6月28日）

月底给养断绝　难民亟待救济

续收灾童开始登记

本市中西各界领袖虞洽卿、竺梅先等筹设之国际教养院，自正式成立，并在奉化泰清寺勘定院址后，其第一批灾童共四百五十名，已于八月二十日，由谋福轮载运赴甬，实施留院教养，业已正式上课。惟本市各善团及被毁灾童家属，继续请求该院留养者，仍极众多。该院为普遍嘉惠灾童起见，故决增加名额，自即日起，开始一批灾童登记，至二十日截止。如有灾区儿童失学者，得随身携带二寸照片二张，向宁波路八十六号二楼该院驻沪办事处报名登记，第一次业经体格检查及格而未赴院者，亦得准其前来，声请随同第二批灾童赴院教养。（1938年10月12日）

第二批国际灾童昨验体格竣事

月底遣送赴甬管教

旅沪中西名流竺梅先、安得宜等，发起之国际灾童教养院，首批灾童四百二十名，已于八月三十日自沪遣送赴甬，转奉化院所管教。惟该院名额，共定为五百名，其余八十名，除已有二十名，由宁波方面选送，亦已遣奉管教外，其余六十名，则由该院上海办事处，报名甄选。连日赴该办事处报名灾童，共有一百五十余人，爰于昨日上午十时，在宁波同乡会四楼，由虞心炎医师举行体格检验，对体重体高及眼耳鼻齿肺等各部，检查极严，检毕，复举行简单口试，当场录取六十名，由办事处供给制服，定本月底，遣甬转奉化管教，届时仍由院长竺梅先伴往云。（1938年10月18日）

救难会函各中学切实推行

西人亦热心认捐　二批灾童定期赴甬

国际灾童教养院在沪征选灾童，送至奉化该院教养，现第二批已于日前检查体格完毕，计取六十名，现定本月卅一日乘怡和洋行谋福轮赴奉化，已通知各被征选之灾童，在虞洽卿路宁波同乡会集中，点名后启程云。（1938年10月29日）

国际灾童院新生昨离沪赴奉化

附载大批灵柩回甬

国际灾童教养院第二届新生，及第一届因病留沪各生，及教职员等二百余人，于昨日由院长竺梅先、副院长徐锦华女士，率领前往奉化该院。昨日下午半时许，先在宁波同乡会集合，嗣经编队点名后，即往十六浦码头搭乘德商礼和洋行谋福轮，该轮于昨日下午四时启碇，直放宁波，再转道奉化云。

本市法租界四明公所，置有南北二厂，在沪战之前，两厂合储灵柩达两万具以上。华军西撤后，两厂均陷入日军手中，历经公所方面，向日方交涉，要求运出此项存柩，并准许新柩运入安放，迄未获圆满解决，致新殡灵柩，无处寄储。而法租界卫生处，认此项新柩，妨害公共卫生，严饬限期迁出，否则断然处置。兹悉该公所已商妥运送国际灾童教养院灾童直放宁波之谋福轮公司当局，于昨日起运大批新灵柩，装赴宁波故土云。（1938年11月10日）

调查奉化灾况人员今已离沪赴甬

奉化旱灾，迩来益趋严重，尤以忠义乡为甚，奉化同乡会特于本月五日，召开执监联席会议，一致决议先行派员赴奉调查灾区实况后，再定救济方案。该批被派人员，本拟于七日启程，旋因种种原因，始于昨日启行。据参与赴奉化调查之某君说，此行约须半月始克返沪，调查后即返沪复命，筹商统盘救济办法。（1940 年 10 月 13 日）

奉化旅沪同乡救灾劝募委员会启事

敬启者，吾邑奉化去岁遭凶，旱水虫三灾为患，粒谷无收，民食恐慌已达极点。目前情形更趋严重，饥民遍地，饿殍载道，嗷嗷待哺，惨不忍闻。凡我同乡情关桑梓，痌瘝在抱，奚能坐视，爰特组织奉化旅沪同乡救灾劝募委员会，敬恳各界善士及全体同乡踊跃捐输，共襄义举，俾得集腋成裘，拯救垂毙乡人，造福乡邦，积德子孙，此启。

主席委员孙性之、郑源兴、周荆庭，常务委员竺培元、王廉方、袁恒通、何绍庭、王和兴、王麟堂、江辅臣、竺泉通、何平龙、邬文敬、王宝兴、毛文荣、陈浩庄、志宸、董德维，财务委员何梦熊、方济川，秘书长余华龙。会址：英租界劳合路宁波里奉化旅沪同乡会内。代收捐款处：浙江地方银行江西路三八一号、四明银行北京路总行南京路支行、大来银行宁波路七七号、瑞大银号北京路垦业大楼一〇一号。（1941 年 3 月 29 日）

奉化同乡会疏散失业同乡

奉化旅沪同乡会近为协助租界当局，疏散无居沪必要之居民，特设办事处，专代返籍同乡，办理领取回乡特别通行证。近日前往该会领取通行证者，为数较前激增，并闻自沪绕道宁波，返抵奉化旅程已较前顺利，旅客至甬后，可乘小火轮至西坞港口，仅需五六小时时间，票价约一元左右，抵西坞后，再行入城，闻亦仅数小时时间。

又据宁波旅沪同乡团体消息，宁波所办之旅沪同乡回甬斡旋队，举凡失业回籍，行囊羞涩，或离厂女工，资斧告绝，或孤苦无依，归家为难，以及种种困难之归客，皆为该队斡旋之目标。由该队派员每于沪轮抵埠时，即行上前照料，见有上列情形者，即与之接谈，宣布该队宗旨，使对方受惠，故每次受斡旋之人数颇多，闻该队拟拨资十余万，以办理此项救济事业。（1942年3月23日）

本报读者倡议新春压岁钱移充助学

移风易俗值得提倡　清寒学子受惠非浅

周一星君函云：胜利的交响曲，不久前，在大上海的街头，已热烈地演奏过，现在呢，应当踏上建国肇始的时候了。建国之道虽多，但笔者认为我们最高领袖蒋主席所发动的新生活运动，实在是应当首先力行。我们旧日的生活，实在是太浮而不实，太繁琐奢侈。笔者认为，建设人民心理，就是建设国家的基本，而新生活运动也就是建设人民心理最好的标示。际兹腊鼓催残，转瞬已是废历元旦。在新春里，我们必须向亲友处，互拜新年，若遇见了相熟的孩童，我们照例必须给予压岁钱。像这样的恶俗陋习，虽然是由来已久，但究竟太虚耗浪费了。今日已是新生活时代，我们必须认识实际，换句话说，对于往日恶习，确有一洗之必要。因为今日的社会，应当做的事，实在太多，如近来贵报所载倡导的助学金运动，这的确是件眼前最迫切最实际的工作。笔者在二年前，早已实行废止向亲友拜年，并将应给而未给之压岁钱，节省下来，在前昨二年，先后捐助申新两报助贷学金。关于这一举动，凡是笔者亲友，或我所爱好的儿童，都对我原谅，对我同情，这是笔者引为最愉快的一件事情。现在笔者仍本斯旨，继续提倡，用将今春应备之压岁钱，计国币十万元，专足奉上，移充贵报助学金。在笔者不过是我行我素。谨以管见所及，拉杂上言，尚请贵报唤起同情的呼声，则幸甚矣。（1946年2月1日）

奉化旅沪同乡会为举办贷学金通告

敬启者，本会为鼓励向学，贴补本邑清寒学生起见，特举办贷学金，规定办法如左：（一）金额：暂定为国币二百万元正。（二）名额：二十名。（三）资格：凡在本市初高级小学求学成绩优良，确系家境清寒之本邑子弟，经本会会员二人以上之介绍及保证，得向本会申请贷金。（四）证件：申请者应随交上学期各科成绩报告书及本人二寸照片一帧。（五）期限：自即日起至额满截止。（六）发贷：经本会审查后合格者分别用挂号信通知，办理发贷手续，不合格者恕不通知。会址：六合路宁波里四号。（1947年2月9日）

奉化中学救济清寒学生

本市私立奉化中学，自于去年五月间，由蒋纬国、毛庆祥、毛圣栋等发起创办，经半载筹备，业于本学期招生开学，并已正式上课。顷闻毛校长为救济清寒学生起见，特就各该生家庭实际情形，分别予以免费或分期缴费，受惠学生，甚感欣慰，并悉该校尚有余额，足资安插。（1947年2月22日）

老闸区献校祝寿昨行奠基典礼

〔本报讯〕本市老闸区区公所暨区民代表会，于昨日上午十时，在厦门路一八〇号，为献校祝寿，兴建校舍，并建区公所所址及区民代表会会址，同时举行奠基典礼。到吴市长、潘议长、各局处长、该区市参议员、正副区长、区民代表会主席，暨该会全体委员等共二百余人。王廉方主席，民政处张处长代表吴市长，于基石上题字，并破土奠基后，即致训词，盼人民踊跃输将，努力完成此一伟大建筑。旋市参议会潘议长致词，略谓：老闸区为本市精华，需要一所完善之中心学校，及一规模象样之区公所所址，及区民代表会会址。今天在此奠基，不久希望在此举行落成典礼，使成为全市之模范云。工务局赵局长祖康、参议员施思兼等相继演说。最后由筹募建筑委会主委郭琳爽致谢辞。该区李区长，并当场将地盘图建筑草图，递呈市长核可。仪式于十一时许，始在乐声悠扬中完毕。（1947 年 6 月 7 日）

沪西何青体育会发起小型足球赛

本市西郊何青体育会，拥有小型足球队三队，曾参加新泾杯比赛。兹该会为提倡体育，增进兴趣起见，发起小型足球锦标赛，并由大伟行总经理王剑伟①热心制有大伟银杯，欢迎沪上各小型足球队参加比赛，计分甲乙丙三组，自七月一日开始报名，至七月七日截止，报名地址设中山西路虹桥路何家角二十四号，报名手续，可径向该处询问云。（1947 年 6 月 29 日）

国际灾童教养院徐院长灵柩抵沪

〔本报讯〕前奉化泰清寺国际灾童教养院院长徐锦华女士，于本月一日在嘉兴逝世，其灵柩于昨日午后五时运抵本市西火车站。本市大来银行及民丰造纸公司同仁，及前国际灾童教养院学生暨其生前亲友等，均到站迎灵，并以基督教仪式致哀。（1948 年 7 月 12 日）

---

① 奉化人，当时在上海从事经营活动，后赴香港发展，曾任香港上海总会会长。20 世纪 80 年代曾捐资助建奉化奉港中学。

沪西何青体育会小球明日揭幕

何青体育会主办大伟杯小型足球联赛，定明日下午五时正，在何青球场揭幕，并敦请新泾区地方长官莅场致词，由大伟行总经理王剑伟开球。为增加兴趣起见，特邀请联中与汇达参加表演赛，不售门券，欢迎参观。兹将秩序录后（略）。(1947 年 7 月 18 日）

五、其　他

渔民械斗纪详

定海渔民于初六日早因在胸山捕渔之宁海人拾得毛竹一枝，旋有奉化县属栖凤人认作己物，指为窃取，始而口角，继以挥拳。至午刻，两造渔人愈聚愈众，各执枪械，在沙滩哄斗多时。栖凤人尚未能取胜，亦未伤人。酉刻复战，适有栖凤公所勇船进泊，附近开炮助阵，宁海人始大败。其时署厅陈司马蕃诰弹压渔汛驻扎岱山，闻报即于初七日早乘超武兵轮赴胸，查明宁海伤五十一人，奉化伤一人，寻获尸身三十四具，均已检验棺埋，其余尚不知下落。

宁海帮渔董杨志鸿君要求陈司马向栖凤渔董交出凶犯，奈副董张志权逃避无踪，正董张鸿谟逍遥事外，致凶手首从一无所获。陈司马当将三十四尸饬仵填明尸格，棺厝认领，旋即回岱。宁海渔船因凶手首从一时无获，相约不许放洋采捕，如有违约即将该渔船毁沈，纷纷扰扰，合力要求。经陈司马立派干差会同巡防兵多名协拿滋事各犯。闻于初九日拘到疑似犯十五名，解岱讯鞫，委系非此案首从犯，即行省释，内有一犯供多关系照例扣留。昨复派兵差等赴胸密访栖凤渔董到案，跟交各犯，未识能否弋获也。（1911年6月11日）

又弱一个健儿

本埠万国商团中华队队员丁锡祺君，系浙江奉化人，旅沪有年，设商店于城内长生桥，为人诚朴无华，且热心任事，不避劳怨，癸丑之役地方赖以治安者君亦与有力焉。讵丁君忽于阴历十二日与世长辞，当由家属等报告华队公会。华队长徐通浩君闻信之下深为痛惜，今日上午十时殡殓，徐君亲率全体队员前往致祭并派西队员用炮车扶枢。由丁宅出发，出小东门经民国路，过法大马路，至徐家汇，达四明公所。届时沿途观者必极热闹也。（1916年10月10日）

公堂讯结冒名吓诈案

绍兴人蒋梦龙因串同丁振祥（又名丁振瑞）迭次冒充民党，书写捏名恐吓信函，递送炸弹，向英租界四川路青年会对面毛全泰外国木器店毛茂林与子毛信鸿，图诈洋一万元，被毛偕证、王裕生、康济台控由总巡捕房饬探王润甫协同西探将蒋与丁拘获，解送公共公堂讯供判押，各情屡纪本报。前日午后由探传集人证，将两被告解讞。经王崧生襄谳会同美领博金式君升座刑庭复讯。先由工部局刑事检查科代表牛门律师上堂译明案情，继由原告延律师到堂陈述屡接被告等来函吓诈巨款情形，请为彻究，即据见证康济台投案声称，伊在大陆报馆内为出店，我与原告系亲戚，自接吓诈信后我与表弟王裕生谈及吓诈之事，适蒋梦龙亦在王处，被其听见。据蒋云，此事系伊与民党中人所为，我闻之回去，正拟将情报之原告。讵蒋等忽又捏我名姓致函原告吓诈，故毛云如果彼等（指两被告）缺乏川资，愿给洋三百元。我得悉斯言，深为诧异，即向王说知转致被告，约于翌晨在法租界八仙桥得泉楼会面。蒋等不允，至少需洋三千元，言同党有三百余人，非此数不能匀分，如不允诺即以炸弹对待等语。故即回复原告报捕云云，并据见证王裕生投称，伊于今年五月间在新闸路开设钱庄，与被告蒋梦龙认识已将六载，故蒋时常前来闲说。有一日表兄康济台来店，谈及有人写信向毛全泰吓诈之事，适蒋在旁听见（余供与康相同）等词。讯之蒋梦龙，供称向在原籍为成衣匠，于去冬来沪住居梅白克路，恐吓信因我至法界宝昌路宝昌里六十二号门牌民党机关部向李姓索取缝衣工资无着，李有一信托我投诸邮筒递送毛姓，据云不日即有钱来还，我向询始悉索诈之事。至于炸弹并非由我递送求宥。质之丁，供词推诿。经中西官核供会商之下，以两被告冒名串党恐吓图诈罪已成立，词无遁饰，因判蒋梦龙押西牢四年，丁振瑞押二年，期满一并函送上海县公署递回原籍。（1916 年 12 月 1 日）

奉天军警误拘甬商

宁波旅沪同乡会会董邬挺生、董杏生两君由京至奉，搭轮南归，中途用洋文电知盛京英美烟公司，不知检察员因何误会，遂被拘留督署。经营口三江同乡会电告由旅沪同乡会、上海总商会电达张督军，并函请卢护军使，特电证明立即释放。闻星期四可以抵沪，今将函电附录后：

奉天张督军钧鉴：本会会董邬挺生、董杏生两君路经奉境，为军警误拘。查邬董两君为敝乡旅沪真正商人，卓著声望，从未与问外事，乞迅赐释放，护恤行商仰赖，福庇同感。宁波旅沪同乡会。

于嘉勋使钧鉴：敬启者，顷接营口三江同乡会电称，邬挺生、董杏生两君路经奉境，为军警拘留，现已四天，希速请护军使证明保释等语。查邬董两君系敝会会董，身家殷实，心术纯正，在沪经商，向来不问外事。此次因公晋京，适为水阻，纡道经由奉境。想军警拘留，定属误会，除经电奉督证明保释外，特烦会董谢蘅牕君代表面恳台端，迅赐电请张督军即行释放，以恤行商而昭公道，统由敝会担保可也。

奉天张督军钧鉴：本会邬挺生、董杏生等为购船案赴京，事竣南旋。因津浦尚未通车，改乘京奉火车，由大连附轮回沪。现闻董君路过奉省，误为军警拘留。查邬董两君为沪上体面商人，务请迅赐饬查，将董君释放，以惠行商并祈电示。上海总商会巧。

奉天张督军鉴：顷据上海总商会、宁波同乡会会长会董等面称，接营口电，邬挺生、董杏生路经贵治，为军警误拘。邬董二君系旅沪体面商人，素守本分，请为证明释放前来。查该商等在沪经商，身家殷实，宗旨纯正，合埠同知，弟亦素识其人。现据合词担保，应请迅予释放，以恤行商，同感盼复。护军使署皓。

附盛京来电：

本月十三日有邬卓然，字挺生，浙江奉化县人，系上海协和公司总董，又为国务院谘议。董杏生，浙江镇海县（今宁波市镇海区）人，系上海利通洋行华经理。尚有冯子均一人到奉天后拍发一电，文曰：上海乐余里二弄韵琴，近日天气好冷，大雪六寸，穿夏衣，哀皇陵，好生趣味，还是上海好，对不对。冯子均请密查。冯子均为何许人，乐余里是何所在，邬董二人是否安分商人，与冯子均有否关系，请速电复。（1917 年 10 月 22 日）

邬董二商抵沪

宁波旅沪同乡会会董邬挺生、董杏生二君，已于昨晨十时乘神户丸由大连抵沪，中西人士往码头慰问者甚众。据二君云，此次在奉阻行一事，实因该埠稽查与冯子均君言语冲突，致有此举。后经张督军接到各方面电报，证明二君系纯粹商人，并无党派关系，旋即礼送回寓云云。（1917 年 10 月 26 日）

公共公廨讯案汇录

……又午后民四庭由俞襄谳会同美约副领事讯理：（一）王财运[①]声请给谕受理已故王财兴遗产案，结果给谕本廨理限薛迈罗，将已故王财兴财产项下提给其家属银一千两，余款准分给各债权人具领完案。（二）（略）。（1921 年 12 月 10 日）

---

① 即王才运。

损坏名誉之惩究

侨居法新租界地方之邬挺生，近因连接具名邬茂通之恐吓信函两封及破坏名誉之传单一张，当即报告捕房，由探目程子卿等将邬及同党梁芝梅、朱成大、赵轩举、丁祝波等五名一并带入捕房。昨解法公堂请究，先由原告邬挺生称，商人与被告等均不相识，此次不知伊等系受何人唆使来信恐吓，求请讯究，恐吓信呈鉴诘之。邬茂通供，民人今年六十八岁，目不识丁，岂能书写信函，余供支吾。梁芝梅供，此项信函实由邬茂通嘱令民人书写，后由赵轩举递送是实。赵轩举供认代为递送。朱成大供，民人虽知此信是梁所写，然与民人毫无关系，与原告亦不相识求察。丁祝波供，民人与梁芝梅系属朋友，书信之事实不知情求宥。中西议员核供判，以姑念被告邬茂通年老从宽，押一个月准予缓刑；梁罚洋二十元、朱罚洋十五元充公，着各出境一年；赵逐出租界一年；丁罚洋十元，充公以儆，信函传单销毁。（1922 年 12 月 30 日）

甬商王才运逝世

王君才运，浙江奉化人，年十余来沪经商，继设荣昌祥呢绒号，兼其他事业，为人诚正，乐善好施，如该县孤儿院之创办，王君之力居多。曾发起各路商界联合会、华人纳税会等，为商民谋幸福。不幸于本月二十二日上午九时，猝病中风，在寓逝世，亲戚故旧莫不惋惜。现闻于二十四日下午二时发引，暂殡于四明公所云。（1931 年 8 月 24 日）

各界公奠王才运

奉化王才运君为南京路荣昌祥之创办人，急公好义，尽力社会，首创上海各路商界联合会，嗣倡导租界市民权，发起纳税华人会，功成不居，足为商人楷模。五卅案起，愤而辍业回乡，对于乡里之筑路、浚河、造桥、平粜诸事靡役不从，而于创办奉化孤儿院尤为尽力。本年秋间因事来沪，遽告疾终，闻者惜之。现其亲友等定于十二月一日，假座西藏路宁波同乡会设奠成主，以志哀思，逆料届时素车白马，必极一时之哀荣也。（1931年11月30日）

何绍庭被绑

建筑业何绍庭，于昨日上午十时，由蒲石路住宅乘车出外，在白尔部路口被绑。闻何君原籍奉化，营建筑业有年，徒负虚名，平时热心公益，关于救济灾黎及医院学校等，无不竭力捐助。近因年近花甲，更兼营地产业，迭次失败，无从发展，拟欲收束归乡，骤闻被绑，实出意外。（1932年8月31日）

郭永澜八秩大庆志盛

奉化郭永澜先生，乐善好施，历年在本乡及沪上捐施巨款，国民政府特颁义重乡闾匾额，子孙等均投身实业界，开办国货工厂。本月六日，适奉郭翁八旬大庆，戚友庄崧甫、俞济时、周骏彦、朱孔阳、杜月笙、金廷荪先生等发起，假座湖社祝寿，排定堂会三天，以资庆贺。海上各票房名票友，莫不登场，奉化各界均推代表来沪，可见郭翁平日感人之深。连日天气清朗，海上戚友到社祝寿者，不下数千余人，由袁履登、洪雁宾先生等分任招待，盛极一时。（1935年5月9日）

竣，惨遭狙击，言念至此，伤悼靡深。窃思除暴安良，国有常经，总期忠贤得以奖劝，奸究无所逃罪。敝会追念前功，且为国家社会，痛失干城，用特电请钧长迅赐令行地方长官，严缉凶首，明正典刑，以慰忠魂，而伸国法，曷胜待命之至。（1936 年 1 月 5 日）

奉化富商被绑

奉化剡孝乡岩头村富商毛君益，拥有巨资，于民国四年间，为匪徒所觊觎，已被绑一次，幸即脱险，事后即迁避甬城，在濠河街开设仁成柴行，并为上海南京路泰昌木器店股东之一。此次返籍为亡妻营谋葬地，竟为匪党探悉，突于九日深晚十二时许，纠集匪徒三十余人，各持枪械，侵入毛居，将毛自卧床上拖出，绑架而去，临行并放排枪示威，留函勒索洋十八万五千元，现由军警严缉中。（1936 年 10 月 15 日）

余华龙子结婚

工部局华委、奉化同乡会会长余华龙氏，旅沪有年，交游极广，本月七日为其长公子惠民完姻，余氏素崇俭约，现值国难严重，全国举行新生活运动之时，雅不愿铺张，所有婚礼，概从简单。惠民君现肄业震旦大学，品学兼优。（1936 年 11 月 4 日）

邬挺生被害后家属争产和解

烟业界巨子奉化人邬挺生，于民国二十四年十二月三十日，在许昌被匪杀害后，近有邬已故发妻林氏所生子女邬洵美、线妹、申熊、申鲲、申鹏、申鹄等六人，延姜屏藩律师，具状特二法院民庭，对邬之继室丁氏与丁氏所生之女静妹蓉等提起析产之诉，其起诉标的，为邬挺生所有许昌烟叶公司，股款二万元，及抚恤金七千金，浦口轫兴房地产公司股款一万元，又银一千两，德泰丰纸号股款一万，嘉兴西塘地一百六十四亩零九分，应由原被告九人平均分析，嗣由宁波同乡会出为调停和解，三度请求法院展期。昨日午后三时，仍由王思默院长亲莅民六庭审讯，据邬挺生之外室邬汪氏偕子振堃，委孙祖基律师代表到案，参加诉讼，要求依遗产作十份分析。据称，于邬挺生死后，曾去信向邬之继承人等要求维持生活费，开财产账，置之不理，再去信对方已迁移，因而搁置。至本月八日，见报载始悉他们涉讼，遂向宁波同乡会要求，未得解决，故参加起讼云云。原告邬洵美等与被告邬丁氏等双方代理律师对参加诉讼如能和解，可以提给一些，如谈到身份，两方根本上否认有邬振堃此人，请求驳回，庭上乃命参加可另行正式起诉，孙祖基律师遂退庭。继讯邬洵美等与邬丁氏等析产案。原告代表姜屏藩称，此案因债务上关系，在外不能和解，请求依法判决云云。被告方面代理律师称，被告丁氏，仅执嘉兴地产契据，由原告等管理收租，许昌烟叶公司股票押在英美烟公司，致抚恤金七千元，尚未领出，轫兴地产股单，亦押与丁瑞麟或陈培德处，德泰丰股款九千零七十余元，系一议单，已失去，向该店声明过，此案须理清债务，方能分析云云。庭上核情，以既不能和解，遂命开辩论。迨辩论后，双方律师经庭上之劝导，仍同意和解，遂当庭订立产解笔录，所有邬挺生之遗产，由原被告九人平均分派，每人得九分之一，讼费由原告负担，经双方律师签字于和解笔录。退庭。（1937 年 6 月 30 日）

发明弹簧算盘

奉化青年宋德炳，近发明矮尔式弹簧算盘一种，与商务、中华出品完全不同，其构造以方木为直档，弹簧系用矮尔式铜片，装在档内，用时推移灵活，且式样美观，经久不坏。现宋已将是项算盘呈请专利。（1937 年 7 月 19 日）

冒充游击队名义　吓诈振丰铜厂

原来系革职工人所为　经拘获两犯解院讯究

振丰铜厂为郭学庠所开，前在闸北吉祥路自战事发生，该厂即迁移于槟榔路一〇五号，而堆栈则在爱文义路三一八弄四号。只因该厂为债务关系，积欠中国银行款项，故近由中国银行委派职员孔善刚、常川驻扎于振丰铜厂内，监督一切。不料自本年二月十三号起，忽有恐吓信数封，投递与该厂孔经理，具名为中央人民自卫军政训处第二团，内中言词激烈，意图索诈二千元。经据情报告新闸捕房，饬派华探目杨裴章、探员龚有为担任调查，直至昨晚七时，始在赫德路星加坡路口，拘获是案案犯扬州人张国珍、万小章二名，在张身畔抄出未寄出之恐吓信一封，内有子弹一粒，信中指该厂接洽，并无诚意，应处罚金一万元，并指该厂等与日商往返，实属汉奸之流等语。乃带入捕房收押，昨晨解送第一特院，捕房律师厉志山陈述案情，请求改期。又据振丰铜厂主郭学庠投案证明，两被告前系厂中工人，因过辞歇云云。诘之两被告，供认此事由在逃之戎阿炳起意同为，所有恐吓信，均托测字摊代写，萧推事谕两被告押候，改期七天再讯。（1939 年 3 月 16 日）

丈夫故后不甘守志　姑诉媳交出人财

奉化老妪郑庄氏，今年六十三岁，生有两子。长子雍和，现在霞飞路一七西号开设国民西服公司。次子人和，生前亦在同路开设华一服装公司，娶妻方氏，育子女三人，长名礼恩，次怀恩，三仙恩。民国二十年，方氏病故甬地，郑人和即续娶妻妹方氏为继室。至民国二十四年十月间，人和又病故，沪地所遗子女及财产，由方氏以续弦资格为监护人，并代管财产。讵最近方氏因不甘守志，致腹部渐大，并将乃夫遗有之华一公司出盘于人，经乃姑郑庄氏以方氏行为有损及乃孙（即受监护人）之财产危险，爰以原监护人地位，延余华龙律师具状特二院民庭，对方氏提起交人及交财产之诉。此案经余推事审理终结，昨日判决，主文曰：被告应将受监护人郑礼恩、怀恩、仙恩交由原监护人，又应将受监护人礼恩等应有之财产，交由原监护人管理，诉讼费用由被告负担。（1940年5月20日）

华一西服店出盘　姑媳涉讼

奉化迈妇郑庄氏，今年六十三岁，次子郑人和，生前在本市霞飞路开设华一西服公司，娶妻方氏，育子女三人，长女仙恩十一岁，次子礼恩十岁，三子怀恩九岁。民国二十年，方氏病故甬地，郑人和即续娶妻妹方氏为继室，至民国二十四年，人和又病故沪地，所遗子女及财产，由方氏以续弦资格为监护人，并代管理财产。嗣因方氏不甘守志，致腹部渐大，经乃姑郑庄氏委余华龙律师具状特二法院民庭，对郑方氏提起交人及交财产之诉，审理结果，判决被告应将子女财产交由原监护人郑庄氏管理在案。最近郑庄氏又以乃媳方氏在诉讼时期，竟将价值数万元资本之华一西服公司，仅以三千七百五十元低价出盘与其心腹伙友朱志承，显有共同作弊危害乃孙财产，故仍以法定代理人资格，委何孝元律师，另向特二法院民庭对郑方氏、朱志承两人提起确认卖买契约无效之诉。此案昨由李良推事开庭传讯，两造均偕律师到案，经辩论之下，庭上谕知案情已明，定期宣判。（1940年6月15日）

富户命何乖　曾遭三次绑

又被同乡觊觎吓诈定海路桥接洽破获

〔本报讯〕营造业商奉化人何绍庭，现年七十三岁，寓居长乐路八十四号。上月十七日午前，突接"毛总部队"名义之恐吓信一封，约在是日下午三时送款四千万元至杨树浦临青路电车站附近交付，当时何置之不理。讵至本月六日下午三时许，又接获第二封恐吓信以"延安总部"名义勒索三亿元。

后由何子增可持函至卢家湾警局报案，请求保障。警局于检视来信后，当于七日下午派员化装铜匠、农夫、小贩、三轮车夫等，至所约之定海路桥埋伏，同时由何增可之舅父陈如生乘自备包车携带黑色包裹一件，装成现款模样，直往该处，未几见一青年前来，与陈搭讪细语自称即系"延安总部"代表，命速将现钞交付时，埋伏之警员遂一拥而出，将其捕获，迨带局侦讯，据供：名华国祥，二十一岁，宁波人，因失业出此下策。同谋犯尚有虞林标、严金林均为前在军服厂作工时之同事。此事系由虞起意，因虞与何为同乡，故熟悉其富有云云。警局根据口供，连夜赶往南翔镇李家浜西草棚内将严拘获。继续派员至奉化捉拿主犯虞林标时，则已远扬。后经调查，获悉何系奉化巨富，曾数度为盗匪觊觎，第一次于民国十四年间，其母在奉化乡下突遭四明山大批盗匪击伤绑去，致死于匪窟，何侍母至孝，后仍将母遗体赎回安葬。第二次何本人在上海被绑，时年五十四岁，当场曾被枪伤腿部。第三次在民国三十一年间，何之两子被绑架至沪西，遭禁月余，始以巨款赎出。（1948年2月25）

营造商遭吓诈案　逸犯忽偕父自首

〔本报讯〕营造厂富商奉化人何绍庭，去年十二月十七日，遭匪徒二度投函吓诈。经报卢家湾警分局先后捕获华国祥、严金林两犯，另一犯虞林标在逃。讵前日下午五时许，虞偕其父虞长松、姨母周张氏，至卢家湾分局自首。据供，与何系亲戚，深知其家富有，迨因失业，偶与林等谈及，同谋恐吓，第一封信曾参与会议，后悔莫及，故潜返原籍。至第二封信，则并无所知，请从宽发落云云。现正详询中。（1948年2月28日）

附　录

从奉化到上海

顾礼宁

中国重要都市，南至广州，北至哈尔滨，没有一处不有宁波的商人。宁波人的足迹非但已遍全球，即世界各大商埠也常常有宁波籍的水手船夫往还其间。上海为世界第六大都市，中国最大之商埠，论其商业上之权势，则操于宁波、广东两帮之手；论其市民之籍贯，则宁波人占四分之一，所以上海无异宁波人的第二故乡。

宁波人之所以成批结队来上海经商做工，其原因固不止一端，而其中因两地相去不远，实为一重要条件。从宁波到上海，水路四百零八里，陆路须绕道杭州，计六百零三里。不过宁波又有小宁波、大宁波之别。所谓小宁波者，就是指宁波市而言，上言宁波与上海之距离，即指小宁波也，普通我们在外面所谓宁波人、宁波帮、宁波同乡会之宁波，乃指大宁波而言。大宁波包括旧宁属七县，就是鄞县、镇海、慈溪、奉化、象山、定海、南田。在上海的宁波人，以鄞县、镇海为最多，慈溪次之，奉化居第四。

奉化这两个字，在最近大家的脑海中想象过去，好像有些崭新的气象，什么最近竣工的从宁波到奉化的"宁奉汽车路"，行销各处的"奉化罐头笋"。似乎奉化已经是一处经济很发展、交通很便利的地方。其实奉化一县面积大到三千八百九十五方里，宁奉汽车路所通的不过是西北面溪口、大桥等一小部分地方而已。全县大部分的地方，仍旧是在山乡偏僻之处，深感交通不便之痛苦哩！

我是奉化人客居上海的，我们家是在奉化东南靠近象山港的一个山间小村。那里去宁波有八十里的路程，和县的西南面地方比较起来，交通还算便利，可是那在旅途上已经吃够苦痛了。

我们那山间的小村是叫后琅，从后琅动身来上海，路程可分三段：第一段从后琅到横溪，四十里全是山间陆路；第二段从横溪到宁波，是四十里小河航路；第三段从宁波到上海四百零八里，每天有两只海轮来往。

由小村到横溪，四十里的山路，我们或者乘轿，或者用腿。轿有两种：一种叫土轿，也叫竹轿；一种叫眠轿，也叫"爬山虎。"竹轿用竹编制，好像一块平的木板，四尺长、二尺阔，后面在右钉上了几条低低的栏，抬的时候，用两条麻绳结在四角，中承一条竹做或木做的杠，轿夫两名——凡本地农夫均能胜任——一在先一在后，各以肩承杠，扛着而行。坐轿的便曲手曲足，屹坐其中，好像和尚打坐一般。他们走了几百步，停了一停，四十里路，十足要走到四个钟头，坐的人真是要坐得你腰酸臂痛，有时若碰到冬天出来，刺人的北风呼呼地迎面吹来，直冻得你肌肤欲裂，手足为之僵痛，所以他们常说："坐轿不如抬轿。"

眠轿也是用竹做的，形式略似藤椅，上面覆着布做的篷，垫之以被褥，便可仰卧，并且他是用双杠，抬起来时比较平稳；但是坐眠轿的价格，也要比土轿高了一倍；土轿四十里工资连酒资两人只要一元五角便够，而眠轿则非二元五角以上不可。

因为坐轿是借他人的脚，所以他的速力还是和我们用自己的腿一样。我在读书的时代，出来进去，老是用我的腿。这条漫长的四十里路，用一步不到二尺的腿来跑，在现在时过境迁的时候回想起来，委实有些可怕。因此从前我每次在开始跑这条路的晨光，一只手提着一只藤篋，一只手提着一柄伞，心中总是想着：路啊！你究竟已经印上了多少我的足迹呢！

无论何人，当久客之后，从外面回到家里去，心中总觉得有一阵热哄哄的快活，因为心中有些快活，所以盼望到家的心更切，心更切，于是感觉路愈长，走了一里，望了一里，心中焦急加上两腿的酸痛，此种情形确是有些难堪。

一到出来的时候，心中苦凄凄的本来已经有些不高兴，再叫你跑这样的长的路，使你格外感觉出门一步的苦痛。从前父亲在日，他知道我心里的意思，所以当我出来的晨光，他常常替我雇用一顶土轿，给我坐了二十里，以减少我两腿的负担。

我们每次出来，为要赶船，总是早晨七点钟在家里动身，中午到横溪。

从横溪到宁波有一条小河相通，这条小河在横溪是叫"横溪"，在宁波是叫"新河"。横溪在新河的尾，宁波在新河的头，两地相距四十里，每天早晨中午，互有航船往来。我们从家里出来，匆匆地在横溪小饭店里用了中饭，便趁十二点钟一班叫"倒撑"的航船上宁波。这半天坐倒撑的生活，真是无异了下了地狱；小小一只丈余长、四尺宽的木船，中间搁起了两排五寸阔的木板，三四十的乘客连货带人都挤在中间。每船四个船夫（俗叫老大），一个船夫在后面缓缓的一橹的摇，两个船夫在岸上用一条绳子系着船头，向牵牛一般的牵，叫做"拉楔"。另一个船夫专备替换。你想这水又浅船又重，一摇一摆缓缓地进行，我们挤在中间，动也动不得，像死人一般的，只有眼巴巴地望着到宁波，这其实心中的烦闷和焦躁，真无异于坐了针板吃了胡椒。

然而小苦还不至这些，更有比此难忍的，还在那旅伴的气味。我们在上海趁电车，或者趁公共汽车，有时固然也会觉得煤气或石油气的难忍，但在旅伴的身上，却往往可以得到扑鼻的芳香。在那横溪的航船上，一般搭客大半是鱼贩和农夫，他们的身体和衣服，不是鱼腥臭，便是肮脏龌龊，另有气息。坐了这样气闷、这样荡动的船，本来已经觉得要吐，再加以这种难忍的气息，所以我碰到身体不好的时候，常常要晕船呕吐。

现在从宁波到横溪总算已经利用汽油拖船了。然而商人要钱不要命，以一只小小的汽油船，每次上下总要拖了八九只以上笨重的木船，所以结果他的速力，还是和先前手摇的航船一样，不过减少些摇摆罢了。

宁波开往上海的轮船，除了星期日没有之外，每天是下午四时半至五时中间开的；横溪航船到宁波早的时候是下午四时，迟的要等到五时；五时到宁波，那来就要大倒其楣，须在宁波旅馆中过了一宿，等了大半天。若果能在四时到埠，于是我们一方面急急上岸，一方面就当坐上人力车追赶轮船。有几次当我赶到轮船，立还未稳，轮船便"呜"的一声，开始离埠，真是危险。

讲到宁波的人力车（据调查全市有一千一百二十辆），凡是到过宁波的人，谁都会摇头表示不满意。原来宁波的道路，除了最近已经市政府修理过或改造过的几条外，大多数是用石板铺的。因为年久失修，高的高低的低，很像高原过去是五陵，五陵过去又到了盆地。有的两块石板，高低相差竟有三四寸之多，人力车行其上，宛若登山陟谷，上下震动，左右颠簸，坐过后有时竟会觉得小肠作痛，所以在宁波孕妇和病人是决不坐人力车的。而宁波的轿行，迄今仍能维持其营业，在我想来大约也就为这个原因吧。

来往宁波、上海的轮船，每天两只，其船载重二千吨，吃水十尺左右，每趟两只，共载客约三四千人。船内舱位，可分五等，即大菜间、官舱、房舱、高铺、统舱。大菜间、官舱所费太奢，惟有要人富商始敢光顾。房舱船价一元五角，茶房小账一元五角以上。高铺及统舱船价六角，惟高铺因比较舒服，小账须在六角以上，而统舱则可随便。我们穷人每次来往总是乘高铺，有时人多高铺找不到，那末就趁房间。然而在宁波四五点钟开船，明天早晨五六点钟便到上海。中间相隔不过一夜，而所费竟须三元以上，似乎觉得有些不太上算。

轮船上的生活，虽然要比航船中舒服得多，但是因为人过拥挤，嘈杂非凡，再加以小贩叫卖的声音，什么"高粱牛肉绿豆烧，透鲜肉骨头粥"等，终夜呼喊达旦。所以如我们平日本来有些失眠症的人，在轮船中是万无入睡希望的，幸而天未大明船已抵埠。总计从后琅到上海，山陆河海计路程不过四百八十八里，若乘飞机，取空中鸟道以行，费时一小时已够。而如今竟须改轿换船，历时二十四小时，吃尽舟车劳顿之苦，方才达到原来相邻的上海。而宁波犹为中国沿岸重要之区，其交通之不便尚至于此，其他内地各处，自然更无论矣。

最使人不快乐的，就是中国近年受新文化运动及革命的影响，物质思想的进步，风俗习惯的改革，都算有长足的进展，而江浙两省尤为先驱。然而我们从上海回归奉化，相去不过四百余里路，却无异与由二十世纪退入十九世纪，顿觉时代用机器马达，大开其倒车。

上海为中国现代文明的先驱，凡市民一切生活思想习惯，均尽量表现其革新进步的精神。然而我们仅仅在船中宿了一夜，一到宁波，已觉有大大的不同，再过横溪而入奉化，则妇女全皆缠脚蓄发，社会教育幼稚，迷信风行，和上海情形相比较，显然换了个朝代。

我常想宁波人有领袖政界商界航海科学以及一切劳工之才力，独不能建设故乡，改革故乡，坐视故乡交通阻滞，经济衰落，民智幼稚，实在使人有些奇怪。

南通出了一个张謇，于是南通道路之修整为全国第一，棉花之产量为全国第一，实业之发达，卓然为江苏模范，而宁波看起来，好像人才济济尤为南通所望尘莫及。然一探其讯息，则竟落伍到如此，难道宁波人能在外面努力在外面争威光，而不能改革故乡，建设故乡，爱护故乡的吗？

话说回来，从奉化到上海，路上虽是这样苦楚困难，但我们久居上海的人，对于回乡，在另一方面却仍觉得有说不出的兴趣。原来人的心理总是好动好变，对于一块地方、一件事情住的久了、干的久了，便不免要生厌恶之心，尤其是我们教书的人，每天吃饭上课睡觉，刻板的生活。"三碗萝卜，萝卜三碗"，最容易感觉生活枯燥单调，而生厌恶之心。无论何人，对于他的生活已经觉得厌倦了，于是他便时时想变动，希望改换他的环境。我们对于回故乡感觉有兴味，一方面固然在于可以会我们久别的骨肉亲戚，一方面还是在于环境之更换，与生活之变动，使我们在精神上得到一服新鲜的兴奋剂。

上海不错，有无数的游艺场、跳舞场、俱乐部、咖啡馆，以及一切足以使人销魂落魄的地方，但是他们都是金钱筑成的魔窟，要是你有充分的金钱，充分的时间，那末你才有享受他的资格。至于我们穷光蛋住在上海，什么都不相关，只觉得满天煤烟飞舞，满街喧声震耳，于是我们对于这个混地黑地的世界真是住的厌了，而想着看青的山，绿的水，自然的花木。但是，要是我们不离开上海，这简直成了梦想。

倘若我们能够得到回乡的机会，那末我们只要脚一离开上海，踏上轮船，便有许多快乐会向我们心中袭来。譬如我们听到满船乡音，我们便马上觉到已离开上海而不久将到宁波了。像我们教书的人，平时在学校中朝暮相见的只是些学生与灰色脸孔的同事，假使你是在商界做事，那末你也便常常只有碰到一类嬉皮笑脸的商人。如今我们一入轮船，我们就可在同一的时候，看到上下三等各方面的人物，只要我们肯自习去观察倾听，便可发现无数可使我们快乐的材料，比入社会陈列馆还要新奇古怪。船上有时我们在无意之中，并且还可碰到我们所不曾想及的人，使我们在一夜会晤之中，竟会抱时短情长之慨。

船驶出吴淞，壮阔的东海，展现在我们眼前，倘若遇着夏天的傍晚，我们可在四台格上，眺望苍茫净远与天俱碧的海景，使我们的胸襟顿觉豁然开阔。

一到宁波，就可望见远处青山隐隐，待我们趁船到了横溪，碧绿的山，已在半里之外向我们紧紧的包围。于是我们在这峨峨的高山之中，苍翠的村林之间，淙淙的小溪之旁，油油的野草地上，缓缓的向前进行，使我们心坎深处，悠然地忘却了上海的尘俗，而徐徐步入山中的仙境，我们疲劳的灵魂，也就和四周清幽的鸟声陶然融洽。（《宁波旅沪同乡会月刊》第88—89期，1930年11—12月）

奉化交通工具溪口竹筏

浮云

按溪口系新、嵊、天台各县，至甬出入要道，除此即须由外港走，由新嵊经曹娥往甬，由舟车行驶。惟乡人耐苦，山路一二百里，奔波已惯。现鄞奉（宁波至奉化）、奉新（奉化至新昌）公路汽车可乘，乡人仍有跋涉陆行者，诚可佩也。

竹筏，是在浅水河流内行驶，用以代舟装货载物的工具，浙江的温州、处州一带，以及奉化的溪口，就有竹筏作运输之用。在北人善骑、南人操舟的普通情形之下，竹筏渡水的效用，未曾到过该处的人，确颇少知其功效。笔者特略志本刊，想亦读者所乐闻。奉化地处多山，蒋氏的故乡溪口，就是山内一条水流的口子，山水本名曰溪，溪口遂得此名，属奉化剡源乡，溪口上自五十里的"六诏"，下至二十里外的"萧王庙""大埠头"。这一条水道，皆用竹筏行驶载运，因历年的山石下流，溪水两旁，即成石滩（萧王庙以下，全系沙滩，另有滩船运载，在沙滩内，石子绝迹，此系天然所造成），溪水宽处，有双排（即双竹一筏）上下行驶而有余，溪水狭处，只能容双排独行，深处，可没人肩，浅处，只能没胫，有时一立于水旁，可以伸手下水取石，石滩有一二十丈宽度，以鹅卵石子为最多，在冬日干涸时，虽一单排亦不能行，有时石滩一沟水上，行人可跨步而过。除溪口因地势较平，常年有水外，上白"诏一、跸驻"等处，排路时断，一年只有六个月可以通排。溪口之水，以文昌阁水势最深，在文昌阁凭栏下盼，碧波澄清，游鱼可数：文昌阁面山临水，风景秀丽，委员长筑有楼屋，与武岭学校巨厦相对，为北伐后溪口新建筑；前见报战已为日机炸弹所毁，使人不胜今昔之感！（1940年5月6日）

奉化旅沪同乡会概述

国父中山先生有言曰："国人素崇家族主义与宗族主义，且有极坚固之家族团体与宗族团体，往往为保护宗族计，宁愿牺牲多少生命财产以争生存，惜乎此种精神，尚未能推进至民族主义，致遗外人以一盘散沙之讥。此外家乡观念亦甚深切，是以凡属同省、同县同乡村之人，均是特别易于联络。既有此种好观念与牺牲精神，尽可扩而充之，以联络全国同胞，民族主义一旦恢复成功，国家即随之强盛。"旨哉言乎，是诚吾人所当奉为圭臬者也。查各地多有同乡会之组织，意在团结同乡，集合群力，以期并零为整，转弱为强，实乃复兴图强之嚆矢。

查吾宁波同乡之旅居外埠者为数甚众，经商者居其大半，他如从事航业者亦不在少数。溯自上海开埠百余年来，因工商业之勃兴，沪甬仅隔水域，船航便利，夕发朝至，因此同乡之相率来沪者，日增月盛，无虑二百数十万人。我甬人尤重乡谊，因习俗言语尽同，毫无隔阂歧视之处，且能团结同事，同乡先进，笃念桑梓，乃首先创设宁波旅沪同乡会为同乡团结谋福利。至民国初年筹建会所于今之西藏路，当时固巍然独表之巨厦也，其后定海，与本会相继假用劳合路宁波里四号为会址，成立县同乡会焉。

本会立于民国十三年夏季，当时由热心同乡发起组织本会，草创伊始，情绪颇为热烈。当即举行第一次征求会员会，同乡多起而响应，聘周苌南君为本会坐办，主持会务，一方结合同乡，一方服务地方，力任排难解纷，所以为同乡谋利益也。至民国十五年张孔彰君以事辞，聘邬志松君为坐办，邬崇琛君为干事，会务已更臻发展。征求会员大会自第一届至第二、三、四、五、六届逐次扩张，会员增加，而会务亦从而繁剧。邬坐办志松以年高乞休，经董事会决议，聘陈忠皋君任坐办，先后凡四载，对于旅沪奉化同乡，以及桑梓公益，靡不竭诚维护，悉力以赴。民国二十一年"一·二八"淞沪战争，二十六年"八一三"抗战军事，本会均曾会同宁波旅沪同乡会办理救济工作，抢救战区同乡，收容流连难胞，筹募给养，资遣回籍者数万人，足见我同乡人士，见义勇为，慷慨捐输，热心公益，爱护同乡，良堪钦佩。其于"一·二八"淞沪会战，本会所有救护工作，另有单行本之刊行，兹不详赘。历年事工并有记录存卷，亦不细述，惟于第七届征求会员大会尚未结束之秋，适为民国二十六年"八一三"全面抗战之时，此次中日大战爆发以还，不仅本会受到极大影响，其他各会甚至全国各地，莫不受其打击。本会即自当时起，于敌伪侵凌期中，不事征求，会费因而枯竭，只得从事紧缩，节省开支，而会务又不能中辍，对同乡间之纷扰或联络事务，未能或废，幸赖会董之支持，干事之孤诣，勉渡此八年难关。至抗战末期，几难为继，得前会长暨经济委员诸君以及鸿运叙餐会同人等之维持：或董率会务，或垫借经费，始克维持公务于不堕，良可欣幸。

民国三十四年秋日本乞降，抗战胜利，河山再日月重光。本会特设委员会筹备举行庆祝胜利大会，当时同乡参加者踊跃情形，概可想见，情绪高涨，前所未有，款集而事易举，盛况空前，询可记也。翌年——民国三十五年举行第八届征求会员大会，仗同乡诸公热心协助，征求大会成绩优异，突破已往各届征求大会之记录，同乡团结之精神以及爱护本会之热忱，于此可见一斑。是届征求大会共分一百队，计有八十九队缴分，共计二千分，征得会员二千人，经费二千余万元。其中以董德维队居首，征得五百余万分，创高记录，郑源兴队与周一星队均一百余万分为亚军，孙性之队九十六万五千分为殿军，其余各队均能尽力征募，分数均甚可观。会后乃编印会员通讯簿，于本年夏出版，所以谋情感增进同乡互助合作，服务桑梓也。至同年九月，举行会员选举大会，编印会员名录，以便圈选。当时到会者七百余人，公推王正廷君主席，修正本会会章，票选王正廷君、竺芝珊君、孙鹤皋君、郑源兴君、孙性之君、董德维君、王廉芳君、周一星君、陈忠皋君、周荆庭君、陈中肯君、王继陶君、竺清夫君、何平龙君、毛文荣君、邬鹏君、竺静山君、袁恒通君、康世章君、江辅臣君、王文相君二十一人为理事，袁培恩君、竺通甫君、康泰洪君、夏金洪君、蒋能彪君五人为候补理事，并票选毛圣栋君、竺培农君、邬志坚君、竺泉通君、方济川君五人为监事，何绍庭君、江圣造君、董一峰君三人为候补监事。后经理事会中推举王正廷君任理事长，公举蒋中正氏为本会名誉理事长，俞飞鹏氏为名誉理事。以后即循章逐月开会，促进会务。为谋增强干事部工作效率计，特于今春除原有干事外，另聘陈君英颖为秘书，并发展同乡福利事业，如为同乡运柩回乡安葬，又为穷苦同乡之优秀子弟，设贷学金，以宏造就，为本乡兴修孙中山纪念堂、中正图书馆，设游山庄等，筹募经费，并为慰劳出征军人筹款，此其荦荦大者。至为同乡排解纠纷，资遣回籍等不及细述。近以本会会所狭隘，经周理事一星提议设法筹款另建会所，已推定周君一星、邬鹏君、陈君忠皋、陈君中肯四位与王理事长为委员，筹商进行，则本会前途之发展，自可不待著述而知之矣。
（《上海宁波周报》1948年第44期）

奉化人的性格

林蔚溪

在抗战期间，我就想写一篇关于"奉化人"的文字，始终未曾动笔。现在忽然又有所感，就鼓着勇气试一下吧。

我是奉化人，因在外多年，奔走四方，经与外乡人士多次接触之后，发现我们奉化人的性格有其独特处，是自成一格的。奉化虽为旧宁波府属，然奉化人是奉化人，绝不同于宁波人。宁波人向以善贾名，奉化人很少会做生意的。虽说拙于资金，也因碍于性格。奉化人的脾气是硬绷绷的，这从奉化的方言（硬得要命）可资佐证。外乡形容宁波人话的生硬，说：与宁波人说话，不如和苏州人相骂。奉化话比宁波话还要硬上十倍呢。所以奉化人学普通话（不必说国语了），到死都学不会的。因为脾气的僵硬，所以不善交际，显出一种落落寡合的样子。奉化人的脾气不但硬，而且强。宁波下层社会人要打架，光脱衣服，徒具姿态，十次倒有九次不成的。奉化人打架，是不出声音的。近海（其实是港）一带的奉化人尤为强悍好斗。白刀子进，红刀子出，不算一回事。因为脾气硬所以也比较笃实。奉化人对于一些宁波城里人的滑头、虚伪、狡诈是很提心吊胆的，有时甚至鄙恨他们。奉化人请人吃饭是强拉硬拖的，宁波人只口上说得好听。勤俭是奉化人的本色，这与其平日所得有关，也是笃实的结果。奉化多山，道路崎岖，交通不便，虽东南面滨象山港，也还是被围在山里。像作者的祖父活到七十三岁，足迹从没到过奉化城，更不说梦见宁波。在公路通车之前，与外方好像隔绝了似的，不免孤陋寡闻，胸襟狭隘，其脾气是固执的。其优点在对一事能贯彻始终，不半途而废，或者打个折扣，其短处往往是想不通，错到底，不知道什么叫做"机变"。这些人生活在山坳里，大部份（西北）务农，小部份（东西）业渔。过去青年求学以做小学教师为终生目标，故宁波城乡小学，有的是奉化人的校长和教员。奉化人教宁波人，可是宁波人长大之前就向外面发展，不像奉化人保守成性，自愿株守家园。奉化人虽不像宁波人，却有几分像湖南人和北方人。说话说得投机，就是朋友。爽直而重义气。如果你能用对待北方人的方法去对待奉化人，那一定要很成功的。

宁波人过去一向是瞧不起奉化人的，亦同奉化人瞧不起象山人。宁波人学着奉化人的口腔，讪笑奉化人，说：我拉奉化大桥（奉化城外的镇），有三个大佬，一个地保，两个抬轿。不过自从蒋总司令（奉化人到今天还有叫蒋总司令的）出师北伐之后，善机变而识相的宁波人就闭口不作此语了。

如果要用一个词刻画奉化人的性格，我想借孔子说曾参的话"参也鲁"。（《青年生活》1947 年第 21 期）